| 세미오시스 연구총서 02 |

은유로서의 정력과 질병

이 저서는 2010년 대한민국 교육부와 한국연구재단의
인문한국(HK)지원사업의 지원을 받아 수행된 연구임(NRF-2010-361-A00013).

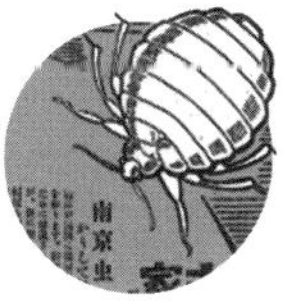

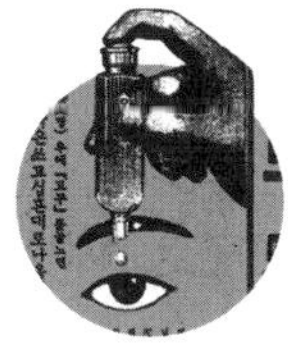

세미오시스 연구총서 02

은유로서의 정력과 질병

朝光

김은정

HU:iNE

목차

머리말

요즘 현대인들은 많은 병을 달고 산다. 아직 온몸이 아플 나이는 안 된 것 같은데 벌써부터 내 몸은 이곳저곳 아프다고 신호를 보낸다. 그래서인지 약을 싫어하면서도 약에 대한 친근감을 느낀다. 1930-40년대 잡지를 읽으면서 수많은 광고들 중에 약품 광고가 내 시선을 사로잡은 것도 질병에 대한 공포가 무의식 속에 집을 짓고 있었기 때문이리라.

이 책은 잡지 『朝光』에 실린 약품 광고를 정리한 책이다. 1930-40년대 잡지를 읽거나 신문을 볼 때마다 유독 내 시선을 사로잡은 것은 광고였다. 그 가운데서도 엄청난 양을 자랑하는 약품광고. 처음에 관심을 가진 것은 이미지 광고가 아니었다. 잡지 『춘추』와 『녹기』를 정리하면서 읽게 된 강부탁(岡部卓)의 위장염과 비타민 광고는 내용을 다 읽기 전까지는 기사인줄 알았다. 어릴 적부터 복용해온 정로환과 노루모산, 활명수, 지미신 등의 광고의 존재도 나의 호기심을 자극했다. 어린 시절 복용했던 약이 불러 오는 향수는 성병약으로 옮아갔다. 요즘은 성인 잡지 도색잡지에서 겨우 볼 수 있는 성병약 광고가 문학잡지나 종합잡지에 떡 하니 실려 있는 것도 충격이었다. 뿐만 아니라 성병과 폐병의 시대였던 1920-40년대에 결핵약과 성병약을 압도할 만큼의 가짓수와 광고횟수를 보이는 정력제 즉 자양강장제 광고에 궁금증이 일었다.

일제 강점기에 출판된 잡지에 실린 자양강장제나 보양제 광고를 읽다보면 정력의 쇠퇴는 신체 기관의 노화에서 오는 것임에도 당시의 사람들이 정력을 치료해야하는 질병으로 인식하고 있음을 발견하게 된다. 정력제를 기력을 보조하는 보약인 아닌 치료제로 선전하고 있는 것이다. 이러한 인식은 지금도 크게 다르지 않는 것 같다. 요즘도 사람들은 정력제로 비아그라를 찾고, 보약을 찾는다. 정력제나 보약을 복용할 때 예전처럼 치료의 개념은 아니지만 회복에 대한 기대는 아직도 남아 있는 것 같다. 현재에도 정력은 곧 '은유로서의 질병'인 것이다.

내용은 다르지만 이 책의 제목은 수전 손탁의 『은유로서의 질병』에서 빌어 왔다. 자양강장제를 여성용과 남성용, 어린이용, 남녀 공용으로 분류하여 분석을 하면 일제의 위생 담론과 보건담론에 맞닿을 수 있지만 이러한 선행 연구가 많은 터라 자양강장제, 보강제 광고를 일제의 위생 담론, 보건담론 속에서도 설명하기 보다는 인간의 욕망의 한 축으로 보고 싶었다. 성병약 광고와 결핵, 그리고 한센병에 대한 광고를 당시의 보건 담론 속에서 살피면서 균형을 맞추려고 하였는데 이것 자체가 욕심이었던 것 같다.

처음에는 일제 강점기에 출판된 잡지에 실린 자양강장제 광고를 모두 정리할 생각이었지만 분량도 어마마하여 내가 관심을 갖고 있는 일제총동원시기로 시대를 한정하였다. 수많은 잡지들 가운데 『朝光』에 실린 광고를 대상으로 한 것은 카프 해산한 이후 1945년까지 꾸준하게 발간된 잡지였으며, 다른 잡지들에 비해 광고의 종류와 수가 많았기 때문이다. 나의 관심 분야였던 자양강장제와 성병약 이외에도 일제 총동원시기 출시된 약품을 확인할 수 있도록 『朝光』 전권에 실려 있는 광고 중 의약품 목록을 따로 만들었으며, 약품 광고의 대부분을 종류별로 분류하여 실어 의약품 광고를 한 눈에 볼 수 있도록 하였다. 의약품처럼 선전하고 있지만 미용용품인 염색제와 기미 크림은 목록에서 제외하였다.

소설, 희곡, 일본문학 각기 다른 전공에도 불구하고 의기투합하여 『朝光』을 읽기 시작한지 햇수로 어언 4년이 다 되어간다. 그 중 『朝光』 세미나 팀의 가장 큰 수혜를 입은 사람은 나일 것이다. 사실 『朝光』 세미나 팀 선생님들이 안 계셨으면 이 책은 나오지 못했다. 세미나를 위해 팀원들에게 『朝光』 전권을 제공해주신 채호석 선생님, 세미나 후에 근사한 곳에서 귀하고 좋은 음식을 대접해주신 전승주 선생님, 목차를 제공해주신 윤진현 선생님, 일본문학전공으로 유일하게 시를 전공하여 시 분석에 도움을 주고 계신 박지영 선생님, 언제나 활력소가 되었던 손유경 선생님께 이 자리를 빌어 감사의 인사를 전한다.

"인문학자라는 호칭이 이제는 형벌처럼 다가온다"는 어느 선생님의 말씀처럼 인문학의 입지가 점점 좁아지고 있는 이때에도 정열적으로 공부하고 계신 남북문학예술 연구회 회원들과 민족문학사 문학사 연구반 선생님들과 함께 힘을 얻으며 끝까지 함께하기를 기원해본다.

그리고 부모님 곁에서 내가 해야 할 맏딸 노릇을 대신하고 있는 동생 래이에게는 고마움과 동시에 미안함이 크다. 이 기회를 빌어 래이에게 고마움을 전하고 싶다. 그리고 언제나 편안하게 공부할 수 있도록 환경을 만들어준 가족들에게도 감사의 인사를 전한다.

2016. 2

김은정

I

은유로서의 질병, 정력

1

은유로서의 질병, 정력[1)]

1. 자가 투약에 의한 자가 치료

조선은 '셀프 메디케이션(self-medication)', 즉 국민의 '자가 투약'에 의한 '자가 치료'가 일반화된 나라 중 하나였다. 셀프 메디케이션은 셀프케어(Self-Care)[2)]의 하위범주로서 가벼운 질환이나 부상을 의료기관의 감독이나 지시 없이 자가 진단하여 스스로 치료하는 행위를 뜻한다. 셀프 메디케이션은 조선은 물론 1970년대까지 서구에서도 일반적인 일반인들의 질환치료 행동이었다. 이러한 조선에서의 자가 치료는 한의학에 대한 신뢰도와 의존도가 높았으며 근대적 의료의 혜택을 받지 못한 사람들이 많았기 때문에 당시 매우 적극적인 치료행위에 속했다. 이는 아래와 같은 신문기사를 통해 알 수 있다.

의악(西醫藥)의 첩법기방(捷法奇方)이 족히 인(人)을 경(驚)게홀 듯ᄒᆞ나 딘 풍토가 부동(不動)하고 장부가 부동ᄒᆞ아 개개(箇箇)히 조선인에게적(適)ᄒᆞ디고 위

(謂)키 난(難)ᄒᆞ니 차(此)ᄂᆞᆫ 동의약(東醫藥)의 가폐(可廢)치 못ᄒᆞᆯ 원인[3)]

한의학에 대한 신뢰와 의존도는 건강을 음양조화로 인식하고 있는 것에서 기초한다. 조영근은 "한의학에서 건강은 음양의 조화가 이루어진 상태를 의미한다. 질병은 그 조화가 깨진 상태이며 그 원인은 조섭과 몸가짐을 잃은 데서 있는 것으로 결국 치료는 수양과 약제복용을 통해 깨진 조화를 복원시키는 것"[4)]이라고 기술하고 있다. 이처럼 질병에 걸리는 것이 외부의 물질적 매개가 신체 안으로 침범하여 발생하는 것이 아닌 음양 조화가 깨진 상태로 인식하는 것은 조선에서 셀프 메디케이션이 일반화 되는데 한몫을 하였다.

그러나 '개항기를 거치면서 서양의학이 전파되어 보다 다양한 질병에 대한 이해도가 높아지면서 대한제국은 한의학을 중심으로 서양의학을 받아들이고, 두 의학의 공생을 통해 국민건강을 유지하고 위생의료 체계를 확립해나갔다. 하지만 일제강점기가 시작되면서 조선의 의료체계는 큰 변화를 겪게 된다. 그리고 1931년에 발발한 만주사변은 의약업계에도 영향을 미친다. 만주사변을 계기로 의약업에 종사하는 사람들의 수가 증가하였으며, 조선인 약사들이 배출되기 시작했다. 1937년 중일전쟁 이후 1939년 10월에 "가격 통제령"이 공포되면서 의약품 거래도 통제'[5)]를 받게 된다.

의료(학)화란 다양한 사회적 현상이 의학적 관심의 대상이 될 뿐만 아니라 의료적 관점에 의해 평가되고 의료적 절차의 영역 속으로 통합되는 일련의 과정을 의미한다. 멀리는 인구의 수를 국부의 척도로 삼았던 중상주의 시대 공안(police)의 문제설정으로부터 가까이는 현대복지복가의 의료서비스에 이르기까지 의료는 지속적으로 자신의 영역과 역할을 확대해 왔다. 그리하여 의료는 이제 질병이라는 특수한 상황만이 아니라 전반적인 삶을 관리하는 규제자의 지위로까

시 상승하였다.[6]

위의 인용처럼 의료는 근대화를 통해 의약품은 물론 일반인의 삶을 관리, 통제하는 지위를 갖게 되며 그 지위는 전쟁을 거치며 더욱 강화된다. 조선인의 삶에 대한 통제는 "조선의 위생 담론은 1900년대 건민육성에서 시작되어 1910년대는 청결과 전염병 퇴치, 1920년 전염병 퇴치, 1930년대는 도시계획을 통한 위생과 결핵예방[7]으로 이어진다."[8]는 조선의 위생 담론에서 확인할 수 있다. 의약품 광고는 당시의 대중들이 선호하는 약품과 유행했던 질병을 알려주는 좋은 예가 되며 당대 위생 담론과 담론의 변화를 감지할 수 있게 한다. 일제 강점기 당시 의약품 광고는 광고지의 큰 자리를 차지하였고, 국내 기업으로는 화평당약방(和平當大藥房本鋪)과 제생당약방(齋生當藥房)이 활발한 광고 활동을 하였다.[9]

『朝光』의 대중들은 이념을 사적인 이익에 맞추어 '소비'하는 모습을 보인다. 소비란 '사용하고', '써서 없애는' 것이다. 곧 이념의 소비란, 이념의 '도구적 전유'를 의미한다. 『朝光』의 독자들은 이념의 소비는 물론 물질도 소비한다. 특히 광고도 물질적 소비와 직결되어 있다. 이 글에서는 일상생활을 영위하는 실질적인 '주체'인 대중이 이들이 어떻게 이념을 전유하고, 재생산하고, 전유하며, 또 소비하는가를 밝히기 위한 전제로 광고를 통해 건강과 질병이 어떻게 소비 재생산 되며 이념화되는 과정을 살펴보고자 한다.

일제 강점기 잡지에 대한 연구는 대부분 지배 이데올로기를 먼저 상정하고 당대 대중의 생활 속에서 이념의 파편적 증거를 찾는 방식으로 이념의 확립 → 생활 속 증거 발견 → 이념의 확인이라는 순환논증의 구도에 갇혀 있었다. 『朝光』에 대한 기존 연구는 대체적으로 '이념'이 중심이었다. 이념이 어떻게 대중을 획득하는가, 곧 대중이 어떻게 지배(혹은 반-지배) 이데올로기에 포섭되는가에 초점을 맞추고 있었다. 지배 이데올로기에 대한 대중의 저항에 대한 연구가 없었던 것은 아니지만, 이 또한 대중과 이념 사이의 길항이었지, 실제 대중이 이념을 어떻게 생산하고 소비하는가에 대한 연구는 아니었다. 결국 광고는 소비 추구라는 목적 아래 욕망을 조작하고 신체를 훈련시켜 제도 속으로의 융화를 유도한다는 점에서 이념의 소비와 닿아 있다. 이 글에서는 『조광』에 실린 의약품 광고를 통해 제도와 일상사이의 거리를 살펴보려한다.

2. 치료가 필요한 독자

약 광고는 일제강점기 전반에 가장 많은 지면과 광고 회수를 보이고 있는데 이것은 근대화와 더불어 건강에 대한 인식이 높아진 결과이기도 하지만 위생 담론 속에서의 일제의 정책 또한 생각하지 않을 수 없다.[10)]

『朝光』에 실린 의약품 광고는 문자, 사진, 일러스트[11)]로 나눌 수 있다. 의약품 광고는 광고에 사진이나 일러스트만 사용하는 다른 광고에 비해 종류가 다양하다 할 수 있다. 광고의 이미지의 조형적 요소를 김엘레나는 다음과 같이 네 가지로 분류하고 있다. ① 이미지(image): 광고에 사용되는 사진이나 그림 또는 도해(圖解) 등을 말하며 비주얼(visual) 또는 일러스트레이션(illustration)이라고도 부른다. ② 트레이드마크(trade mark): 또는 브랜드(brand)[12)], 캐릭터(character). ③ 시그니쳐(signature): 코퍼레이트 심벌(corporate symbol), 로고타입(logotype) ④ 보더 라인(border line): 신문 기사나 다른 광고로부터 광고를 구분하거나 강조하기 위해 사용하는 광고의 외곽선으로, 특히

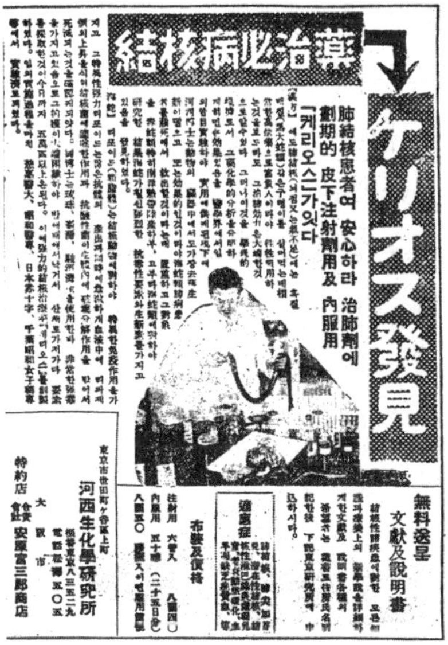

그림 1. ケリーオス(케리오스) 결핵약
『朝光』 1936년 2월호(2권 2호)

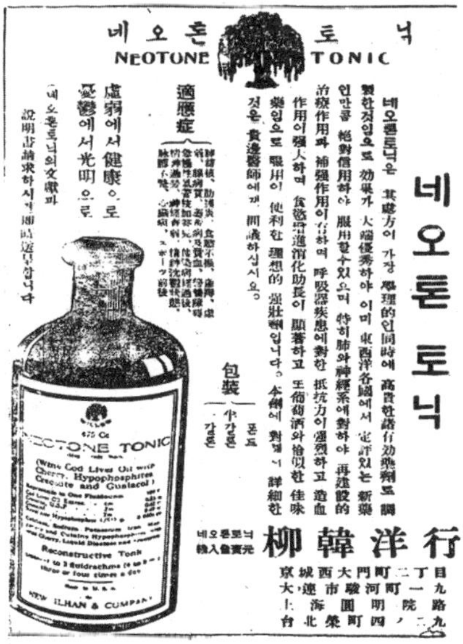

그림 2. 『朝光』 1935년 11월호(1권 1호)

신문광고에서 중요한 시각적 요소 중의 하나이다.[13] 아래의 광고를 통해 살펴보면 다음과 같다.

위의 <그림 1~2>의 ケリーオス(케리오스)와 네오톤 토닉을 예를 들어 살펴보면 케리오스는 사진을 써서 이미지 광고를 하고 있다. 반면 네오톤 토닉[14]의 일러스트레이션과 코퍼레이트 심벌로 구성되어 있다. 버드나무는 유한양행의 코퍼레이트 심벌(corporate symbol)이다. 그리고 좌측의 네오톤 토닉 용기는 트레이드마크(trade mark)이다. 이 용기의 모양이 바뀔 때마다 광고 일러스트레이션이 바뀌고 있다. 이러한 네오톤 토닉은 전면, 절반, 소광고로 게재되는데 크기와는 상관없이 보더 라인(border line) 안에 광고를 삽입하고 있다. 반면 케리오스는 기사처럼 광고를 구성하고 있으며 보더라인을 쓰지 않는 것이 특징이다. 전면 문자광고의 경우 보더 라인을 쓰지 않고 일반 기사처럼 활

용하는 것이 이미지 광고와의 차별성인데 이 광고의 경우는 이미지를 사용하면서 보다 라인을 사용하지 않는 특징을 보인다.

『朝光』의 광고는 지배계층 및 지식인들이 내건 이념이 대중들의 생활 속에서 어떤 양상으로 소모되고 소비되는 양상을 보여준다. 『朝光』은 창간호부터 표지 다음 장이나 목차 다음 그리고 마지막 장에 약 광고를 게재하면서 독자를 '치료가 필요한 독자'로 설정하고 있다. 아래의 <표 1>은 창간호와 진주만 폭격 전 그리고 마지막 호에 실린 지면 수와, 기사, 필자 그리고 광고 개수이다.

<표 1> 창간호, 진주만 폭격 전, 마지막 호 기사와 필자 광고 수 비교

시기	지면수	기사	필자	광고
1935.11	408	116	104	13
1941.10	206	38	30	96
1945.06	55	21	11	6

예컨대 위의 표를 대상으로 『朝光』의 광고를 분석해 보면 다음과 같다. 1935년에 실린 광고는 위의 표에서 볼 수 있듯이 13개로 이중 제약 광고는 강장제인 유한양행의 네오톤 토닉, 임질약인 パロル(바로루), 영양제 아페틴(Apetin)-정[15) 3개이다.

1941년 10월에 발간된 『朝光』의 광고는 총 96건으로 이 가운데 제약이 54건[16)이다. 광고 가운데 제약광고가 압도적으로 늘어났음을 알 수 있다. 약의 품목도 귀, 코, 머리(두통, 해열), 기관지, 성병, 부인병, 소화제, 무좀, 위장, 강장제, 비타민, 피부병, 발기부전, 결핵, 신경질환, 여드름 치료제, 발모제 나병에 이르기까지 다양화 되어 있다. 이는 상품소비자인 『朝光』의 독자를 '치료가 필요한 독자', '신체를 가꾸어야 하는 독자' 등으로 해석하면서 질병을 통한 소비를 선동하고 있는 것이다.

여기서 한 가지 흥미로운 것은 나병 치료제인 신기환과 히도노고-ㄹ(Hidonocool)[17]의 광고이다. 특히 히도노고-ㄹ은 통제의 상징이며 추방의 모델이었던 나병이 더 이상 불치의 병이 아니며 사용 후 완치한 환자의 후기와 과학적 정보를 광고에 담아 약효를 선전하고 있다. "부작용 없음! 자택 치료 가능"이라는 약 광고는 나병환자들에 대한 정책이 추방을 하거나 장소를 마련해 확정하고 고정시키며, 자리를 배정해주고 개인이 있어야할 장소, 구획된 공간 안에 개인의 자리를 한정[18]해 주면서 과학의 명목 하에 내치는 것이 아니라 안으로 끌어들이는 것처럼 보이게 한다. 하지만 당시 조선 총독부의 정책은 이와는 달리 이들에 대한 지원과 감시를 병행하면서 격리하는 것이었다. 나병 환자들은 1916년 소록도에 설립된 자혜병원에서 1945년까지 조선총독부의 관리 통제 하에 있었다.[19] 그럼에도 이 광고는 완치한 환자를 통한 임상실험으로 증명된 약효와 "~의학박사"라는 의학적 권위를 통해 이 약품이 격리와 추방에서 벗어날 수 있다고 선전하면서 일제의 나병환자에 대한 신체 규제가 없었었던 것처럼 내중적 광고를 하고 있는 것이나 다름없다.[20]

그림 3. 나병약 히도노골『朝光』, 1940년 10호 통권 60호

그림 4. 나병약 신기환 『朝光』, 1940년 11월 통권 61호

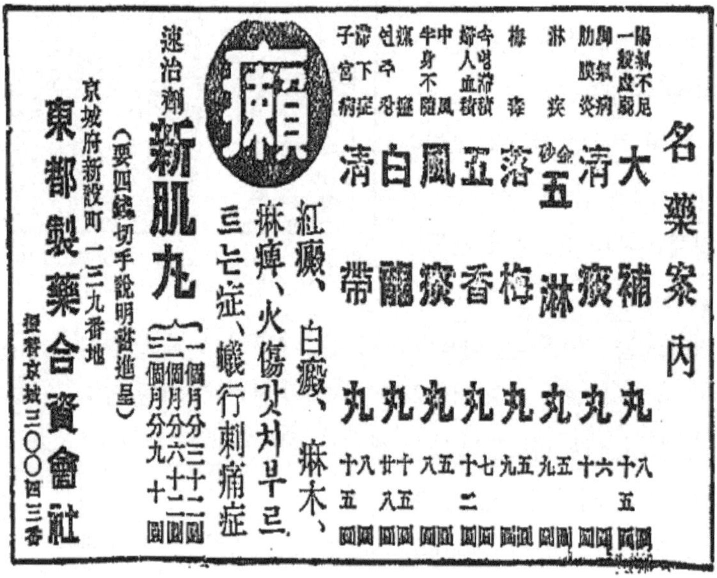

그림 5. 나병약 신기환 『朝光』, 1941년 10월 통권 72호

1930년대 대중은 1920년대 방식의 일방적 계몽이나 이념의 선전선동만으로는 조직할 수 없었으며, 이들을 체제 내로 끌어들이는 방법은 1920년대식의 엘리트 교육문화가 아닌 대중적 교육문화 방식으로만 가능했다. 이러한 예는 1939년 9월호 5권 9호(통권 47호)에는 「근대병원만화경」[21]라는 제호 아래 실린 "수술실 풍경", "시료실 풍경", "진찰실 풍경"이라는 부제를 단 병원 관련 수필에서 찾을 수 있다. 이 글들은 수술실, 시료실, 진찰실에서 벌어지는 애환을 보여주고 있으며 수술을 또는 진찰을 거부하는 무지한 환자에 대한 의사의 안타까움이 표출되고 있다. 경험담에 기초한 이러한 글들은 국가와 국민과의 관계, 국가와 개인과의 관계를 개인과 개인과의 관계로 설정함으로써 이념적 교양이나 계몽보다 설득력과 호소력을 증내시키고 있다.

『朝光』 1938년 9월호 4권 9호(통권 35호)는 이념의 교육을 통한 생활의 이데올로기화가 아니라 생활의 이념화를 통한 체제 내로의 유입방식을 잘 보여주고 있다. 통권 35호는 도라지꽃의 표지에 다음 장에는 네오톤 토닉(유한양행) 광고를 시작으로 대중의학 특집이 실려 있다. 대중의학 코너는 박스형태의 독자의 질문에 관련 질병 전공의가 대답하는 형식으로 구성되어 지면 중앙, 좌측, 또는 하단에 배치되어 있다. 이것은 『동아일보』의 「紙上病院」[22] 코너와 비슷한 형태이다. 이 호에서 다루고 있는 질병은 다음과 같다.

<표 2> 『朝光』(1938년 9월호 4권 9호(통권 35호)), 「대중의학」 기사 목록

제목	지면수	키워드	비고
[대중의학] 늑막념이나 안인가요?	41	의학박사 김성진 대답	상단중앙1/4박스
[대중의학] 매독 속히 치료	53	의학박사 오원석 대답	상단중앙1/4박스
[대중의학] 영양소 섭취	94	의학박사 이갑수 대답	지면중앙1/3박스
[대중의학] 명치 끝 고통	95	의학박사 김동익 대답	지면중앙1/3박스
[대중의학] 콧물, 만성감기	164	의학박사 강일영 대답	좌측상단1/4박스
[대중의학] 맹장염 수술 경과	169	의학박사 박창훈 대답	좌측상단1/4박스

제목	지면수	키워드	비고
[대중의학] 임질 증세	226	의학박사 이영준	좌측하단1/2박스
[대중의학] 변비	265	경성제대 의사	좌측상단1/2박스
[대중의학] 눈병	303	의학박사 신준우	지면중앙1/2박스
[대중의학] 실내온도	307	최희철	지면중앙1/2박스

문답 형식이지만 기사 제목을 보면 여기서 다루고 있는 질병의 다수가 사회 전체의 보건으로서 사회적인 예방과 관련이 있는 질병들임을 알 수 있다. 의사의 견해나 처방을 통해 대중들을 최대로 의학적 앎에 접근시킴으로서 사회적 예방을 통해 위험을 차단하는 것처럼 보이지만 수많은 약 광고와 혼재되어 실리는 이러한 의학 관련 기사들은 질병을 현상으로서의 위험으로 기호화 하는 것이다.

위의 변비에 대한 질의응답 다음에 "공안과 의원"이라는 개인 병원 광고를 배치하고 있는데 『朝光』에는 의약품 외에도 병원, 제약회사, 약방, 의사 개인광고가 많이 실리고 있다. 이러한 병원과 제약회사 그리고 약방 광고의 특징은 조용만의 소설 「매부」[23]의 소재와 연속된다. 「매부」는 경성에서 유명한 병원의 서기인 매부가 퇴근 무렵 박 선생의 학교로 찾아와 병원을 그만두었다고 말하는 것으로 시작된다. 박 선생은 성홍열로 아이들이 죽자 그 책임을 지고 병원에서 쫓겨난 매부를 보며 오남매와 함께 가난한 살림을 꾸려가게 될 누이를 걱정하지만 약방을 차리게 도와달라는 누이의 청을 거절한다. 매부는 박 선생에게 제약회사에 취직을 하게 되었다고 말하지만 며칠 후 제약회사에 갈 수 없게 되었다며 약방 투자금을 요청한다. 또 며칠이 지난 후 다시 박 선생을 찾아온 매부는 북경 의료기관에 추천을 받아 가게 되었다고 말하지만 매부가 떠나질 않자 박선생은 추천인을 만나 매부가 사정해서 겨우 의료기관에 추천했으나 거절당했다는 사실을 듣게 된다는 내용이다. 한 병원 사무직 직원의 유전에서 당시 일상적 차원의 병원 운영과 제약회사의 연관, 약국의 운영과 제약품에 대한 태도와 합의가 '대중의학 기사 – 병원광고 – 약 광고 – 소설'의 배치라는 편집체계 속에서 나타나고 있다.

『朝光』의 문학 담론은 다른 담론들과의 상호 규정 속에서 형성된다. 비문학 담론들 역시 문학 담론의 존재에 의해 규정되고 있는 것으로 보아야 한다. 『朝光』은 호마다 특집 기사 이외에도 한 주제에 대해 '사건기사 - 미술평론 - 소설 - 탐방기사' 식[24]으로 이어지는 편집 체계를 보인다. 그리고 이것은 주제나 소재가 각 장르와 연동되는 양상을 보인다. 일례로 태평양전쟁 발발 직전인 "1941년 10월호에 이건혁은 당시 총독부가 시행한 '증세'를 분석한 「증세의 방향」이란 기사를 게재하였다. 표면적으로는 세금인상의 원인을 해설하는 기사이지만 행간에서는 지혜로운 소비를 제안하는 글로서 고비율의 세금이 부과되는 품목의 소비를 지양하는 것이 이익이라는 점을 강조하고 있다. 흥미로운 것은 바로 이어서 고유섭의 「고려도자와 이조도자」가 실려 있다는 것이다. 고유섭은 경성제국대학 출신으로 개성박물관장을 지낸 근대 최고의 미술사가로 꼽히며 현재는 『고유섭 전집』으로 접수되고 이해된다. 그러나 『조광』에서 이건혁의 경제기사 바로 뒤에서 읽힐 때, 고려청자와 조선백자의 미적 특질과 사적 가치는 곧바로 경제적 가치로 환산된다."[25] 이는 전집 맥락에서는 전혀 드러나지 않는 것이지만 『조광』의 매체 맥락을 통해서 현대인들이 유물 도자기에 대해 합의하는 전제로서의 경제적 가치는 텍스트의 저변을 관통하고 있다고 할 것이다.

이러한 편집체계는 의약품과 문학 작품 사이에도 보인다. <그림 6>이 우측, 조용만의 소설 「매부」 전 장에는 여드름 치료제인 의약품 광고가 실려 있어 작품과 광고가 연동되는 형태를 보이고 있다.

이러한 예는 박태원 「惡魔」가 실린 『朝光』 1936년 3~4호에서도 확

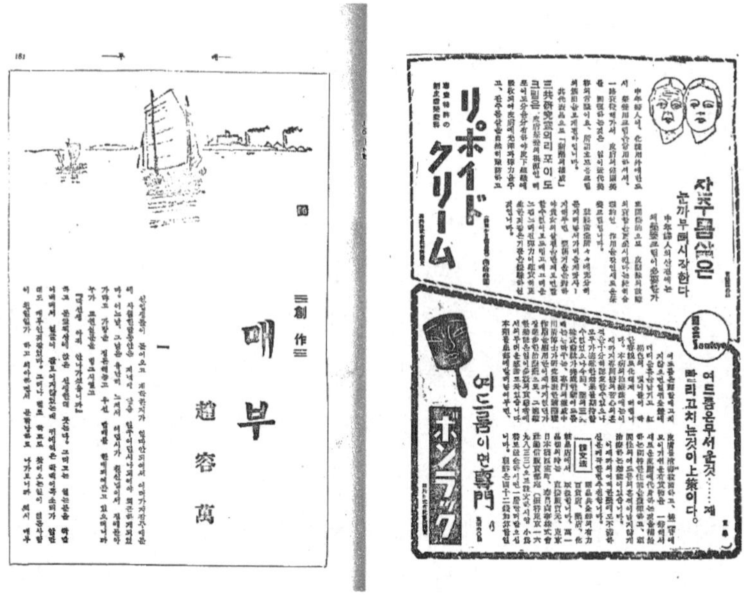

그림 6. 左: 조용만의 소설「매부」 右:『朝光』 1941년 10월호 180쪽 상단에는 아이크림인 리포이도(リポイド(Lipoid)가, 하단에는 여드름약인 보소라구(ボソラグ)의 광고가 실려 있다.

인할 수 있다. 1936년 3~4호에는 임질약 パロル(바로루)와 미신환(美神丸) 광고가 실려 있다. 특히 1936년 4월호에는 그림 <7~8>에서 볼 수 있듯이 박태원의「惡魔」[26] 다음에 미신환을 배치하고 있다. 미신환은 부인병 자궁 내막염 치료제이지만 결국 당시의 부인병 약의 대부분이 성병 치료제로도 쓰였음을 감안 할 때 작품과 전혀 무관하지만은 않다. 뿐만 아니라 1938년 11월호에는 한설야의『山村』이라는 단편 소설의 지면 중앙에 박스 형태로 박태원의 병원에 대한 감상과 수술 환자의 경과가 좋아 건강을 찾아오고 있다는『病院』이라는 글이 실려 있다.

그리고『山村』에 이어 실린 광고가 "폐병 근막 전쾌법"이다.『朝光』은 '독자의 병의 자각 → 병을 염려하는 광고/질병 소개/예방 및 치료

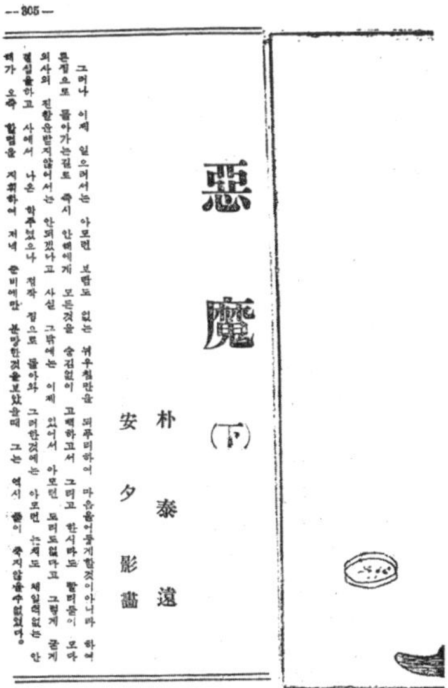

그림 7.『朝光』1936.3,
박태원「惡魔」pp.305~318

그림 8.『朝光』1936.4, 미신환, p. 319

법 → 재환기(소설)'라는 과정을 통해 질병을 무의식 속에 개념화하고 있다. 특히 의약품 광고는 질병에 대한 해결책을 제시하면서 치료를 통하여 건강한=정상적인 신체를 가질 것을 선동한다는 점에서『조광』의 편집 체제 속에는 독자가 '치료가 필요한 국민'임이 전제가 되어 있음을 가정할 수 있다.

3. 은유로서 질병, 정력

『조광』에 실린 약을 분류해 보면 성과 질병, 성과 출산, 성과 기능으로 귀결되고 있다. 이것은 사회의 열망인 건강한 신체와 맞물려 있다. 즉 광고는 규율된 권력이 국민들의 의식 속에 잠재될 수 있도록 의학적 정보로 대중을 교양하고 있기 때문이다.

의약품 광고 중 가장 많이 실리는 광고는 강장제, 성병 치료제, 부인병 치료제, 결핵 치료제 순이다. 의약품은 질병을 통해 성과 질병의 대비를 보여준다. 부인병 치료제를 제외하고 모든 의약품이 남녀를 대상으로 하고 있지만 결국 치료 대상자의 다수는 남성이었다. 페니실린은 성병, 부인병, 결핵 치료약으로 두루 쓰였던 것으로 보인다.

빈민병이라 불리는 결핵[27)]약 광고는 『조광』 창간호에서부터 실리기 시작한다. 창간호에 실린 네오톤 토닉은 늑막염, 신경질환, 결핵 치료에 탁월한 효과를 보였다고 한다. 그러나 1938년 이후에는 강장제로 선전된다. 1936년 2월호에는 ケリーオス(케리오스) 광고가 전면 문자광고로 실린다. 이 광고는 케리오스가 나오기 전까지 학질 치료제인 리포이드를 결핵치료제로 사용했음을 알게 한다. 『朝光』에는 결핵약 이외에도 결핵 치료법 및 예방법 기사는 물론 결핵치료법 광고까지 실리고 있어 결핵에 대한 불안증이 엿보인다. 이러한 불안증은 결핵예방으로 이어지는데 1937년 4월호에는 결핵 특집이 실린다.

다음 표는 1937년 4월에 발간된 조광(통권 18호)의 기사목록이다. <표 3>에서 볼 수 있듯이 결핵 예방관련 기사가 3분의 1을 차지하고 있다.

<표3> 『朝光』(동권 18호)1937. 4.

발간연월	호수	필자	제목	지면수	키워드	비고
1937.04	03-04		표지			
1937.04	03-04		광고 : 화록용정혈			
1937.04	03-04		목차			접는면
1937.04	03-04		광고 : 유한양행, 아페링 정			접는면
1937.04	03-04		목차			접는면
1937.04	03-04		광고 : 매독약, 마스타 콜드크림			접는면
1937.04	03-04		화보 : 4월의 무희 - 박외선양의 첫 공연			
1937.04	03-04		화보 : 영춘무 : 박외선의 춤			
1937.04	03-04		광고 : 레도구레무			
1937.04	03-04		화보 : 봄의 흐름 : 이민자의 춤			
1937.04	03-04		광고 : 천하일품 萬			
1937.04	03-04		화보 : 봄의 가희 : 쏘프래노 윤명숙 양			
1937.04	03-04		광고 : 마스타 배니싱 크림			
1937.04	03-04		화보:봄의 선율:피아니스트 오정숙 양			
1937.04	03-04		광고 : 양명주			
1937.04	03-04		화보 : 영화 여자만 있는 도시-페데의 걸작품	2면		
1937.04	03-04		화보 : 영화 봄의 유혹	2면		
1937.04	03-04		화보 : 영화 악성 베토벤	2면		
1937.04	03-04		화보 : 영화 노래하라 즐겁게	1면		
1937.04	03-04		속표지			
1937.04	03-04	이헌구	[영춘보]고궁심춘	28-29		
1937.04	03-04	한설야	[영춘보]북국의 봄	30-31		
1937.04	03-04	이효석	[영춘보]남창영양	32-33		
1937.04	03-04	임화	[영춘보]춘래불사춘	34-35		
1937.04	03-04	이원조	[영춘보]실총의 양춘	36-37		
1937.04	03-04	백신애	[영춘보]춘맹	38-40		
1937.04	03-04		광고 : 미신환	41		
1937.04	03-04	서춘	결성재정의 방향	42-49		
1937.04	03-04		광고 : 만년필	49		좌측 세로 박스

발간연월	호수	필자	제목	지면수	키워드	비고
1937.04	03-04	최승희 외	최승희 渡歐기념좌담회	50-60	최승희, 최승일, 모윤숙, 이선희, 정인영	
1937.04	03-04	이선희	문인이 본 명사의 프로필 : 소공자들아 굳세어라 -중동학교장최규동씨	61-64		
1937.04	03-04	박태원	영화감상은 1년1차 문학은 내가 좋아한다 : 네자신을 먼저알라 : 감리교총리사양주삼씨	65-71		
1937.04	03-04		광고 : 세계걸작동화집	72		
1937.04	03-04	안회남	약은 한약이 우위 치료방법이 부족 : 신농씨의 후예 -한방의남태원씨와의 문답	73-77		
1937.04	03-04	주요섭	장편소설 : 미완성	78-91		안석영 그림
1937.04	03-04	범외생	[기일박사추도특집]기일박사의 생활과 업적	92-95		
1937.04	03-04		[기일박사추도특집]께일박사의 저작	95		세로 분할 1/2
1937.04	03-04		[기일박사추도특집]			
1937.04	03-04	윤치호	[기일박사추도특집]께일박사인상편편-대박식가	96		
1937.04	03-04	정태웅	[기일박사추도특집]께일박사인상편편-조선학의 거인	96		
1937.04	03-04	김원근	[기일박사추도특집]께일박사인상편편-웅변가요 고고학자	97		
1937.04	03-04	이원모	[기일박사추도특집]께일박사인상편편-관대의 인물	97		
1937.04	03-04	민휴	[기일박사추도특집]께일박사인상편편-훌륭한문학자	97		
1937.04	03-04		[기일박사추도특집]기일박사의 서간집 :김원근씨에게	98-100		
1937.04	03-04	일서생	[기일박사추도특집]께일박사의 인물과 일화	101		

발간연월	호수	필자	제목	지면수	키워드	비고
1937.04	03-04		[기일박사추도특집]박사의 가정	101		하단 1/3 박스
1937.04	03-04	민휴	[기일박사추도특집]께일박사추도사	102		
1937.04	03-04	한승인	상업이 도덕적기준 : 상업도덕에 대하야	103-107		
1937.04	03-04		춘광춘색의 종종상 : 양춘명암이중주	108-126	상하단 명암 이분	
1937.04	03-04		춘광춘색의 종종상 : 명랑보-백화점풍경	108-112		상단 1/2 분할
1937.04	03-04		춘광춘색의 종종상 : 암흑면-병원풍경	108-116		하단 1/2 분할
1937.04	03-04		춘광춘색의 종종상 : 명랑보-유도장풍경	112-114		상단 1/2 분할
1937.04	03-04		춘광춘색의 종종상 : 명랑보-무용장풍경	114-115		상단 1/2 분할
1937.04	03-04		춘광춘색의 종종상 : 명랑보-산보	115-119		상단 1/2 분할
1937.04	03-04		춘광춘색의 종종상 : 암흑면-화장장	116-122		하단 1/2 분할
1937.04	03-04		춘광춘색의 종종상 : 명랑보-문화주택촌	120-126		상단 1/2 분할
1937.04	03-04		춘광춘색의 종종상 : 암흑면-비밀가	122-126		하단 1/2 분할
1937.04	03-04		광고 : 소년 창간호	126		하단 좌측 1/6 분할
1937.04	03-04	한선준	고수50년	127-134		

발간연월	호수	필자	제목	지면수	키워드	비고
1937.04	03-04	김진수	극연100원희곡당선작품 : 길 (전4막)	135-151		정현웅 그림
1937.04	03-04	함대훈	17세에 미국서 초연한 정열의 세계적 제금가 : 미샤·엘만회견기	152-157		
1937.04	03-04	이원곤	=삼중전회의와 중국의 장래= 통일 전선의 강화	158-168		
1937.04	03-04		광고 : 상반호총포점	169		
1937.04	03-04	장덕조	단편소설 : 창백한 안개	170-190		김웅초 그림
1937.04	03-04	이광래	희곡 : 석류나무집 (전3막)	191-204		정현웅 그림
1937.04	03-04	최정희	단편소설 : 흉가	205-216		정현웅 그림
1937.04	03-04		소식	216		좌측 세로 1/2박스
1937.04	03-04		광고 : 사전 대투매 단행	217		상단 가로 1/2박스
1937.04	03-04		광고 : 홍문당총포제작소	217		하단 우측 1/4박스
1937.04	03-04		광고 : 무○남자께 급고	217		하단 좌측 1/4박스
1937.04	03-04		광고 : 금률박사 발견의 신요법	218		
1937.04	03-04	차상찬(청오)	꽃철에 생겨난 명시인의 염담일화	219-225		
1937.04	03-04		광고 : 강신환(유항사약품부)	226		
1937.04	03-04		광고 : 유고루(유항사약품부)	227		
1937.04	03-04	호기생	기인기화집	228-229		
1937.04	03-04		광고 : 여성4월호	229		하단 중앙 1/5박스
1937.04	03-04		광고 : 현대조선여류문학선집	230-231		

발간연월	호수	필자	제목	지면수	키워드	비고
1937.04	03-04		현상크로스워-드	232-233		
1937.04	03-04		생활설문	234-238		
1937.04	03-04		연예설문	239-243		
1937.04	03-04		광고 : 일동림약	244		
1937.04	03-04		광고 : 일동도구도루환(매독)	245		
1937.04	03-04		유모-어설문	246-250		
1937.04	03-04		여행설문	251-254		
1937.04	03-04	조선의 학협회+ 조광 공편	[결핵예방독본]사계26대가집필 : 결핵예방독본	255		
1937.04	03-04	이갑수	[결핵예방독본]결핵예방특집발가에 제하야	256-257		
1937.04	03-04	윤일선	[결핵예방독본]결핵의 병리	258-259		
1937.04	03-04	박종영	[결핵예방독본]폐결핵의 원인급병리	260-266		
1937.04	03-04	김동익	[결핵예방독본]폐결핵의 증후	267-270		
1937.04	03-04	이의식	[결핵예방독본]폐결핵의 예후	271-275		
1937.04	03-04	심호섭	[결핵예방독본]폐결핵과 예방	276-281		
1937.04	03-04	오한영	[결핵예방독본]폐결핵의 내과적치료법	282-285		
1937.04	03-04	이용설	[결핵예방독본]폐결핵의 외과적치료법	286-287		
1937.04	03-04	명주완	[결핵예방독본]폐결핵과 정신부리즘	288-289		
1937.04	03-04		광고 : 여성 4월호	289		하난 좌측 1/10 바스

발간연월	호수	필자	제목	지면수	키워드	비고
1937.04	03-04	최희영	[결핵예방독본]폐결핵에 관한통계	290-293		
1937.04	03-04	허신	[결핵예방독본]의사로서의 폐결핵 체험담	294-299		
1937.04	03-04	이선근	[결핵예방독본]소아결핵	300-303		
1937.04	03-04	고영순	[결핵예방독본]장결핵	304-307		
1937.04	03-04	장경	[결핵예방독본]복막결핵	308-310		
1937.04	03-04		광고 : 신경통 약 증정(하래의원약품부)	310		하단 좌측 3/8박스
1937.04	03-04	임명재	[결핵예방독본]결핵성뇌막염	311-315		
1937.04	03-04		광고 : 임질약 증정(하래의원약품부)	315		하단 좌측 1/4박스
1937.04	03-04	이용설	[결핵예방독본]골급관절결핵의 증후	316-320		
1937.04	03-04	김하등	[결핵예방독본]골급관절결핵의 치료법	320-323		
1937.04	03-04	신성우	[결핵예방독본]안결핵	323-325		
1937.04	03-04	이영준	[결핵예방독본]비뇨생식기결핵	326-329		
1937.04	03-04	윤치왕	[결핵예방독본]자궁급외생식기결핵	330-331		
1937.04	03-04	윤태권	[결핵예방독본]임신과 결핵	332-333		
1937.04	03-04	신필호	[결핵예방독본]나팔관결핵	334-336		
1937.04	03-04	김성진	[결핵예방독본]임파선결핵	337-342		442면으로 오식
1937.04	03-04	박창훈	[결핵예방독본]항문결핵	342-345		
1937.04	03-04	강일영	[결핵예방독본]후두결핵	345-346		

발간연월	호수	필자	제목	지면수	키워드	비고
1937.04	03-04	오원석	[결핵예방독본]피부결핵	347-349		
1937.04	03-04		광고 : 폐병 늑막 全決法	349		세로 좌측1/2 박스
1937.04	03-04	이갑수 외	결핵예방좌담회	350-360		
1937.04	03-04	송작생	백금언 : 봄에 우는 뭇새의 소리	361-363		
1937.04	03-04	현풍	유모어소설 : 치처술	364-373		정현웅 그림
1937.04	03-04	박태원	장편소설 : 속천변풍경 -제4회	374-390		김웅초 그림
1937.04	03-04		애정설문	391-394		
1937.04	03-04		독자편집회의 의안모집	395		
1937.04	03-04			396 397		
1937.04	03-04		광고 : 보혈강장제	397		
1937.04	03-04		광고 : 광명원	398		우측 세로 2/3분할
1937.04	03-04		광고 : 운보『낙원의 철학』	398-399		2면 중앙 1/3분할
1937.04	03-04		광고 : 화류병 예방	399		좌측 세로 2/3분할
1937.04	03-04		편집후기	400		상단 가로 2/3분할
1937.04	03-04		판권기	400		하단 가로 1/3분할
1937.04	03-04		광고 : 동경신요법연구소(생식기)	401		
1937.04	03-04		뒷표지 - 광고 : 아지노모(조미료)	402		
1937.04	03-04					

그러나 1938년 7월 2일자 『동아일보』에 실린 기사 「사망통계를 통해서 본 폐결핵환자 (上(상)」에 기사를 쓴 조헌영은 절대안정, 영양식 섭취, 공기 좋은 곳에서의 휴양이라는 결핵 치료법에 대해 회의적인 태도를 보이며, 이것이 부유한 사람에게는 좋은 섭양법일지 모르지만 실행할 수 없는 사람에게는 파산을 불러온다고 지적하면서 세계에서 희귀하게 조선인들이 낮은 폐결핵 사망률을 보이고 있다고 기술하고 있다.

그러나 국내 결핵 사망자 수가 일본인 보다 낮게 집계가 된 것은 결핵이 법정 전염병으로 지정되지 않아 의사의 보고 의무도 없었으며, 격리되는 것이 두려워 숨어 지내는 경우가 많았기 때문[28]이었다. 1936년 4월 7일 결핵은 나병이나 마약중독과 같은 "만성병"과 같은 종류로 입안된다. 그리고 1937년에 이르면 적극적인 신고제를 도입하는 방향으로 개정된다.[29] 이와 비슷한 시기에 『朝光』에는 1938년 9월호에 "결핵균 가소롭다는" 광고가 2쪽에 걸쳐 실리는데 이스트균 주입을 통한 모르모트 실험에서 결핵균이 퇴치됐다는 광고가 보인다. 이 광고를 볼 때 결핵 치료제로 페니실린 외에도 이스트 균이 쓰였음을 알 수 있다. 그리고 결핵 약 중의 하나인 하리바는 비타민 AD가 함유된 영양보충제로 영양소를 취하게 하여 허약체질을 건강체질로 만들어주며, 결핵균에 대한 저항력을 높일 수 있다고 광고하고 있다. 결국 결핵약의 대부분이 항생제이거나 건강한 육체를 만들기 위한 영양보충제였던 것이다.

이처럼 모든 약이 결핵에 특효약이라고 선전하고 있지만 당시 '폐결핵 치료제는 사실상 없었던 것'[30]으로 보인다. 따라서 총독부의 대응도 미진할 수밖에 없었다. 1936년 이후 겨우 시작된 적극적 대응은 침뱉기 등 행동 교정을 통한 규제와 실효성 없는 위생교육과 계몽이 전부였다.[31] 결국 결핵에 대한 치료 정보를 대중들은 기사나 광고를 통해 얻을 수밖에 없었다. 그러나 광고가 제공하는 정보는 허위, 과대, 과장이 많아 정보로 보기에도 어려웠다. 그럼에도 각종 매약업자들과 제조업자들은 광고를 통해 독자에게 건강한 신체에 대한 환상과 욕망을 심어주었다.

반면 부인병 약은 치료제로서의 기능보다 건강한 모체와 출산으로 귀결되고 있다. 그것은 당시 유교의 전통 아래 가정부인의 덕목 중의 하나가 아들 또는 아이를 생산하는데 있었으며, 1920년대부터 총독부에 의해 실시된 국민 건강증진 운동이 전시동원 체제에 들어서면서 1942년에 이후 건민운동으로 변환되는데서 찾을 수 있다. 건민운동의 세부실천 사항은 "(一) 황민정신 양양이며, (二) 모자보건의 철저, (三)체력연성, (四) 보건생활의 여행, (五) 결핵병, 성병의 예방, (六) 충치예방"[32]이다. 건민운동의 세부실천 사항 중 두 번째 사항인 모자보건의 철저는 "모자보건을 위하야서는 모성보호의 지식과 모성보호사상의 보급 선전을 철저히 하는 동시에 근로여성임산부의 건강 무료 진단, 치료 등 적절한 봉사를 하고 어린아이의 보호를 위하여 그들의 무료 건강진단, 무료 치료의 실시와 혹은 애호 시설의 확충을 꾀한다"[33]고 규정하고 있다. "(二) 모자보건의 철저"는 국민 건강증진 운동의 실천 사항에는 없었던 내용으로 전시동원 체제하에서 후방에서의 부인담론과 모성 담론 속에서 추가된 내용이다. 전시동원 체제 속에서 일제는 전투병을 양성·공급받기 위한 인적자원 양성의 일환으로 모자보호와 함께 결혼과 출산을 장려한다.

> 제이세국빈인 어린이를을 바르게 굿세게 든든하게 길러 국가의 인적자원을 획실이 갖추게 할 것도 한가지 국책입으로 먼저 애기어머니를 튼튼케하고 그들을 위하여 이린에들의 건강진단괴 영양을 만히 섭취하도록 하아 촌후반도 건강진에 유감이 업도록 서로 협력헤야 할 것이다.[34]

> 반도의 전민중은(…) 결핵예방, 성병 퇴치를 비롯하여 결혼 장려, 다산 장려 실행과 육아 보건이며 임산부의 보호의 자진협력 굿센체력의 재건운동에 유감이 업도록 새로운 출발을 지엇거니와 … [35)]

위의 인용문에서 볼 수 있듯이 일제가 요구하는 총후부인은 다산을 할 수 있는 건강한 모체임을 알 수 있다. 출산과 관련된 내용은 부인병 약에서도 찾을 수 있는데 그 예가 미신환(美神丸)과 태양조경환(胎養調經丸)이다. 먼저 『朝光』에는 아래와 같이 세 가지 형태의 미신환의 광고가 실리고 있다.

자궁좌약인 미신환(美神丸)을 "婦人病家庭療法 帶下症婦人病을쉬옵게곳치는大評判의美神丸"(『동아일보』 1929.10.27. 4면 광고) 부인이나 처녀 모두 안심하고 사용할 수 있다고 광고하고 있는 것처럼 1936년 6월호 『朝光』의 광고도 대표 카피를 "대하증부인병 유명약"으로 뽑고 있다. 미신환은 이외에도 위의 광고에서는 자궁병, 월경불순 치료제인데 아기 낳기를 원하는 여성이 사용할 수 있는 약이라고 광고하고 있다. 그러나 아기까지 낳을 수 있다는 광고는 과장광고로 이 광고가 허위인 것은 1932년 6월 1일자 『동아일보』 "紙上病院"기사에서 알 수 있다. 백대하증에 대해 묻는 "평가답답생"이라는 질문자는 27세의 기혼 여성으로 결혼 후 자궁병이 생겨 병원에서 진찰 후 7개월간 미신환을 사용하였는데 월경도 순조롭고 몸도 건강하나 백대하증이 있어 약을 계속 사용할지에 대한 여부와 아픈 곳이 없는데 아

그림 9. 美神丸 1936년 4월호

직까지 수태를 하지 못하고 있으니 미신환을 쓰지 않아도 되겠냐는 질문에 제대 부속병원 부인과 교실 의사는 임신을 할 수 있을지의 여부는 진찰을 해야만 알고 후굴이 다 낫기 전에 약을 끊으면 재발한다고 답하고 있다. 의사의 답변을 볼 때 미신환이 대하증 외에는 별 효과가 없었던 것으로 보인다. 위의 질문을 볼 수 당시 여성들의 최대 고민 중의 하나가 출산 문제였음을 알 수 있다. 따라서 대하증 치료제인 미신환은 자궁건강이 출산이라는 공식 하에 아이를 낳을 수 있다는 광고를 멈추지 않는다.

그림 10. 美神丸 1936년 6월호

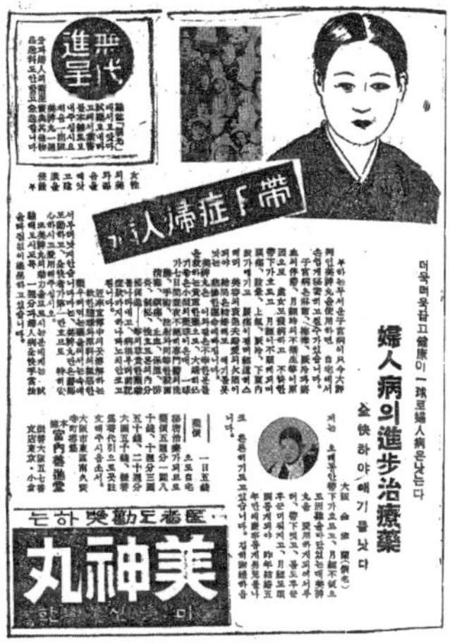

그림 11. 美神丸 1939년 7월호

이외에도 1930년대 초 『동아일보』 기사에는 미신환(美神丸)을 사용 중인 여성이 사용 여부를 묻는 기사가 꽤 실려 있는데 “어느약광고에 유명하다는외 용약 미신환(美神丸(미신환))을 사용중 이오나 외용약으로도 전쾌할수 잇을까요 속치 될 방법과 병의 발생원인을 속속히하교 히여주시오(一讀者).”라는 질문에 ‘미신환을 사용하는 것이 해가 될 것은 없으나 완전히 치료하려면 내원하여 대하증의 원인을 알아내서 치료해야한다고 ○五%의 식염수로 세척’[36] 할 것을 조언하고 있다.[37]

그림 12. 태양조경환 1944년 7월호

화평당약방(和平堂藥房)에서 만든 태양조경환(胎養調經丸) 대표적인 부인병약이다. 1920년 『동아일보』에서부터 광고가 보이기 시작하는데 이 당시에는 아들을 낳게 하는 약으로 선전되고 있었다.

<그림 12>의 광고를 보면 여성이 아기를 안고 있는 일러스트 위에 "본제가 부인병 약 중에 효과가 가장 탁월하여 만인의 절찬을 받는 시약으로 생남 생녀"할 수 있다고 선전하고 있는 것을 볼 때 아이를 낳을 수 있다는 광고 방향은 바뀌지 않은 것으로 보인다.

여성의 다산은 여성과 남성 모두의 건강한 신체를 요구한다. 건강한 체력과 관련하여 『朝光』에 가장 의약품 광고 중 많이 실리는 광고가 강장제(强壯劑, tonic)[38] 즉 정력제 광고이다. 정력(精力)은 1. 심신의 활동력. 2. 남자의 성적(性的) 능력을 뜻한다. 남성의 정력을 뜻하는 용어로 영미권에서는 "vitality"를 쓰고 있으며 이외에도 vigor(정력, 힘, 활력), stamina(체력, 활력), energy(활력), vim(정력, 활기), sinew(정력, 힘)이 정력이라는 용어로 쓰인다. 그러나 한국에서는 스태미나(stamina)가 정력이란 말과 일맥상통하는 뜻으로 쓰인다. 그러나 당시 정력은 은유로서 질병의 가지 중의 하나였다. 남성으로의 기능마저도 질병의 한 가지로 취급하고 있는 것이다. 정력의 신화는 단군신화에서부터 보인다. 단군신화에 등장하는 마늘은 알리신(allicin)과 아연이 많이 함유된 마늘은 현재도 천연의 정력제로 불리고 있다. 정력은 이처럼 인간에게 있어 초미의 관심사였으며 정력제는 남성 스스로가 몸을 통제할 수 있는 수단이었다. 정력제는 크게 강장제와 발

기부전(Erectile Dysfunction) 치료제로 나뉜다. 강장제는 피를 보족하여 빈혈을 예방하거나 치료하는 백보환· ビオトニク(비오토니구)와 같은 보혈강장제와 녹용을 기반으로 한 パントクリン(판토크린)류의 영양보급을 위한 자양강장제로 구분된다. 이러한 강장제는 건강증진과 정력 감퇴에 효과가 있다고 선전하고 있다. 발기부전[39] 광고로 대표적인 것은 보인당약방(普仁堂藥房)의 "돈익구(敦益救)" 광고이다. 다음은 <그림 13>의 돈익구 광고의 전문이다.

"인생의 제일 큰 불행이 무엇일까? 그것은 생식기 쇠약일 것이다. 생식기는 인생의 최대임무요 쾌락의원 동력으로 볼 수 있습니다. 생식기 쇠약으로 고민하는 사람은 일절비밀에 부침으로 누구에게도 하소연하지 못하고 혼자서만 마음을 조리며 항상 고민과 비관으로 그날 그날을 보내게 됩니다. 여기에 「돈익구」는 일

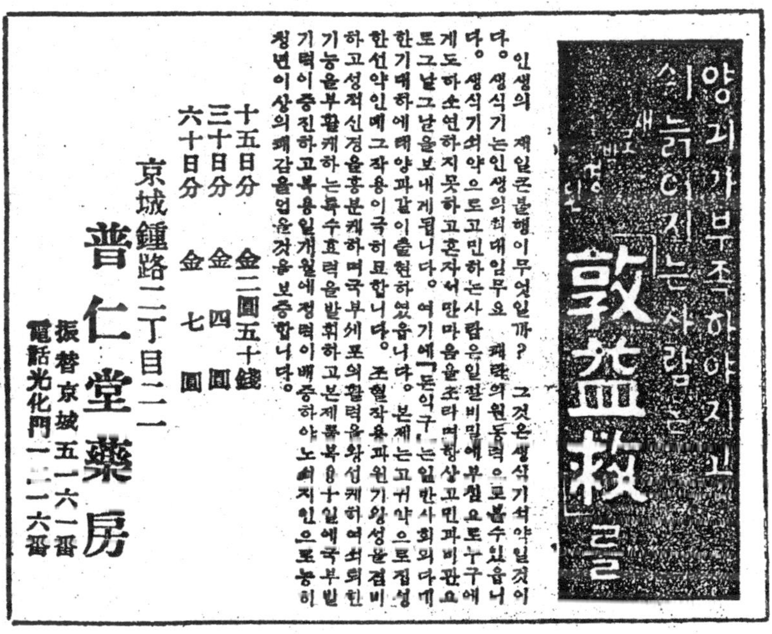

그림 13. 『朝光』 1936년 4월호 2권 4오(통권 6호)

> 반사회의 다대한 기대하에 태양과 같이 출현하였습니다. 본제는 고귀약으로 집성한 선약인데 그 작용이 극히 묘합니다. 조혈작용과 원기왕성을 겸비하고 성적신경을 흥분케하며 국부 세포의 활력 왕성케하여 쇠퇴한기능을 부활케하는 특수효력을 발휘하고 본제 복용 十일에 국부 발기력이 증진하고 복용 일개월에 정력이 배증하야 노쇠지인으로 능히 청년이상의 쾌감을 얻을 것을 보증합니다."

"돈익구"의 광고 내용을 보면 발기부전 치료제라기보다 최음제에 가깝다. 성동원약품부(城東園藥品部)의 "早○男子에게 急告"라는 광고는 조루를 성적 파산병이라 칭하며 현대인에게는 많은 병으로 圓滿해야할 젊은 부부가 破綻되는 원인이라고 진단하면서 惠澤을 받지 못한 不幸한 사람들에게 早○防止專門良藥을 頒布해 드리게 되었다"고 적고 있다. 위 두 광고를 볼 때 남성성의 가치의 척도인 정력은 발기와 지속성으로 정의되고 있다. 즉 정력을 음경의 성능의 문제로 단순화시키면서 남성을 정상과 비정상을 나누고 있다.

이 시기 강장제는 정력 보조제의 역할을 하였으며, 음양 조화의 불균형은 병이라는 인식 아래 정력은 건강의 다른 이름이라 할 수 있다. 이러한 사고는 '허약 체질 및 발기부전= 남성성의 훼손'으로 이어지고 정력은 근대를 거치면서 나이에 따라 자연스럽게 쇠퇴하는 것이 아닌 보양을 통해 회복할 수 있는 병으로 인식되면서 신화가 된다. 『朝光』의 의약품 광고를 성과 질병, 성과 출산, 성과 기능으로 분류했을 때 건강한 신체를 가진 남성성 즉 정력적인 남성으로 규정되고 있음을 알 수 있다. 즉 건강 담론 속에서 질병은 하나의 성(性, gender)으로 소비되고 있으며 '정력'으로 재생산되고 있다. 결국 건강하지 못한 허약한 신체는 훼손된 남성성, 동원체로서 실격, 아이 생산 등 있어 비정상으로 분류되는 반면 건강한 신체를 대변하는 정력은 질병처럼 취급 되고 있다.

국민의 건민화가 부국과 직결된다고 인식하기 시작하면서 일제는 총독부를 통해 조선인의 건강을 관리하기 시작한다. 총독부의 규율 아래 놓인 조선의 신체는 감시와 격리라는 통제하에 놓이게 되었으며 이러한 통제를 피해 병을 숨기거나 숨어 지내는 경우가 속출했다. 정확한 진단과 병원 치료를 받지 못하는 사람들에게 의약품 광고는 '자가 투약'에 의한 '자가 치료'를 가능하게 했다.

앞에서 살펴보았듯이 『朝光』의 광고는 지배계층 및 지식인들이 내건 이념이 대중들의 생활 속에서 어떤 양상으로 소모되고 소비되는 양상을 보여준다. 『朝光』의 광고는 독자를 '치료가 필요한 독자', '신체를 가꾸어야 하는 독자' 등으로 해석하면서 소비를 선동하고 있는 것이다. 뿐만 아니라 지속적인 의약품 광고의 노출은 규율된 권력이 국민들의 의식 속에 잠재될 수 있도록 의학적 정보로 대중을 교양하고 있는 것과 다를 바가 없다. 결핵의 경우 일제의 미지근한 대응 속에서 일본보다도 조선에서의 결핵 발병률과 사망률이 낮은 것으로 조사되었음에도 『朝光』이 일본에서 제조된 결핵약을 대대적으로 광고하거나 일본 광고를 해석하여 싣고 있는 것을 볼 때 일제의 무관심 속에 결핵 치료와 예방은 위생 담론의 규율만 작동하고 있으며, 소비되고 있음을 알 수 있다.

『朝光』의 의약품 광고를 성과 질병, 성과 출산, 성과 기능으로 분류했을 때 건강한 신체를 가진 남성성 즉 정력적인 남성으로 규정되고 있음을 알 수 있다. 즉 위생 담론 속에서 질병은 하나의 성(性, gender)으로 소비되고 있으며 '정력'으로 재생산 되고 있다. 전시 동원체제하에 이르러서는 남성들의 튼튼한 신체, 어린이의 건강한 신체, 여성의 건강·출산과 국방의 밀접성은 일제의 건민운동 속에서 정력이라는 이름으로 소비되고 재생산되고 있음을 알 수 있다. 결국 건강하지 못한 허약한 신체는 훼손된 남성성, 동원체로서 실격, 아이생산 등

있어 비정상으로 분류되면서 건강한 신체를 대변하는 정력은 은유로서의 질병이 되고 있다.

II 위생 담론과 화류병

2

위생 담론과 화류병[1)]

1. 노는 여자들의 병, 화류병

봉건시대에도 성문화가 사회적으로 문제화되었던 일이 없었던 것은 아니었으나 조선의 성문화가 사회문제로 본격적으로 대두되기 시작한 것은 1904년 공창제도가 공식화되면서부터라 할 수 있다. 공창제도의 이식은 은밀하였던 성문화에 공공성을 띠게 하였으며, 성담론을 변화시켰다. 예를 들어 1904년 이전의 성담론이 자유연애와 결혼에 관한 것이었다면, 1904년 이후 성담론은 매춘과 타락에 대한 내용이 주를 이룬다.

매춘과 타락의 중심에 서 있던 사람들이 노는 여자들이었던 기생과 여급이다. 원래 기생은 전근대적인 표상으로서 '말하는 꽃' 해어화나 예인(藝人) 또는 전통의 시표였다. 그러나 일제 강점기 시기를 거쳐 몰락하게 된다. 기생은 근대화 속에서 그 이미지가 변질되며, 여급 역시 직업인으로서의 이미지는 퇴색된 채 동경과 선망의 대상에서 상품으로, 타락한 여성, 에로 전사의 이미지로 고착되고 있다. 이들의 이미지와 위치의 변질은 매체가 주는 관음적 정보 그리고 주체의 시선과 권력이 길항관계를 맺고 있는데 이를 통한 이미지의 변질은 이들의 삶을 관음적 시선과 권력 규율이 요구하는 틀 안에 가두게 된다. 그리고 매체나 일반적인 시선이 생산해내는 이미지는 도덕성과 결합하면서 이들을 비정상인, 또는 관음의 대상으로 취급하고 있다. 기생과 여급들은 남성, 국가, 여성의 시선 속에서 매체를 통해 시각화, 이미지화되었으며, 관음적 시선 속에서 소비되었다.

문학 작품에서 여성들이 기생과 여급이 된 사례는 다음과 같다. 먼저 생계유지[2] 또는 양친이나 가족을 부양하기 위해 기생과 여급이 되거나 본인 의사로 자발적으로 된 사례(박태원 「성탄제」, 이상 「날개」)이다. 둘째, 인신매매의 경우로 가족이나 다른 사람에게 속아서 팔리는 사례(강경애 「동정」, 이태준 「꽃나무는 심어 놓고」, 김유정 「가을」)이다. 셋째, 순결을 잃은 후 기생이나 여급이 되는 경우로 하녀로 일하다 주인으로부터 유혹 당한 후 버림받은 여자, 애인이거나 첩이었으나 상대 남자로부터 버림받은 사례(이광수『무정』)이다.

이러한 양상은 일제 강점기 잡지나 신문기사에서도 찾을 수 있다. 이글에서는 『每日申報』, 『東亞日報』, 『別乾坤』, 『三千里』를 중심으로 이러한 양상을 살폈다. 『每日申報』와 『東亞日報』에는 기생과 여급과 관련된 기사들이 지속적으로 실리고 있었기 때문이다. 『每日申報』가 흥미위주, 상품화 위주의 기사가 우위를 점하는 반면, 『東亞日報』는 비교적 사실 보도에 가깝다.

록안경은 「카페女給 언파레-드」 라는 글에서 배우 출신 여급들을 소개하고 있는데 엔젤 카페의 유키코(雪子)는 생계를 위해, 낙원회관의 지쓰코(千津子)는 양친을 비롯한 열다섯 식구를 먹여[3] 살리기 위해 여급이 된 경우이며, '돈잇는 남자를 따럿다가 호강도 해보앗고 고생도 해보앗다'는 카페 목단의 조경희[4)]와 엔젤카페의 난발한 녀급 아이코(愛子)는 전 조선일보 임 사장의 딸[5)]로 자발적으로 여급이 된 사례이다. 『三千里』에도 기생과 여급이 된 사례가 수기[6)]와 소식[7)] 형태로 실려 있는데 자발적으로 여급이 된 사례, 생계를 위해 여급이 된 사례, 애인에게 버림받은 후 여급이 된 사례가 실려 있다. 여러 사례 중 자발적인 경우는 생계를 위한 경우와는 다른 가치관을 보인다. 이러한 예를 좌담[8)]에서 찾을 수 있다.

> 金漢淑 - 몰라요. 호호호. 그러나 저는 무슨 세상이나 남성을 呪咀하고 싶은 생각으로 이렇게 기생 된 것은 아니래요. 다만 여자도 경제적으로 독립하고 보자는 생각에서 비교적 수입이 많은 이 方面에 뛰어 들었지요. 水原 어디서 교원생활할 때야 불과 사오십원 월급 밖게 더 받을 수 있더래요. 그래서 교단에서 뛰여내러 女給이 되었더니 그도 수입이 그리 대단치 않어요. 그래서 歌舞를 조금 더 배워 가지고 지금 기생이 되었지요. 기생이 자랑도 아니고 그렇다고 부끄러운 것도 아니고 그저 직업이지요. 직업이거니 하고 저녁마다 인력거오면 연지찍고 분바르고 비단치마 가라입고, 明月舘이요, 食道園, 天香園이요, 온갓 료리점으로 가서 놀다 오지요.
>
> 申銀鳳(女俳優) - 그러나 꼭 돈만 목적하고 이 노릇하는 것도 아니지요. 나는 평양서 여고다닐 때부터 어쩐지 연극이나 음악이나 영화 방면을 개척하여 보았으면 하는 熱이 있었어요. 내가 만일 시나 노래를 지을 줄 알었더면 붓을 들고 여류작가로 나섰을 것이지만 거기 天分이 없는 탓으로, 舞臺에 뛰어 올랐어요 (『三千里』 제8권 제4호, 165-166쪽).

이들의 좌담을 보면 자발적인 경우에는 생계보다 더 많은 돈을 벌 수 있는 직업이라는 경제적인 측면[9)] 또는 자신의 재능을 펼치기 위한 수단으로 삼으려 했음을 알 수 있다. 이런 경향은 고학력 출신이나 여배우 출신 여급들에게서 주로 보이는 현상으로 일반적인 경향은 아니었던 것으로 보인다. 반면 가족 부양을 위해 기생이 된 경우 이를 비관한 가족이 자살한 기사[10]가 『每日申報』에 보이는데 위의 여성들처럼 기생이나 여급을 직업으로 인식하는 경우도 있지만 대개의 여성이 신체를 경제적 수단으로 이용하는 것에 대해 수치심을 느끼며 남들에게 드러낼 수 없는 직업으로 인식하고 있다. 이에 대한 진술은 「인테리 여성의 비극, 그 여자는 女子普高를 졸업하고 엇재서 기생과 여급이 되엿나?」의 이혜숙의 수기에서 잘 드러나 있다.

> 좁고 어두운 술집-(카페-) 이층방에서 혼자 울고 잇슴니다. 어머님 품으로 뛰어가고 십흔 생각이 엇지 업스리오만은 삼년동안이나 이리저리 방황하여서 결국 엇은 것이 병이니 병든 몸을 끌고 어머님을 차저간다면 어머님이야 그래도 반갑게 마저주시겟지요 만은 동리 사람 친척들에 비우슴을 두려워하실 어머님에 비경을 생각하여 타향에 외롭고 쓸쓸한 병객이 되여 잇슴니다. 불상하신 어머님! 저는 잘 듯고 잇습니다. 동리 사람들이 「XX집 딸은 경성서 기생 노릇을 한다는대」 하고 비웃는다는 것을! 그리고 친척들이 「혜숙이란 년은 카페 녀급으로 잇다는대-이런 집안 망할 일이 어대 잇단 말인가」 하고 야단이 나면 어머님은 우시면서. 「혜숙의 잘못이 안이고 단지 저에 잘못이람니다. 제가 잘못 길너서 그러케 된 것이지요. 결코 혜숙의 죄는 안이람니다」 라고 변명하여 주신다는 소문도 드럿습니다.(……) 제가 근본적으로 못된 인간이 안이엿던 것만은 저보담 어머님께서 더 잘 아실 것이겟지요. 저는 결코 못된 인간이 안이엿읍니다. 혜숙이가 세상 사람들의 손가람질을 밧게 된 동기는 어머님이 임이 잘 아시니 여기에 또다시 이야기하고 십지 안습니다. 어머님! 세상 사람들이 저를 욕하고 어머님을 비웃을 때 어머님은 가만히 참고 견대여 주십시오. 물론 그 괴롬이 얼마나 하시겟습니까,만 죽어가는 혜숙의 마지막 부탁이오니 드러주십시요 (『三千里』 제4권 제9호, 31쪽).

기생과 여급이 된 경위와는 관계없이 위의 진술처럼 화류계 여성은 선천적으로 도덕적 결함 때문에 그 길로 들어선 타락한 여성으로 간주되었기 때문에 이웃들은 물론이고 친척들에게도 드러내기 어려운 직업이었다. 전통적 사고에 비추어 볼 때 여성에게 중시된 것은 정조와 어머니로서의 가치였다. 그러한 여성이 '공공의 여자'라는 사실은 가족들에게도 수치심과 고통을 주었으며 이를 비관하여 자살을 택하는 경우까지 발생하게 된 것이다. 이러한 '공공의 여성'으로서의 기생과 여급에 대한 인식과 이미지는 「돈뻘이하는 女子職業探訪記」[11] 라는 『東亞日報』 1928년 3월 4-5일자 기사와 3월 12자 기사에도 잘 나타나있다. 『東亞日報』 3월 4일자 기사에는 웨트레쓰를 '월정 수입은 정해진 것이 없이 오직 팁만으로 생활비를 모아 살아가며, 웃음을 팔며 애교를 팔아 손님에게 팁을 받는 직업'[12]으로 소개하고 있으며, 기생은 '놀애와 춤을 팔랴고 하다가 몸을 희생케 되는 기생, 릉라를 감고 금 은으로 장식해도 마음은 것칠은 사막을 닐운다고, 돈 벌자는 것이 유일의 표어'[13]라고 소개하고 있는 것을 볼 때 기생과 여급 이미지는 직업인의 이미지보다는 성애화의 대상, 신체를 통해 남성에게 기생하는 '공공의 여성'이라는 부정적 이미지가 강해 몇몇 기생과 여급들이 지니고 있는 자긍심과는 거리가 있음을 알 수 있다. 이들이 직업인으로서의 정체성을 갖기 위해 노력이 없었던 것은 아니다. 기생 잡지 『長恨』이나 여급 잡지 『女聲』 등을 통해 자신들의 정체성을 모색하려 하였지만 당대 사회의 시선을 바꾸지는 못했다.[14]

가족이나 다른 사람에게 속아서 인신매매가 되는 경우는 기생에게 주로 나타나는데 『別乾坤』 23호에 실린 김운파의 수기[15]에서 알 수 있듯 이러한 인신매매가 당대에 심심치 않게 벌어졌던 일로 보인다. 팔려가는 여자 모티프는 문학 작품 속에서도 자주 등장하는데 강경애의 「동정」, 김유정의 「가을」과 이태준의 「꽃나무는 심어 놓고」(1933.3)

가 인신매매로 인해 기생이나 술집 작부가 되는 작품들이다. 「동정」의 산월은 가족에 의해 빚 대신 팔려가 기생이 되며, 「가을」에서 조복만은 술장사를 위해 여자를 사려는 소장수 황거풍에게 아내를 50원에 팔아버리며,[16] 「꽃나무는 심어 놓고」의 방서방의 아내 김씨는 구걸을 하기 위해 다리 밑을 나섰다 길을 잃고 헤매다 노파에게 구조되지만 그 노파에 의해 술집에 팔려간다. 이 세 작품에서의 인신매매는 무산자 층의 생활의 참상-유산계층의 구매라는 계급적 관점이 아닌 동일 계층 내에서 발생하는 여성 신체에 대한 폭력이라는 점에서 당시 하층민 여성의 위치를 잘 반영하고 있다.

앞에서 살펴보았듯이 대개의 기생과 여급은 생계유지를 위해 선택하거나 팔린 경우로 음란 여성과는 거리가 있다. 그럼에도 가족들조차도 드러내기를 꺼려하는 부끄러운 직업이라는 것이 일반적인 이미지이다. 그러나 이러한 이미지는 문화와 규율을 통해 생성된 것으로 기생과 여급이 음란한 것이 아니라 이들에 대한 시선이 음란함과 타락이라는 이미지를 생성하고 있는 것이다. 즉, 남성의 욕망은 은폐된 채 상품으로서 여성을 구하는 그들의 음란성과 타락성마저 기생과 여급들에게 전가되는 것이다.

이러한 점은 이들을 바라보는 시선을 통해 알 수 있는데 일제 강점기 기생과 여급에 대한 이미지는 매체를 통해 남성의 시선과 일제 권력의 시선 그리고 여성의 시선으로 세분화되어 드러나고 있다. 먼저 남성의 시선에서 남성들이 기생과 여급을 어떻게 대상화·이미지화하고 있는지를 1921~1945년까지의 신문기사 표제를 통해 살펴보면 대다수가 연애(로 인한 자살, 도주, 치정극 등), 사기, 폭행(농락)에 관한 것이다. 연애의 경우 남성이 기생과의 이루지 못한 사랑을 위해 동반 자살하거나 도주(32건)하는 경우도 있지만 기사의 대부분이 상대 남자에게 버림을 받고 비관하여 자살한 경우이다. 1925-1938년 사이의 『每日申報』와 『東亞日報』에서 기생·여급의 자살(음독, 투신, 창상 포함)과 관련된 기사가 236건으로 기생·여급 모두 1936년부터 자살이 증가 추세를 보이고 있다. 특히 1936-1938년 사이의 여급의 자살 관련 기사는 전체 기사의 절반을 차지할 정도로 높다. 결국 예인과 손님, 직업여성과 손님의 경계를 넘어 연애를 하지만 이들이 남성들에게 '연애'의 대상이지 '결혼'의 대상은 아니었던 것임을 자살 건수가 보여주고 있다.

기생이나 여급과 같이 서비스업에 종사하는 여성들은 남성들에게 아내와는 달리 완전하게 소유할 수 없는 환희와 선망의 대상인 동시에 자신의 능력 여하에 따라 언제든지 획득할 수 있지만 타인과 공유해야하는 존재이므로 이 때문에 발생하는 지배욕에 대한 결핍의 대상, 환멸의 대상이기도 했다. "옷매무시와 말솜씨가 여염 부녀와 같이 단정하였다. 그러나 그 단정한 것이 결코 객이 흥취를 상하지 않을 뿐만 아니라 도리어 좌중이 손을 잡고 노는 것과 같이 화락하였다. (……) 또 그의 흥취 깊은 남도소리와 능란한 가야금은 나 같은 서생으로서 감히 평할 바가 아니라고 생각한다."[17]는 소련이에 대한 묘사와 '정열에 맡겨 편지도 여러장 써보았으나 한 장도 부치지 못했다'는 이태준의 소설 「그림자」의 '나'의 고백은 연애 대상으로서 기생에 대한 환상과 선망은 물론 '공공의 여자'에게서 여염부녀의 단정함을 찾는 남성의 이중적 심리를 잘 보여주는 예라 할 수 있다.

이외에 사기가 83건, 폭행·농락이 24건인데 사기의 대상으로는 10건에 불과한 여급보다 기생이 월등하게 많은 기사 수를 보이고 있다. 이것은 교육 수준과도 관련이 있어 보인다. 반면 기생과 여급은 현금을 소유하고 있어서인지 범죄의 대상으로 신문 지면에 오르내리기도 한다. 남성 권력의 또 다른 상징으로 선망과 환희의 대상이었던 기생은 공창제의 도입과 기생의 몰락과정을 통해 특정 계층이 아니라도 그들을 구매할 수 있게 되면서 선망은 열어졌으며, 성욕의 배출구로서의 대상, 강인한 신체로서의 과장된 남성적 우월성을 과시할 수 있는 대상으로 자리 잡게 된다. 강인한 신체로서의 과장된 남성적 우월성의 과시는 폭행으로 나타나는데 이것은 기생과 여급이 보호하지 않아도 되는 대상이며, 쾌락을 목적으로 구매한 상품이라는 인식에서 비롯된 것[18]으로 보인다. 남성은 자신의 지닌 환상을 충족시키지 못했을 때 또는 힘을 과시하고 싶을 때, 스트레스 해소 대상으로 기생과 여급에게 폭행을 가하는데 여기에는 환희와 환멸, 선망과 성적 우월감이라는 이중적 심리가 자리 잡고 있다.

「女高出身인 인테리 妓生·女優·女給 座談會」에도 농락 또는 폭행 사례에 대한 진술[19]이 보이는데 이것을 직업상 피해갈 수 없는 운명으로 받아들이는 여성들의 계약적 태도를 볼 때 웃음과 화폐교환이라는 쾌락과 자본의 상쇄가 사회적으로 허용되고 있는 현실이 남성의 이중적 심리를 가중시키고 있으며, 기생과 여급의 이미지를 환상-선망-환희의 대상에서 연애-사기-폭행의 대상으로 전락시키고 있음을 알 수 있다.

이를 볼 때 기생과 여급은 남성들에게 성적 대상인 동시에 연애의 대상, 사기의 대상이며, 욕구 불만을 해소해 주는 폭행의 대상이었음을 알 수 있다. 연애-사기-농락·폭행이라는 상반된 신문기사의 표제어는 남성들이 기생이나 여급에게 취하는 이중적인 태도를 잘 보여주는 예이다.

2. 여성신체의 상품화와 관음적 시선

'보는 것'과 '보이는 것'은 다르다. 시각적인 측면에서 '보는 것'은 주체의 의도성과 관련이 있지만 '보이는 것'은 주체의 의지와는 상관없이 하나의 상이 시선 안으로 들어오는 것이다. 관음증은 보는 것의 한 양상이다. 좀 더 정확하게 이야기하자면 성적인 흥분을 얻기 위한 훔쳐보기이다. 이글에서는 그 범위를 좀 더 확대하여 인간의 욕망 가운데 이성에 대한 호기심의 정도도 관음증의 일환으로 보려한다. 정도의 차이가 있을 뿐 관음증이 이성에 대한 호기심에서 시작되기 때문이다. 따라서 이 장에서는 증상으로써의 관음증이 아닌 증후(證候)로써의 관음적 시선을 살피고자 한다.

기생과 여급이 성 권력 속에서 '타락'이라는 이미지로 비춰지는 것은 이들을 하나의 직업인이 아닌 유흥이라는 이미지의 속성이 더 강하게 드러나기 때문일 것이다. 이러한 시각은 앞에서 언급한 「돈뺄이하는 女子職業探訪記」에서도 잘 드러난다. 『東亞日報』 1928년 3월 4일자 「돈뺄이하는 女子職業探訪記」上에는 "새로 살길을 발견한듯 덤비는 「카페」의 「웨트레쓰」 설움 밤을 낫삼아 가는 곳은 어디메뇨, 필경은 타락의 굴 이에 발드딀 뿐 홍등록주에 몸만 시들어간다"(밑줄-인용자)라는 부제와 함께 앞치마를 두른 여급이 손님을 접대하는 사진이 실려 있다. 부제에 쓰인 '설움', '타락', '시들어간다'는 용어가 이들에 대한 인식을 단적으로 보여주는 예로 이러한 이들의 이미지는 사진과 함께 제시되면서 볼거리로 전락하고 있다. 물론 이 기사가 여급들의 고통을 빈궁이라는 경제난과 연관하여 기술하고 있어 이들의 실생활에 대한 고발적 측면이 강하지만 양장을 하고 앞치마를 두른 세명의 여성이 한 남성을 접객하는 모습의 사진은 그들의 고통보다는 유흥에 이미지를 맞추고 있음을 알 수 있다. 여급을 소개하는 한 장의 사진은 오히려 그들의 고통을 상쇄시키고 있으며, 그것이 비록 순간적이라고 할지라도 여성들의 모습을 통해 이성적인 호기심과 접대를 받는 상상을 촉발시킬 수 있기 때문이다. 따라서 여성을 다루는 한 장의 사진에는 근대 '권력의 시선'뿐 아니라 남성의 시각이 내재화되어 있음을 알 수 있다. 이러한 관음적 시선은 대중문화와 결합하면서 일반화되기 시작한다.

관음적 호기심이 부상하게 된 계기는 박람회와 일본 게이샤의 공연문화[20]가 요리집이나 카페에 정착되고, 활동사진, 만화, 사진, 엽서 등 시각 매체의 등장과 잡지, 신문 같은 활자 매체에 그림과 사진이 삽입되면서부터이다. 박람회나 전람회, 공연이 대중적이며 공개적인 '구경'이라면 신문, 잡지, 인체를 다룬 의학 잡지 등은 개인적이고 은밀한 속성을 띤다. 신문이나 잡지와 같은 대중매체는 주체가 보고자하는 욕망을 우선함으로 읽기와 훔쳐보기의 경계를 흐린다. 시선 주체의 텍스트에 대한 호기심 또는 즐김의 행간 속에는 일반적으로 관음적 시선이 내재되어 있으며 매체가 이러한 시선을 이용하기 때문이다. 신문이나 잡지는 사건 보도라는 이름 아래 예술인·문학인은 물론 일반인에 관한 사건, 사고와 함께 신상 공개라는 강제 노출을 통해 독자들로 하여금 대상에 대한 무의식적 사생활 침해를 유도하고 있다.

특히 기생과 여급을 다루는 신문기사는 공공의 눈이 아닌 권력의 시선, 남성적 시선으로 여성을 다루고 있는데 1914년 1월 28일부터 6월 11일까지 『每日申報』에 연재된 '예단일백인(藝檀一百人)'의 경우 남성의 관음적 시선을 보여주는 좋은 예라 할 수 있다. 실제 '藝檀一百人'은 예술인 소개로 기획 되었으나 여기에 소개된 내용은 기생이 된 계기나 이력, 결혼 경력, 학력, 일본 체류 경험, 일본어 능력, 장기 소개에 그쳐 있어 예술인의 소개라고 보기는 어렵다.

'藝檀一百人'은 예술인 소개라는 목적과는 달리 기생의 대중화에 부합하면서 기생을 통해 여성의 신체를 대중적 볼거리로 전락시키는 신호탄이 된다. 뿐만 아니라 이경민의 지적처럼 이 기사는 이후 '전국의 기생을 한눈에 조망할 수 있는 『조선미인보감』을 통해 기생들에 대한 감시망'[21)]을 구축하고 일본의 게이샤처럼 조선의 표상으로 게이샤와 전통 기생의 모습이 조합된 식민지형 기생의 이미지화에 시발이 된다. 조선의 기생문화는 게이샤가 수입되면서 게이샤문화로 하향 평준화되는데 기생이 예인이 아닌 하나의 상품으로 취급되는 실례가 「미인명첩교환경쟁(美人名帖交換競爭)」이다.

「美人名帖交換競爭」(『每日申報』, 1915년 10월 26일)은 기생을 상품화하고 남성의 관음증적 시선을 놀이와 결부시켜 대중화하는 대표적인 예라 할 수 있다. 기사는 26일 광교 기생조합 기생들이 가정박람회장 안에서 미인 명첩 교환 경쟁을 벌이는데 경쟁 방법은 입장하는 손님에게 애교를 부려 이름을 가장 많이 받은 기생이 이기는 방식이며, 이 경쟁에서 1등부터 5등 안에 든 기생에게는 상금과 상품이 수여된다는 내용을 담고 있다. 이 기사는 참가 기생들의 사진과 이름 그리고 경연 방법을 상세하게 기술함으로써 독자로 하여금 입장객과 기생이 어울리는 경연장의 풍경에 대한 상상력을 자극한다는 점에서 관음적 호기심을 유발한다.

이 기사는 사진과 함께 여성의 약력과 특기를 기술하고 있는 '藝檀一百人'보다 발전된 모습으로 현대 유흥업소 전단지의 초기 형태가 보인다. 「美人名帖交換競爭」의 체제와 기술태도를 보면 참가자의 사진을 게시한다는 점, 유흥의 방식을 설명한다는 점이 그러하다. 80년대의 경우 전단 속의 인물들이 포즈를 취함으로써 시각적 자극을 강화시키고 있다. 이러한 유흥업소 전단지의 시각적 자극은 2000년대 들어오면 육체적 이미지나 강렬한 시각적 이미지를 사용하는 방식으로 전개되고 있다.

명첩 교환 경쟁이 기사의 형식을 취하고는 있지만 광교 조합 기생들이 가정 박람회장 안에서 경쟁을 벌인다는 점 자체가 상품으로써의 기생 홍보에 지나지 않는다. 이처럼 『每日申報』에 실린 이러한 기사들은 남성들의 욕망을 점화하고 또 중개하며, 여성을 상품화하고 있다.

특히 잡지에 실린 글들은 당시 허용된 관음증의 범위를 잘 보여주고 있는데 『別乾坤』에 실린 「카페女給 언파레-드」, 「開城 夜話, 妓生尾行의 尾行記」, 「變裝出動 臨時○○되여본記, 새벽에도 妓生 모시고 自動車運轉助手가 되야」는 남성의 관음적 시선이 노골적으로 드러나는 글들이다. 앞장에서 소개한 「카페女給 언파레-드」는 여급들의 소속, 이력, 외모, 생활을 소개하는 안내 책자 형식을 취해 그녀들을 상품화하고 있다. 「開城 夜話, 妓生尾行의 尾行記」는 미행을 통해 기생들의 생활을 탐사 취재한 것인데 그 내용에는 기생들의 이력과 소문 그리고 조롱을 가장한 성적 비하를 담겨 있다. 그 일부를 옮겨 보면 다음과 같다.

> 수색치마를 펄럭이며 마즌 편에서 나타나더니 우리 일행을 주시해 보고는 지나가 버리는데 분 냄새에 석긴 여성의 야릇한 냄새가 굼주린 총각의 오관에 이상한 충동적 감촉을 준다 (……) C군의 말을 듯건대 선초는 4년전에 서울중X보건학교(中X 保育學校)에 다　섯는데 얼골이 입브고 재조가 잇서 뭇남자의 가슴을 태운 대상물이 되엿섯다 한다. (……)학교 교사로 잇는 B라던가 K의 감언리설에 꼬여 자본주의 알에 절대적이요 제일의적 조건인 정조를 제공하고는 헌신짝 가티 그만 거더 채운 것을 시호로 하야 타락에 타락을 거듭하야 철원(鐵原)으로 공주(公州)로 떠도라 다니든 끗헤 필경 기생이 몸이 되야 송도로 굴러왓다 한다. 재색이 겸비할뿐더러 보육과(保育科)까지 단엿다는 조건은 시대에 뒤떠러진 기생들 중에서 한 이채적 존재라하야 소수의 개성 인테리군은 다투어 그를 부르며 쟁탈전이 격력화 한다 하니 희생자나 부상자가 멧명이나 나려는지 가소로운 일이다.

재신가를 끼고 도는 박선호이니 불경긔의 타격이아 업겟지만 잔약한 여자의 몸으로서 뭇남성의 히야까시를 달게 바드며 가진 아양과 애교와 우슴과 살을 팔으랴면 피곤치나 안흘는지! (……) 방안에서는 아양과 우슴과 그리고늙은 H씨의 느린 음성이 간간이 새어나올 때 판장 하나를 격하고 서서 엿듯는 나는 이러한 생각이 머리에 떠올렷다. 과연 그가 늙은 H씨에게 사랑이 잇서 그럴까? 단순히 돈 때문이 아닐까? 돈, 돈을 위하야 마음에 업는 우슴을 파는 그의 심정은 어떠할는지? (松岳山人, 『別乾坤』 57, 1932.11.1, 50-51쪽- 밑줄 인용자)

다른 사람의 행동을 감시하거나 몰래 뒤를 밟는다는 의미의 미행이라는 제목 자체도 관음적 호기심을 유발하지만 내용 또한 관음적 시선으로 일관되어 있다. 특히 필자의 상상과 감상을 그대로 노출하면서 욕망을 자극하고 흥분을 유도하고 있다는 점에서 관찰자의 시선과 인식은 사실 전달의 차원을 넘어서고 있다. 그리고 어떤 동의도 없이 필자와 독자 모두 타인의 사적 영역을 침범하고 있어 성폭력적 양상을 띠고 있다.

이러한 관음적 시선은 『別乾坤』 57호에 실린 또 다른 글인 발견된다. 「變裝出動 臨時○○되여본記, 새벽에도 妓生 모시고 自動車運轉助手가 되야」는 기자가 자동차 조수로 위장하여 자동차 운전수의 삶을 취재한 것이다. 이글은 운전수의 삶이 주제이며, 승객 중 기생은 일부에 지나지 않음에도 제목에 '기생'이라는 단어를 의도적으로 삽입함으로서 관음적 호기심을 자극하고 있다. 뿐만 아니라 기자는 몇 번의 우여곡절 끝에 조수로 불려나가 만난 기생과 남자 승객에 대한 묘사를 유독 자세하게 하고 있다. 특히 '술이 산뜩 취한 중절모자에 무시 두루마기 입은 30세 이내의 남자 셋하고 술은 취하지 안엇스나 그 사나희들에게 얼마나 시달렷는지 곱게 비슨 머리가 좀 헝클어지고 옷이 꾸기꾸기해진 20이 훨신 넘어 보히는 기생아씨 두분[22](밑줄-인용자)'

라는 묘사에는 성애적 시선의 노골화가 보인다. 위의 묘사는 성애장면을 상상하게 하는데 이러한 전달 방식은 관음적 감각을 일깨우기에 충분하다.

이와 같이 잡지에서는 매체가 지닌 특성 중의 하나인 관음적 시선과 남성적 시각에서의 글쓰기가 결합하면서 신문보다 관음적 징후가 강화되고 있다.

이처럼 기생과 여급은 노리개, 타락, 음란한 여자라는 기본적인 이미지 이외에 연애-사기-폭행(농락)의 대상에서 얼마든지 관음적 시선으로 바라볼 수 있는 대상으로 그 이미지가 확장되고 있다. 문제는 관음적 시선의 주체와 대상이 동일한 지점에 존재하지 않는다는 점이다. 이들을 바라보는 시선의 주체는 시선의 우위를 점하는 남성이나 순결집단으로 대변되는 여성들이다. 관음이라는 행위 자체가 비정상적임에도 오히려 관찰 주체가 우위적 시선에서 대상인 타자를 하위에 위치시키고 동시에 유희의 순간성만을 남기며 소비된다. 이 속에서 이들은 에로 전사, 타락, 노리개, 가정파괴의 이미지화 속에서 음란한 육체, 소비되는 신체로 규정되는 것이다. 신체의 소비는 실제 대상 뿐 아니라 사진이나 그림, 문자로 원용, 응용, 변조를 통해 활성화되면서 하나의 사회적 상품으로 자리잡게 된다. 이러한 매체가 보여주는 관음적 시선은 기생과 여급뿐 아니라 일반 여성으로 확대되고 이후 남성에게까지 확대되는데 이것은 남성정력제 광고에 실린 삽화를 통해 가시화된다. 그리고 다른 한편으로는 병원균 보균자로 지목되어 당대의 위생 담론의 중심에 서게 되는 것이다.

3. 위생 담론과 화류병

화류병에 대한 기사[23)]나 약 광고는 1906년 『황성신문』 기사에서부터 보인다. 여기에는 매독에 대한 기사가 대부분을 차지하고 있지만 1920년대에 들어오면서 임질에 대한 기사나 광고가 우세해진다.

화류병 광고가 본격적으로 증가하는 1925년 이후에는 「화류병의 원인 병세 급치료, 건강란 위생강화」(『동광』 제9호, 1927년)이라는 기사가 실리는데 의전교수인 이용설이라는 필자를 통해 성병에 관한 의학적 지식을 전달하려는 노력이 보인다. 이용설은 화류병을 '매독과 임질 두 가지로 대별하면서 매독은 Spirochaeta Pallida란 균으로, 임질은 Gonoocecus에 의해 발병'[24)]한다고 설명하고 있다. 그는 "공창은 100% 기생은 99% 그 외에 행동이 부정한 남녀는 다 이 화류병이 있는 줄 인증해 두고 조심하는 것이 무리의 난성이나 추측이 아닌 것을 알아 두는 것이 조흘 줄 안다."[25)]고 경고하면서 화류병 보균자를 공창, 기생 그리고 극소수의 행실이 단정치 못한 일반인으로 지목하고 있다.

특히 임질과 매독을 포괄하는 개념인 화류병(성병)은 1904년 이후 파산병으로 불리는 폐병과 더불어 시대병으로 떠오른다. 화류병의 기호화는 매춘과도 연관이 있다. 일제는 조선에 공창제도를 이식하는데 조선에서 공창제도가 공식화된 것은 1904년 10월10일 일본공사관 산하 '경성영사관령'(京城領事館令) 제 3호에 의해서이다. 그리고 1910년 8월 13일에는 관기제도가 폐지되며,[26)] 관기 제도의 폐지는 밀매음만이 존재하던 조선에 공식 매음의 길을 열어 놓았으며 예인으로 기능하던 기생 역시 잠재적 매춘부로 포괄되면서 개인의 권력(능력) 속에서 작동하던 성문화가 국가적 권력 차원으로 확장되게 된다. 대동권번의 창립은 이를 잘 보여 주는 예라 할 수 있다.[27)] 대동권번의 창립으로 기생은 예인이 아닌 요리집에서 춤과 노래를 부르며 몸까지 파는 매춘여성으로 전락하게 된다. 조선에서의 매춘은 공창제도 도입 후 유곽의 매춘부, 요리집의 기생, 카페의 여급, 농번기를 이용해 몸을 파는 농촌 아낙 들병이까지 확산된다. 그러나 매춘은 합법이 될 수 없었으며 국가 권력 속에서 제재와 처벌을 받았지만 매춘의 통제는 성병대책으로 그다지 효과를 볼 수 없었다. 이것은 공창제도가 공식화되면서 매춘관련 기사가 끊이지 않고 신문과 잡지에 실리는 것에서 확인할 수 있다. 특히 일본에서 이식된 카페문화가 정착된 1920년부터는 카페여급까지 매춘부로 분류되면서 감시, 교화, 통제의 대상이 되는데 매춘과 관련한 기사는 1924~1936년[28] 사이에 가장 많은 기사 건 수를 보인다. 이것은 당시 매춘이 조선 사회에 새로운 문제로 대두되고 있음을 알게 한다.

성담론은 위생의 범주에 포괄되는데 성병을 포괄한 위생 담론의 창출에는 '근대성'과 '근대적'이라는 개념이 정치·경제·문화와 결합하여 복합적인 양상을 띠고 있다. 일본에게 위생의 문제는 식민지 민중을 '순종하는 신체'로 길들일 수 있는 정치권력의 영역이었으며, 근대에 대한 시혜를 표면화할 수 있는 도구였다. 이것은 시가지 계획을 통한 도시정비, 위생사업(공중보건, 수도사업, 변소개량, 목욕탕 증축) 등으로 가시화된다. 이러한 사실은 일제강점기에 출간된 잡지와 신문에 실린 위생관련 기사에서 확인할 수 있다.[29] 여기에 화류병도 위생의 범주에 포함시키면 위생과 관련한 기사는 3천여 건으로 증가한다. 화류병(花柳病)이란 기생들의 병, 노는 여자들의 병으로 지칭되는 매독과 임질 등의 성병을 통칭하는 용어이다.

기생과 여급에 대한 일제의 시선은 위생(화류병), 규제, 관리, 치안(방첩)[30]의 대상으로 드러난다. 여기서 위생관련 기사만 살펴보면 다음과 같다.

<표 4> 위생과 화류병 기사 건수

																												총 건수
위생	잡지	새살림	YMCA	消費者保護	女性	大韓自强月報	서우	西北學會月報	太極學報	大韓學會月報	開闢	東光	別乾坤	警務彙報	文教の朝鮮	朝鮮	朝鮮及滿洲	朝鮮彙報	半島時論	四海公論	曙光	新文界	新民	女子界	朝鮮農民	綠旗	春秋	
	건수	11	6	8	1	2	15	7	8	1	2	7	3	36	6	39	43	11	5	1	2	11	2	1	8	5	2	243
	신문	先鋒	獨立新聞	國民報	海潮新聞	新韓國報	皇城新聞	每日申報	大韓每日申報	東亞日報	中央日報	朝鮮中央日報	時代日報	中外日報	共立新報	新韓民報												
	건수	3	2	1	1	3	278	342	245	873	50	479	49	187	4	7												2524
화류병	잡지	東光	警務彙報	三千里	朝鮮及滿洲	半島時論1	新時代																					
	건수	1	11	1	4	1	1																					19
	신문	每日申報	皇城新聞	東亞日報	朝鮮中央日報	中外日報	北鮮日日新聞	南鮮日報	木浦新報	釜山日報	滿洲日報	時代日報																
	건수	23	1	88	9	10	1	1	1	2	1	1																138

1897-1938년 사이 위생관련 기사 가운데 1924~1938년 사이 『每日申報』와 『東亞日報』에 실린 화류병 관련 기사는 위의 표에서 알 수 있듯이 101건이며 표제어가 매독과 임질로 쓰인 기사 92건을 포함하면 화류병 관련 두 신문에 실린 기사는 193건이 된다. 이 중 일부가 기생과 여급이 화류병 보균자라는 기사이다. 기생이 화류병의 오염원이라

는 기사는 1927년 『동광』 9호 「花柳病의 原因 病勢及治療, 健康欄 衛生講話」에서도 보이는데 의전교수인 이용설은 "公娼은 물론이요 소위 賣婬을 禁하는 기생들에게도 100의 90이상이 매독이나 임질이 잇다 (……) 거듭 말하는 것은 公娼은 100의 100다 기생도 그 행동이 보통 사람의 性格을 가진 사람이면 100의 99쯤 그 외에 행동이 不正한 남녀는 다 이 花柳病이 잇는 줄 認證해 두고 조심하는 것이 무리의 단정이나 추측이 아닌 것을 알아 두는 것이 조흘 줄 안다."[31] 며 임질과 매독에 관한 의학적 지식을 전달하고 있다.

비록 이 기사들이 통계에 의거한 것이기는 하지만 「飮食店 女給 殆半이 梅毒(新義州)」(『동아일보』, 1933.11.11), 「무서운 花柳病 예·창기, 작부 등 건강진단 결과 淋疾, 梅毒 等의 順位」(『每日申報』, 1935.7.19) 「藝娼妓等接客婦爲始 너무나 만흔 花柳病」(『每日申報』, 1937.3.26) 등의 기사 표제에서 보이는 '무서운', '태반', '너무나 많은'이라는 강조의 역할을 하는 명사, 부사, 형용사를 선택함으로써 여급과 기생을 화류병의 근원으로 인식하게 하는 성과 병의 정치화를 보이는 단적 예이다. 이러한 정치화를 통해 병원균 보균자, 불결, 혐오의 이미지를 만들어 내고 있는 것이다. 청결과 불결, 보균자와 비보균자, 호감과 혐오, 건강과 질병, 정상과 비정상, 도덕과 타락이라는 이항대립적 이미지의 확산은 기생과 여급을 일반 부녀자들과 구별하게 하였으며, 일제 권력은 신체에 각인된 이미지를 통해 자연스럽게 이들을 관리와 규제의 대상으로 편입할 수 있게 된다.[32]

권력은 은폐된 폭력을 본질로 하며, 성욕 역시 하나의 폭력이다. 이 둘의 공통점은 은폐된 공간을 요구한다는 것이다. 권력은 쾌락과 권력유지를 위해, 성욕은 쾌락을 위해 은폐된 공간을 필요로 한다.

푸코는 권력이 본질적으로 성에 대해 자체적으로 법을 강요하기 마련이며, 성을 둘러싼 담론, 제도, 행정조치, 의학적 판단 등의 이질적

총체를 성의 장치로 규정하고 신체의 정치학이 '성적 욕망의 장치'를 통해 작동[33]한다고 말한다. 권력은 신체를 분절하고, 움직임 하나하나를 규율한다. 규율은 신체의 능력 확장이나 신체에 대한 구속 강화를 지향하면서 신체와 힘을 분리시켜 규율에 복종하는 '순종하는 신체'[34]를 만든다. 규율이 개인의 신체를 구속함으로서 개인 통제가 용이해지는 것이다. 이처럼 규율이라는 장치는 일제의 위생 담론과 결합하여 기생과 여급의 신체를 관리하고 규제와 감시를 통해 '순종하는 신체'로 만들어냈으며, 이들은 규제 속에서 처벌의 대상이 되었다.

기생과 여급에 대한 여성의 시선은 가족 제도를 위협하는 존재로 재현되고 있다. 『三千里』 17호에 실린 설문 「妓生女給과 男便이 戀愛할 때 妻의 態度」에는 도회지의 고전적인 기생과 근내적인 여급이 카페와 요리점에 진을 치고 앉아 남편을 유혹하여 추파를 보내고 있어 가정 풍파가 이는 데 신여성들은 아내로서 어떤 태도를 취하셨냐는 질문에 답한 네 명의 가정 부인의 글이 실려 있다.[35] 이들의 글 중 최의순이라는 여성의 글은 기생과 여급에 대한 신여성의 인식을 잘 드러내고 있다. 그녀는 기생과 여급을 '뭇남자들의 위로거리'나 '일종의 훌륭한 노리개'로 인식하고 있다. 카페 여급은 웃음과 애교를, 기생은 춤과 노래를 파는 여성으로 이들이 상대해야 할 남성은 아내가 있는 남성이 아니라 "기생과 여급의 힘을 빌려하는 가엽슨 처지의 남성들은 괴로운 사람이면서도 반듯이 외로운 사람이에야 할 것"[36]이라고 못 박고 있다. 그리고 설문지에 응답을 여성들은 기생이나 여급을 가족제도를 위협하는 존재로 인식하면서도 남편의 한순간의 놀이는 이해한다는 입장을 표명함으로서 신여성 또는 아내, 순결 집단으로서의 우월감을 드러내고 있다.

기생에 대한 신여성의 우월감은 강경애의 「同情」에서도 드러난다. 지식인 여성이자 순결 집단의 우월감을 지니고 사는 여염집 여인인 '나'

에게 해란 강변 우물가에서 만난 산월의 삶은 "끝없이 가엾어" 보였기 때문에 "어디까지든 동정"할 수 있는 대상이 된다. 산월에게 도망할 여비를 담당해주겠고 약속을 한 '나'의 동정심은 밤에 피투성이가 되어 찾아온 산월이와 '나'의 직접적인 이해관계에 직면하게 되자 허위성을 드러낸다. 결국 '나'의 산월에 대한 동정은 그녀에 대한 기본적인 이해가 없는 일시적인 감정이었음을 보여주는 것이다. 결국 배신감만 챙긴 산월이 우물에 빠져 죽자 그의 죽음을 목격한 '나'는 혼란을 느낀다. 나의 동정이 산월이로 하여금 자신의 환경을 탈출하고자 하는 헛된 의지를 키웠다는 고백을 통해 강경애는 여성의 성을 매매하는 가부장적 성문화 속에서 여염집 아낙인 '나'를 통해 보통 일반인의 순결 인식을 가진 자의 것으로 돌리고 있다.

위의 설문과 강경애의 작품에서 알 수 있듯이 일반 여성들은 순결집단과 비순결 집단이라는 대립쌍을 통해 자신들과 기생·여급을 1차 구분한다. 그리고 2차적으로 그들을 가족제도를 위협하는 존재이면서 자신들의 성을 보호해주는 방어제 역할을 하는 대상 또는 남자에게 위안을 주는 노리개의 이미지로 인식하고 기호화하고 있는 것이다.

일제 강점기 조선에서 출간된 잡지에 광고가 실리기 시작하면 화류병의 광고도 시작된다. 잡지의 광고 종류를 살펴보면 1920년대 잡지 『개벽』에는 약, 책, 생필품(옷, 모자, 만년필, 구두, 모피 목도리, 악세서리, 그릇, 은촛대 은접시와 같은 고가의 식기, 인테리어 소품[37] 등), 한약방, 요리집, 병원, 백화점 등 상점광고가 주류를 이루는데 이들 광고 중 가장 많은 지면을 차지하는 것이 약 광고이다. 이 당시 『개벽』의 광고는 다른 잡지의 광고와 차별성을 보이는데 그 대상을 일반 대중이 아닌 부유층으로 삼고 있다는 점이다.

약 광고 중에는 정력제, 강장제 광고가 가장 많은데 그 다음을 차지하는 것이 화류병 치료제 광고이다. 약 광고는 일제강점기 전반에 가장 많은 지면과 광고 회수를 보이고 있는데 이것은 근대화와 더불어 건강에 대한 인식이 높아진 결과이기도 하지만 위생 담론 속에서의 일제의 정책 또한 생각하지 않을 수 없다. 특히 화류병의 경우 현대에는 노력을 들이지 않으면 보기 힘든 광고이다. 현대에는 도색잡지에서 볼 수 있는 광고가 이 시기에는 잡지의 성격을 불문하고 실리고 있다. 광고의 형태 역시 본문 안에 배치되는 것이 아니라 전면광고가 많다는 사실이다. 이것은 광고료와도 연관이 있겠지만 이것을 수용하는 편집진의 태도와도 관련이 있는 것으로 보인다.

이 글에서는 화류병 광고가 일반 대중지와 마찬가지로 문학잡지에도 실리는 이유와 광고의 변화형태를 통해 일제의 위생정책과 화류병 광고를 중심으로 당시 확산된 위생 담론과 화류병 광고 사이의 긴극을 살피고자한다. 이를 위해 1920-40년대 출간된 국문과 일본어 잡지 『開闢』, 『春秋』, 『朝光』, 『綠旗』, 『大東亞』, 『國民文學』을 대상으로 임질과 매독약 광고를 살펴보고자 한다. 조선에서 출간된 일본어 잡지를 대상에 포함한 이유는 광고 중 다수가 일본어 광고를 한글로 번역하여 싣고 있기 때문에 이에 대한 확인을 하기 위해서이다. 『開闢』, 『春秋』, 『朝光』을 대상으로 선정한 이유는 이 잡지들이 1920-40년대를 아우르는 종합잡지, 대중잡지, 문학잡지[38]이기 때문이다.

그리고 시기를 1920년에서 40년까지로 한정한 것은 1938년 총동원 시기에 들어서면서 일본의 식민지배정책이 황민화 정책으로 바뀌고 있는데 총동원시기부터 위생 담론이 국민 체위향상으로 전환되기 시작하기 때문이다. 특히 1941년 진주만 폭격 이후 전시체제로 돌입하면서 일본은 대동아공영과 군국주의를 강화하고 그 속에서 위생 담론 역시 황민화와 군국주의 담론생산 속에서 작동하고 있으며, 1930년대 후반에 일본의 위생정책이 결핵퇴치에 집중되기 때문에 시기를

1940년대까지로 한정하였다.

개화기 조선의 위생문제는 계몽 담론과 연동되어 있다. 당시 신문은 주로 계몽운동의 일환으로 위생을 다루었는데 대한제국의 위생 생활의 필요성과 위생 태도의 개선에 대한 계몽은 인민의 신체를 건강한 신체로 관리함으로써 건민(健民)을 육성하는 것이 목표였다.

"빅성이 병이 업서야 나라히 강하여 지는 리치요 빅성이 덜 죽여야 인구가 느는 이치요, 인구가 늘쇼록 나라히 부강ᄒᆞ여 질터이니" (『황성신문』 1908.4)라는 기사를 볼 때 이 당시 대한제국은 인민의 건민화가 부국(富國)과 직결된다고 인식하였던 것 같다. 박상락은 「위생문답」(『태극학보』 제5호, 1906)에서 위생을 병이 발생하기 전에 예방하는 것이라고 정의하면서 위생십조(衛生十條)를 통해 위생 생활에서 운동, 음식, 주거, 의복[39] 등을 강조하고 있다. 당시 위생 담론은 청결이라는 습관을 제도화하는 과정에 놓여 있다. 위생의 문제는 위생이 포괄하는 의미를 통해 개인에서 공중보건, 문화, 사회, 정치 문제로까지 발전한다.

'건민'으로 표상되는 위생 패러다임은 일제 강점 기간 동안 위생경찰의 주도하게 관리·통제되었는데 조선에서 위생행정이 처음 시작된 것은 1894년 개화파들에 의해서이다. '개화파는 내무아문(內務衙門)' 안에 위생국을 두어 전염병 예방, 종두(種痘), 소독, 검역, 의약, 가축, 도장(屠場), 묘지, 음료 등의 사무를 관장케 하였는데 이것이 최초의 근대적 위생행정이다. 위생국이 방역과 관련된 전체적인 기획을 담당하였다면 실무는 경찰이 담당하였다. 위생 경찰 제도가 갑오개혁 과정에서 '경무청관제(警務廳官制)'와 '행정경찰장정(行政警察章程)'의 반포로 시작된 것이다.[40] 조선이 일제에 강점되면서 위생에 관여하는 경찰의 권한이 더욱 커지는데 1911년 일제는 내무부 위생과를 폐지하고 위생과의 업무를 경찰로 이관하는 등 1911년을 기점으로 경찰은

모든 위생 사무를 관할[41]하게 된다. 위생경찰의 업무는 위생상태, 위생조합, 종두, 매소부(賣笑婦)의 검진 등으로 분류되었다.

위의 대한제국의 위생 사업이 전염병 예방[42]에 초점을 맞추고 있듯이 일제 강점기하의 조선에서도 위생의 문제는 전염병 예방에서 시작된다. 일제는 1915년 6월 총독부 제령 2호인 '전염병 예방령'을 반포하였는데 콜레라, 이질, 장티푸스, 파라티푸스, 두창, 발진티푸스, 성홍열, 디프테리아 및 페스트가 예방 관리 대상 질병이었다. 이 법령은 전염병이 발생했을 때 교통 차단, 격리, 집회 제한, 우물의 사용 금지, 어로(漁撈) 제한, 건강 검진, 청결, 소독 등의 방역 조치를 취할 수 있는 단초가 되었다. 병에 대한 공포가 법과 권력에 순종하는 신체로 일반인들을 규율할 수 있게 된 것이다. 전염병 예방령은 공포 확산과 관리·통제를 뛰어 넘어 처벌에까지 이르게 되는데 이 법령은 '처음에는 공무원의 집행을 방해하는 자는 3월 이하의 징역이나 100원 이하의 벌금형을 부과하는 조항이 있었으나 1912년 징역형을 폐지하고 벌금을 50원으로 낮추었다.'[43]

이처럼 조선에서의 위생 담론은 1900년대 건민 육성에서 시작되어 1910년대는 청결과 전염병 퇴치, 1920년 전염병 퇴치, 1930년대는 도시계획[44]을 통한 위생과 결핵예방으로 이어진다. 1910년대와 마찬가지로 1920년대에도 위생문제로 청결과 연관하여 오물 제거, 목욕, 의복 소독 등이 강조되고 있는데 이것은 『개벽』(6호,12월)에서 확인할 수 있다. 김기전은 「農村 改善에 關한 圖案」에서 위생의 문제의 해결방안으로 공동목욕탕 설치[45]를 제안하고 있다. 위생교육은 즉각적인 결과로 나타나지는 않지만 위생적인 환경에 대한 욕구를 유발시킨다는 점에서 효과가 있다. 따라서 건민에서 결핵, 도시계획을 가로지르는 것이 청결이며, 청결한 속에서 깨끗한 신체, 건강한 신체를 만들 수 있다는 인식의 주입이 시작되는 것이다 특히 일제의 불량한 신체를 건강한 신체로 바꾸어 명랑 사회를 건설하겠다는 목표에는 위생을 매개로한 의학적 시선을 통해 식민지 지배권력을 내면화하고자 하는 목적이 있다. 이에 대한 희생양이 불결한자로 치부되는 병자들이다. 화류병은 물론이고 전염 병자 이외에도 부인병, 감기, 피부병자까지 불결한 자라는 우려의 눈길 속에 포획되었는데 이를 가능케한 것은 파시즘적 상상력이었다. 독일의 경우 불결한 자, 전염 병자, 체제 전복 기도자들이 그 표적이었던 것처럼 1930년대에 이르면 화류 병자가 명랑사회를 해치는 내부의 적, 잠정적 범죄군으로 분류되어 취급된다. 국민의 건강이 부국이라는 국가적 문제에서 시작된 위생 담론은 일제강점기에 들어서면 부국이나 근대적 의학의 지식의 전파보다는 청결과 방역을 위한 교통차단, 격리, 집회 제한, 소독, 도시계획, 부랑자 청소라는 식민 질서 안정을 위한 법적 규제로 드러나는데 이는 의학적 시선으로 일반인들의 삶을 얼마든지 통제할 수 있음을 보여준다.

화류 병자 중 표적이 된 것은 매춘업에 종사하거나 매춘을 할 가능성이 있는 창녀, 기생, 여급[46] 등이다. 일제 강점 하의 기생과 여급은 게이샤 문화로 하향 평준화된 조선의 성문화를 단적으로 보여주는 예이다. 근대화는 여성의 고전적이고 봉건적인 이미지는 물론 기생의 이미지에도 변화를 가져왔다. 그리고 일본에서 이식된 카페 문화는 유흥문화의 변화를 가져온다. 조선의 유흥문화는 기생 앞에 저급한 의미로의 '노리개', 여급에게는 '에로' 또는 '에로전사', '도색전사'라는 수식어를 부여하였다. 기생 이미지의 변화와 여급의 이미지화에는 근대적 매체가 자리하고 있다. 근대적 매체가 보여주는 관음적 시선은 현재 진행 중이라는 점에서 현재성이 있다고 할 수 있다.

1934년 공포된 '화류병 예방령(『조선일보』, 1935.7.19)'이 이러한 사실을 단적으로 보여준다. 화류병 예방령이 공포되기 전 1932년부터

1934년 사이 폐창운동(廢娼運動)이 벌어져 공창 폐지에 대한 글이 『동아일보』에 집중적으로 실린다. 이는 일본이 이식한 공창제도가 매춘과 성병이라는 심각한 사회문제를 야기했으며 이에 대한 저항이 있었음을 알 수 있게 한다. 이 결과 '화류병 예방령'이 공포된 1935년 7월 19일자 『동아일보』에는 폐창을 결정했음을 알리는 내무 성령이 공포[47]되는데 이 역시 화류병을 매춘 여성으로 국한하고 있음을 보여준다.

남성에 대한 기사는 신문기사에서 확인되지 않으며 이들은 1% 또는 보균자 몇 명, 불결한 성교를 한 사람들, 문란한 사람들로 기호화되는 것이다. 즉 일제가 조선에서 계획한 명랑한 사회 건설은 위생 담론과 연동되면서 화류계 여성들을 불결한 자, 단속의 대상, 관리의 대상으로써 잠정적 범죄군에 포함시킨 것이다. 이들은 일반 여성들과도 차별되는데 일반 여성들이 화류병에 대한 계도의 대상이었다면 이들은 단속 대상이었다. 물론 30년대 중·후반 매춘 여성을 대상으로 한 캠페인과 계몽, 강연회가 없었던 것은 아니었지만 전시행정적 측면과 단속의 성격이 강했다.

뿐만 아니라 파산병이라 불리는 결핵은 전염병임에도 1920-30년대 중반까지는 격리대상이기는 해도 단속·처벌의 대상, 집중적인 퇴치 대상이 아니었다. 이는 수잔 손탁의 지적처럼 '화류병이 부패와 자본주의적 탕진의 세기말의 상징적 질병이라면 19세기와 20세기의 상징적 질병인 결핵을 19세기의 낭만성과 천재성의 은유로 인식[48]되었기 때문이다. 따라서 화류병은 불결함에서 온다는 기타 전염병 또는 결핵과 공통분모를 가지고 있지만 기타 전염병처럼 격리의 대상이 아니었다는 점과 결핵환자와는 달리 단속·처벌의 대상이었다는 점에서 구분된다.

그런데 화류병이 사회문제였던 것만큼 많은 사건과 문제를 야기하였지만 이에 대한 해결방법은 위생을 통한 청결의 문제로 국한되고 있다. 따라서 매춘과 화류병을 위생 담론 속에서 사회문제화하는 데는 성공하였지만, 단속이라는 강압적 대응은 위생적 환경 마련이나 질환 예방 및 감소 면에서 구체적인 해결 방안이 될 수 없었다.

그런데 신문의 기사가 화류병 척결에 열중하고 있는 반면 잡지에서는 각종 화류병 치료제가 소개되고 있는 점이다. 신문의 기사가 화류병을 특정 계층의 병으로 지목하고 있다면 잡지의 광고는 화류병을 일반화 시키고 있다. 잡지에서 화류병 치료제 광고의 대상은 국가의 관리 대상인 기생, 창녀, 여급이 아닌 일반 남성이다. 물론 여성이 완전히 배재된 것은 아니다. 화류병=유전, 화류병=조산 또는 유산[49] 등 출산의 문제를 성병과 짝짓기를 하고 있지만 일반 여성들을 대상으로 한 약은 부인병 약으로 포괄된다.

화류병은 무서운 병인 동시에 도덕적 문란과 직결되어 숨기고 싶은 병이다. 성의 문제는 개인의 도덕 문제인 동시에 사회적 인간이 지닌 본연의 의지로 따라서 화류병은 지극히 사적 영역에 속해 있다. 그런데 이 시기 화류병 치료제 광고를 통해 사적 영역의 공공화가 이루어지고 있는 것이다. 현재에는 화류병이 다시 사적 영역으로 돌아간 상태이다. 그렇다면 이 시기 화류병이 공공화될 수 있었던 요인이 무엇인지 화류병 치료제 광고를 통해 살펴보도록 하겠다.

4. 화류병 치료제 광고의 양상

1920-40년대 잡지 광고를 검토해보면 성과 관련한 치료제 중에 가장 많은 비중을 차지하는 것이 정력 보강제와 부인병 그리고 임질, 매독 등의 성병약이다. 『開闢』의 경우 초기 약 광고는 부인병과 원기 회

복제, 정력제에 대한 관한 광고 주류를 이루었으나 20년에 발간된 3호부터 환 종류의 신응단(神應丹)매독약과 임질 신약이라는 임병전치환(淋病全治丸) 광고가 보이기 시작한다. 이 당시의 치료약은 서양약이 아닌 한약방에서 제조한 환약이다. 화류병 치료제 중 일본에서 수입된 것으로 보이는 것은 노보노루(ノボノル)로 임질치료제이다. 이 치료제의 광고는 『개벽』 6호(1920.12)에서부터 보인다. 1920년대 초까지 국내에서 유통되는 화류병 치료제의 우위를 차지한 것은 매독치료제였던 것으로 보인다.[50)]

1920년에서 1940년까지 잡지에서 확인되는 화류병 치료제의 종류는 28종으로 다음과 같다. 매독약으로는 梅毒神方 : 신응단(神應丹)[51)], 매독발근환(梅毒拔根丸)[52)], 매독거(根丸 梅毒祛根丸), 독소환(毒掃丸), 일동 도구도루환(ドグドル 丸), 베루스(ベルシ丸)[53)] 등 6종이 있으며, 임질약으로는 오림통치산(五淋通治散)[54)], 임병선지환(淋病全治丸), 노보노루(ノボノル), 고루센(ゴルセン), 일동림약 레시로(レシロ), 바로-루(バロ-ル)[55)], 락구링, 겐고-루(ケコル), 데라포-루정(テラポ—ル), 아루바지루정(アルバジル), 파라지라민정(パラヂラミン錠)[56)], 네오린바르산정(ネオリンバルサン錠), 도리아논(トリアノン), 렌보긴정(レンポキン 錠), 사트타림(サツタリム), 도루지루(ルジ-ル), 尿の炳, 살타림(殺打淋) 등 22종이 보인다.

잡지에 광고로 게재된 약의 종류를 볼 때 당시 다른 약에 비해 종류가 상당히 많음을 알 수 있다. 여기에 신문 지면에 실린 광고까지 더하면 그 수는 증가한다.[57)] 한약 종류인 환에서부터 서양 신약, 개발 약까지 화류병 치료제의 종류를 볼 때 이 병에 대한 질환자가 매춘 여성을 이외에도 많았음을 의미한다.

임질 치료제 광고 중 도리아논(トリアノン)은 1930년대 중 후반- 40년대 초에 발간된 잡지에 실려 있어 가장 광고회수가 많다. 그리고 데라포-루정(テラポール錠), 아루바지루정(アルバジル錠), 레시로(レシロ), 도이서코지(ドイサーコーヂ), 파라지라민정(ラヂラミン錠) 등이 그 뒤를 따르고 있다. 매독치료제는 독소환(毒掃丸)이 가장 많은 광고회수를 보이며, 44년까지 그 광고가 보인다.

그런데 대부분의 임질 치료제는 광고의 내용을 봤을 때 임질 전문 치료제라기보다는 방광염, 중이염, 요도염, 부인병 등 농중 치료제 즉 항생제인 페니실린(Penicillin)으로 보인다. 1928년 플레밍에 의해 발견된 최초의 항생제인 페니실린은 독감, 기관지염, 폐렴치료에 효과적인 약인 동시에 화농성구균과 임질 매독균에 강력한 치료 효과가 있었다고 한다. 한약과 민간요법에 의존도가 높았던 조선에서 페니실린이 상업성과 결합하여 제약회사마다 다른 이름으로 출시되었으며 광고되었던 것으로 보인다. 뿐만 아니라 페니실린은 화학적 구조를 변화시킬 수 있는데 화학구조에 따라 항생제의 성질도 달라지므로 여러 형태의 페니실린이 치료 목적에 따라 다르게 생산되었을 가능성도 있다. 그러나 광고를 보면 후자보다는 전자일 가능성이 높다. 최초의 항생제인 페니실린이 당시 만병통치약에 가까운 획기적인 치료제였기 때문이다. 이것은 광고에서 선전하는 치료의 범위에서도 알 수 있다. 특히 페니실린을 치료가 까다롭고 죽음에 이르게 하는 불결하고 위험한 병인 화류병 치료제라고 명명했을 때 약의 효능에 대한 효과와 신뢰는 보다 증폭된다. 화류병 치료제의 다른 이름인 페니실린은 위생 담론과 상업적 마케팅 속에서 죽음에 이르는 병인 임질에서 깨끗한 몸으로 구원한 기적의 신약으로 재탄생된 것으로 볼 수 있다. 따라서 당시가 화류병과 결핵의 시대였다면 의약계는 페니실린의 시대라 할 수 있다.

앞에서 지적했듯이 화류병 치료제의 종류를 보면 매독약이 6종, 임질약이 22종으로 임질약의 종류가 압도적이다. 이를 볼때 매독이 페

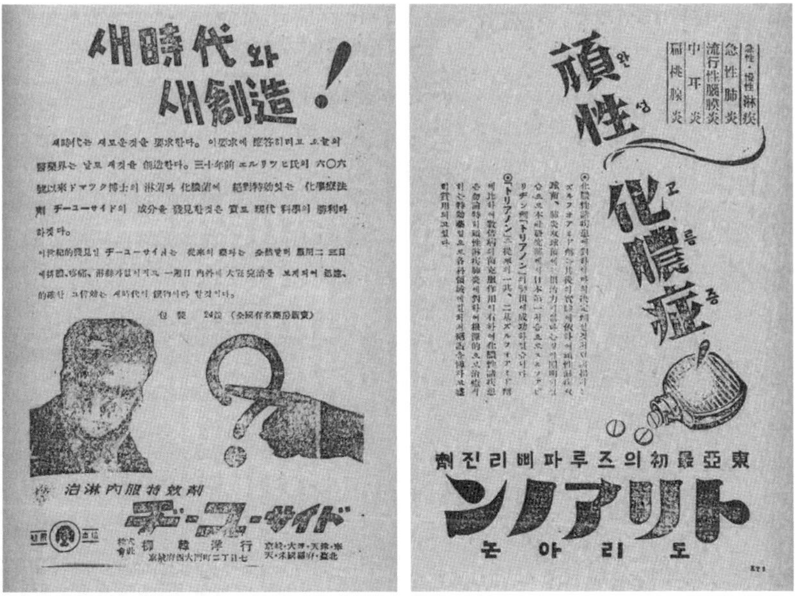

그림 1. 위의 광고는 임질약 광고이다. 오른쪽은 도이서쿠지(ドイサーコーチ)이고 왼쪽은 도리아논(トリアノン) 광고이다.

니실린의 출현으로 완치가 가능했던 반면 임질은 매독보다 완치가 힘들었으며, 매독보다 임질 환자가 많았음을 추측할 수 있다. 이 때 임질약의 대부분은 항생제였다. 화류병 관련 광고는 치료제 광고 외에도 임질 상담 광고가 『조광』, 『춘추』, 『국민문학』에 보이는데 이러한 광고는 개인 병원이나 약방 광고로 보인다. 뿐만 아니라 약방의 경우 약 샘플을 준다는 광고도 보이는데 『조광』에 실린 "淋疾을 집에서 곳치는 藥을 無料로 드립니다"[58]는 광고를 볼 때 1930년대에 이미 견본품을 나누어주는 것이 마케팅 전략으로 이용되었던 것으로 보이며, 경성제내 화학연구소에서 만든 바로-루(バロ-ル)도 견본품 배포 전략을 쓰는 약 중의 하나이다. 바로-루 광고 하단에는 약 가격표를 상단에는 '임질에 대한 책과 함께 약을 거저 드린다'고 광고하고 있다.

화류병 치료제 광고의 내용을 살펴보면 화류병에 대한 사회적 인식과 관련한 단어들이 반복적으로 선택되고 있다. 화류병과 관련된 공기어(Co-occurrence Words)를 살펴보면 은밀, 비밀리에 자택에서 치료, 무료 상담, 부끄러움, 무서운, 고통, 소변, 방광, 고름증, 신약, 신효, 완치, 특효, 완성, 만성, 중증 등이다. 이것을 어휘 그물로 그려보면 다음과 같다.

화류병은 사회적으로 비밀스럽고 부끄러운 병으로 사람들은 이 병에 걸린 사람들을 도덕적 타락과 연관지어 생각하기에 병을 드러내길 꺼린다. 따라서 화류병 광고는 부끄러움을 느끼는 사람들에게 이 약을 복용하면 비밀리에 병을 고칠 수 있다고 유혹한다. 모든 약 선전이 그러하듯 화류병약 선전 역시 신약, 특효, 신효, 중증이라는 어휘가 자주 등장하는데 '회복' 또는 '보강'이라는 단어가 자주 쓰이는 다른 약 광고와 다른 점 '완치' 또는 '근치'라는 단어를 강조하고 있는 점이다. 화류병 치료제 광고는 위의 어휘 그물에서 볼 수 있듯이 증세, 약효에 대한 정보를 제공하면서 한편으로는 '은밀', '비밀리에'라는 단어

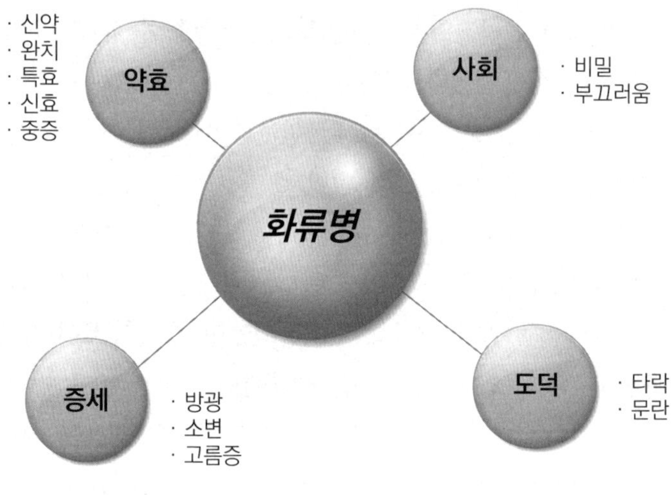

그림 2. 공기어와 어휘그물

를 통해 오히려 화류 병자들에게 도덕적 문란 또는 타락자라는 사회적 인식을 환기시키고 있다. 반면 대부분의 화류병 치료제 광고가 1주일에서 10일, 10일에서 한달 정도 약을 복용하면 비밀리에 치료할 수 있다는 희망을 심어주고 있어 구매자들에게 죄의식 자극과 희망이라는 두 가지 전략을 사용하고 있음을 알 수 있다.

화류병 광고 중 공격적인 광고형태를 보이는 매독 중증 치료제인 '독소환' 광고는 『조광』에서 가장 많은 광고 회수를 차지하는 매독 치료제로 임질약 광고가 대부분인 20-30년대 광고 중에서 단연 돋보인다.

독소환 광고도 초기에는 기존의 의학적 지식과 효능·효과 중심의 기존의 광고와 다르지 않았다. 그러나 '의학의 승리', '매독의 근본치료'라는 구호 아래에서 벗어나 새로운 시도를 하고 있으며 광고에 선택되는 용어도 은밀', '비밀'이라는 음모적인 용어가 아닌 '기분을 좋게 하는', '힘의 강화', '하나의 균까지 살멸' 등 밝고 공격적인 용어를

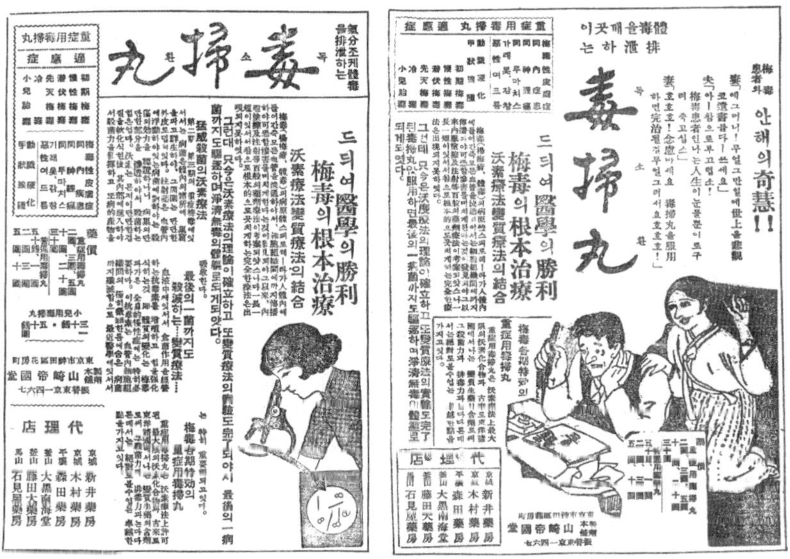

그림 3. 이 광고는 독소환 광고인데 오른쪽은 『조광』 1권, 왼쪽은 8호에 실려 있다.

선택하고 있다. 약 광고는 효능 설명과 함께 사진이나 의학을 표상하는 그림, 약병, 여성의 모습을 삽화로 넣은 광고가 대부분인데 위의 그림3의 『조광』 8호에 실린 '독소환' 광고는 기존의 화류병 치료제 광고에서 보다 발전해 있다. 약의 효능에 대한 설명을 하고 있지만 지면의 3분의 1을 할애해 부부 모습을 만화로 그려 넣고 대화의 내용을 굵은 글씨로 강조하여 시선을 끌고 있다. 위의 그림은 독소환 광고이다. 왼쪽 그림에는 난처한 표정의 남성이 펜을 들고 있으며, 남성의 어깨에 손을 얹은 남성이 웃고 있는 모습이 그려져 있다. 이 그림 위에 배치된 독소환의 광고 내용의 일부인 두 부부의 대화를 살펴보면 다음과 같다.

> 매독환자와 아내의 뛰어난 지혜
>
> 독소환
>
> 처: 「에그머니! 무슨 그런일로 世上을悲觀코 遺書를다-쓰세요」
>
> 부: 「아! 참으로 부끄럽소! 梅毒蟲者인 나는 人生이눈물뿐이구료! 죽고싶소」
>
> 처: 「호호호! 念慮마세요 毒掃丸을 服用하면 完治될걸 무얼그러서요 호호호호!」
>
> (『조광』 8권 289쪽)

위의 대화는 매독환자인 남편이 수치심에 자살을 하려고 유서를 쓰자 아내 '독소환'이 있는데 무슨 걱정이냐며 남편을 위로하는 상황이다. 이 광고가 재밌는 것은 아내가 남편의 외도와 외도에 의한 성병을 대수롭지 않게 받아드리고 있다는 점이다. 도덕적 수치심에 자살을 결심한 남편과는 달리 아내의 대답 속에는 도덕적 문제는 거세되어 있다. 대부분의 여성이 남편의 외도 또는 매춘에 의한 성병에 불만이나 불쾌감을 표시해야함에도 광고 속에 여성은 매우 담담하다 못해 명랑하기까지 하다. 아내에게 매독은 고쳐야하는 부끄러운 병이 아니라 고치면 되는 병으로 남편의 도덕적 문란은 문제시 되지 않는 것으로 표현되고 있다. 뿐만 아니라 기존의 다른 광고들이 '비밀', '부끄럽다'는 단어를 사용해 화류병 환자들의 도덕적으로 떳떳하지 못함을 공감하는 태도를 보이고 있지만 아내의 발화를 통해 보여주는 '독소환'의 광고는 도덕적 문제를 떠나서 병일뿐이라는 상업적 성격을 분명히 하고 있다. 이러한 광고전략의 전환은 우울, 비극과 대비를 이루며 일제의 명랑한 경성 건설과도 일맥을 같이하는 것처럼 보인다.

1935년 『조광』에 실린 독소환 광고가 보여주는 공격적인 광고전략의 변화는 다른 화류병약 광고에도 영향을 미치는데 바로-루와 살타림(殺打淋)이 그 예이다. 바로-루는 기존의 '고통', '무서운', '비밀'이라는 부정적인 단어에서 벗어나 '완치'라는 용어 대신 '간단', '깨끗하다'라는 긍정적이고 밝은 단어를 선택하고 있으며, 살타림은 이 약을 복용하여 '명랑한 가정'으로 돌아가자고 선전하고 있다.

이처럼 화류병약 광고의 전략 변화는 성병에 대한 인식과 의미를 변화시키는데 1920년대는 무섭고, 고통스럽고, 부끄러운 병이었던 화류병이, 1930년대 중후반에 이르면 '간단하게 치료할 수 있고, 치료를 통해 명랑한 생활로 돌아갈 수 있는 병'[59], 즉 도덕적 내용을 제거함으로써 거부감이 완화되고 있다.

이처럼 현대에 도색잡지에나 실리는 화류병 광고가 잡지 성격[60]을 불문하고 무차별적으로 실린 이유는 우선 잡지사 경영과 관련이 있는 것으로 보인다. 약 광고는 본문 속에 배치되는 예보다 전면 광고가 많은데 특히 화류병 치료제 광고의 경우 전면 광고가 많고, 본문 속에 배치될 때도 지면의 절반을 차지할 때가 많다. 광고와 지면은 광고료와 직결이 된다. 이에 대해 일제의 탄압과 잡지의 자금난이 잡지의 성격과 관계없이 '편집진으로 하여금 경제적 감각을 더욱 단련시켰다'[61]고 최수일은 지적하면서 이러한 상업주의적 현상을 '지(知)의 하방(下

方)[62]으로 규정하고 있다.

그렇다하더라도 성병이라는 사적인 문제가 공공화된 것은 돈의 문제 뿐 아니라 당대 사람들의 병에 대한 지식과도 연관이 있는 것으로 보인다. 이용설 이외에도 의학박사 박창훈은 『삼천리』에 「청년남녀와 화류병」이라는 글을 통해 성병의 감염경로, 증상, 치료법을 자세하게 소개하면서 사람들의 경각심을 환기시키고 있는 것을 보면 당시 사람들은 성병에 대한 인식과 지식수준이 낮았던 것으로 보인다. 둘째, 당시 화류병은 일본이 강조한 명랑하고 건전한 사회 건설을 위해 퇴치해야하는 질병 중의 하나였던 것으로 보인다. 불량 육체를 없애는 작업은 이후 명랑사회 건설을 위한 일제의 통치담론과도 연결이 되는데 여기에는 파시즘적 요소가 강하게 드러나고 있다.

셋째, 화류병 치료제 광고가 잡지의 성격을 불문하고 허용된 것을 보면 현대의 성 인식과는 다르게 성과 관련된 문제를 사적 영역으로 인식하지 않았던 것으로 보인다. 그 예는 정력제 광고에서 찾을 수 있다. 정력제의 경우 튼튼한 신체 초점을 맞춘 광고가 많은데 정력제 광고는 1920년대 이전에도 그 광고를 볼 수 있지만 총동원기에 돌입하면서 약의 종류와 광고수가 기하급수적으로 증가한다. 의학의 발달과 상업주의를 배제하고도 당시 유행하던 결핵에 대한 반대급부적인 심리에서 비롯된 건강한 신체에 대한 욕망이 강화되었을 가능성과 일제 위생 담론 속에서 남성들의 건강하고 튼튼한 신체와 국방력과 밀접성, 일반인들이 정력제를 굳이 성과 관련한 것이 아닌 일반 건강 보조제로 인식했을 가능성이 있다.

하지만 매체적 관점에서 보았을 때 화류병 치료제 광고는 자본주의와 일제 통치담론의 결합체로 볼 수 있다. 화류병 치료제 광고를 보면 절반 이상은 전문치료제가 아닌 부인병이나 중이염, 화농증과 같은 증상에 두루 쓰이는 항생제였다. 따라서 화류병 치료제 광고는 청결하고 명랑한 사회 건설이라는 일세 통치담론과 궤를 같이 하는 불결한 병원균을 척결하고 위생적인 삶의 환경을 만들어주는 치료제로 여기에는 조선의 전통적 도덕관이 무시되고 일제의 통치담론과 상업자본주의만이 남아있다. 즉 화류병 치료제 광고도 위생 담론 확산의 첨병으로 활용되었음을 알 수 있다.

전염병에 대한 공포는 위생을 삶에 적극적으로 수용하게 한 매개였다. 그러나 조선의 경우 일제 강점 하에서 위생은 삶에서 중요한 가치로 부각될 수 없었다. 그것은 당시 일제의 위생정책이 위생= 건강이라는 삶의 질에 대한 가치보다 관리와 통제라는 제도가 우선했기 때문이다.

따라서 일제의 위생 담론이 식민지인을 '순종하는 신체'화하는 데는 성공하였을지 몰라도 전염병의 공포나, 삶의 질을 향상시겨 건강한 삶을 체현하는 데는 실패하였다고 할 수 있다. 효율과 합리성 모두 위생정책에서는 찾아보기 이렵기 때문이다. 그것은 일제가 실행한 위생정책의 이중적 잣대에서 드러난다. 그들의 궁극적 목표는 건강한 신체보다 청결하고 명랑한 위생도시 건설 즉 근대적 도시건설에 목적이 있었기 때문이다. 성병이 19-20세기를 대표하는 질병이기는 했으나 조선에서의 매춘의 성행과 화류병 창궐의 주범은 바로 일제이다. 앞에서 살펴보았듯 공창의 이식과 조선에서 매춘을 합법화한 이후 이로 인한 후유증에 대한 관리는 단속에 머물러 있었다. 즉, 근본적인 치유가 아닌 봉합 차원에 머물러 있는 것이다. 뿐만 아니라 일제의 궁극적 목적인 식민지 조선에 근대적 도시 건설 계획과 의도는 위생문제와 결합하여 실현 과정에서 가변성과 우발성 속에서 자신을 빗었는데 화류병 역시 이 중 하나이다. 매춘의 단속만으로 화류병의 확산을 저지할 수 없었으며, 화류병 광고를 통해 은밀하고도 부끄러운 이 병은 사적 영역에서 공적 영역으로 위치를 이동한다

위생 담론 속에서 화류병은 전염병에 속한다. 그러나 다른 전염병들과 관리나 통제 있어 다른 양상을 보이는 데 그것은 먼저 대상 규정에서 드러난다. 화류병의 계도대상은 일반 여성이었으며, 단속 대상은 매춘 여성이었다. 그리고 화류병 치료제의 광고대상은 남성 또는 부부로 정부에서 규정하는 화류병의 질환자와 소비자의 성(性)이 일치하지 않는다. 이것은 화류병의 공포를 통해 일제가 특정계층의 여성들을 관리하기 위한 것임을 알 수 있으며, 이때 화류병 치료제 광고는 일제의 위생정책을 잘 보여주는 예라 할 수 있다.

국가가 화류 병자를 관리 또는 가둠을 통해 주변으로 밀어내기를 하였다면 자본은 도덕적 과오의 영역 속에 기입된 사람들에게 치료를 통해 몸을 교정하여 사회로 흡수될 수 있다는 희망과 함께 광고를 통해 쉽게 치료될 수 있는 병이라는 인식을 심어주고 있다. 그러나 국가의 계도, 단속, 관리 대상이 여성인 반면 광고 대상이 남성 중심이었다는 점은 일제강점기에 형성된 위생 담론이 상업성과 결합하면서 남녀에게 차별적으로 적용되고 있음을 알 수 있다. 또한 화류병 광고가 금기에 대한 위반을 부추김으로 드러나 국가의 정책과 충돌하고 있는 것처럼 보이지만 실상은 정책과 자본의 결합이라 할 수 있다. 뿐만 아니라 권력이라는 허가된 힘은 권위를 부여받은 폭력을 수단으로 하여 신체를 구속함으로써 일제로 하여금 대동아공영의 제국의 허상을 꿈꾸게 하였다. 신체 통제를 통한 규율장치가 빚어낸 관음적 시선은 현재도 진행형이며 매체를 통해 더욱 활성화되고 있다. 훔쳐보기에 대한 욕망이나 관음적 시선이 근대 이전에 없었던 것은 아니다. 그러나 일제 강점기를 거치며 상업성과 결합한 매체의 등장은 기생과 여급의 이미지를 생산하고 가공하며, 소비하게 하였다.

III 『朝光』의 약품광고

3

『朝光』의 약품광고

1. 각기병

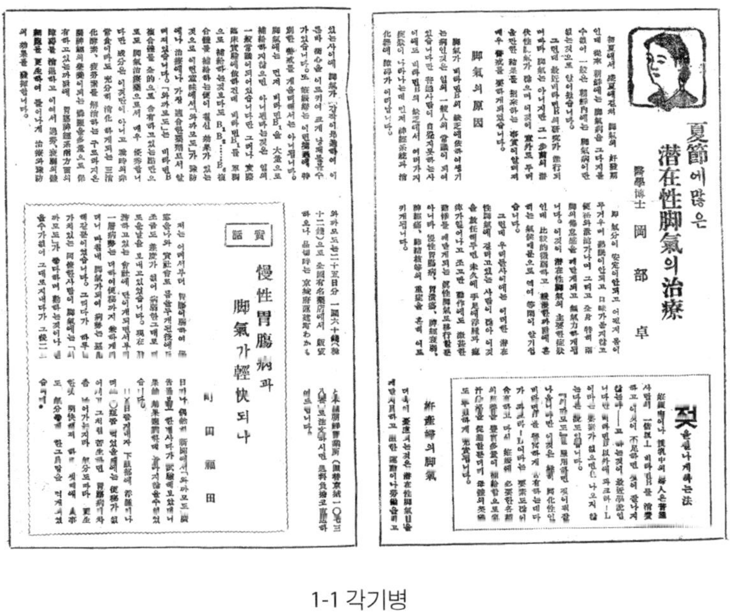

夏節에 많은 潛在性脚氣의 治療

醫學博士 岡部卓

脚氣의 原因

젖을 잘 나게하는 法

姙産婦의 脚氣

慢性胃腸病과 脚氣가 輕快되나

1-1 각기병

2. 귓병

2-1 귀요법

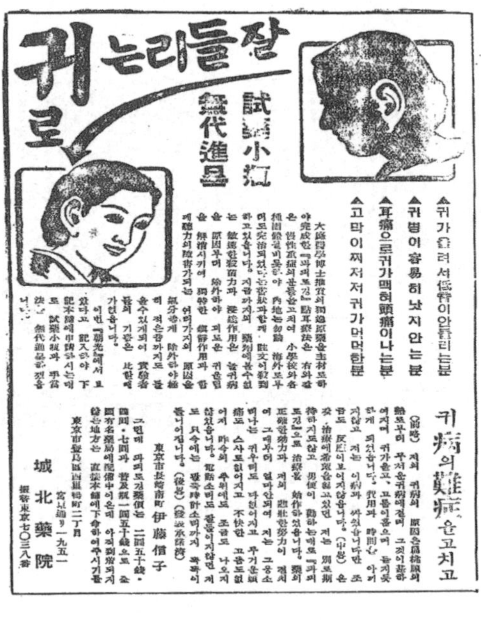

2-2 바비로긴(バビロキン)- 잘들리는 귀로 (성북약원)

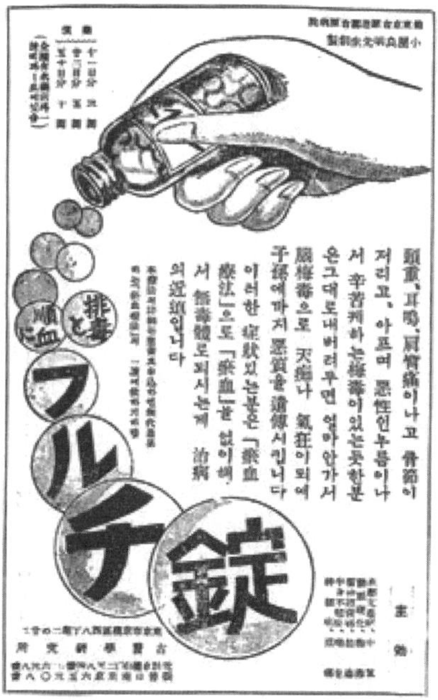

2-3 푸루테 フルテ정 머리 이병 골설

2-4 耳病은 이렇게 고쳐라

2-5 루실정 (중이염)

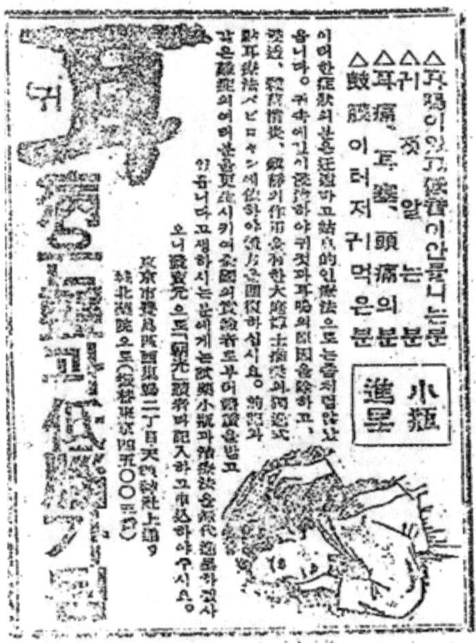

2-6 바비로긴-귀(耳)

3. 결핵

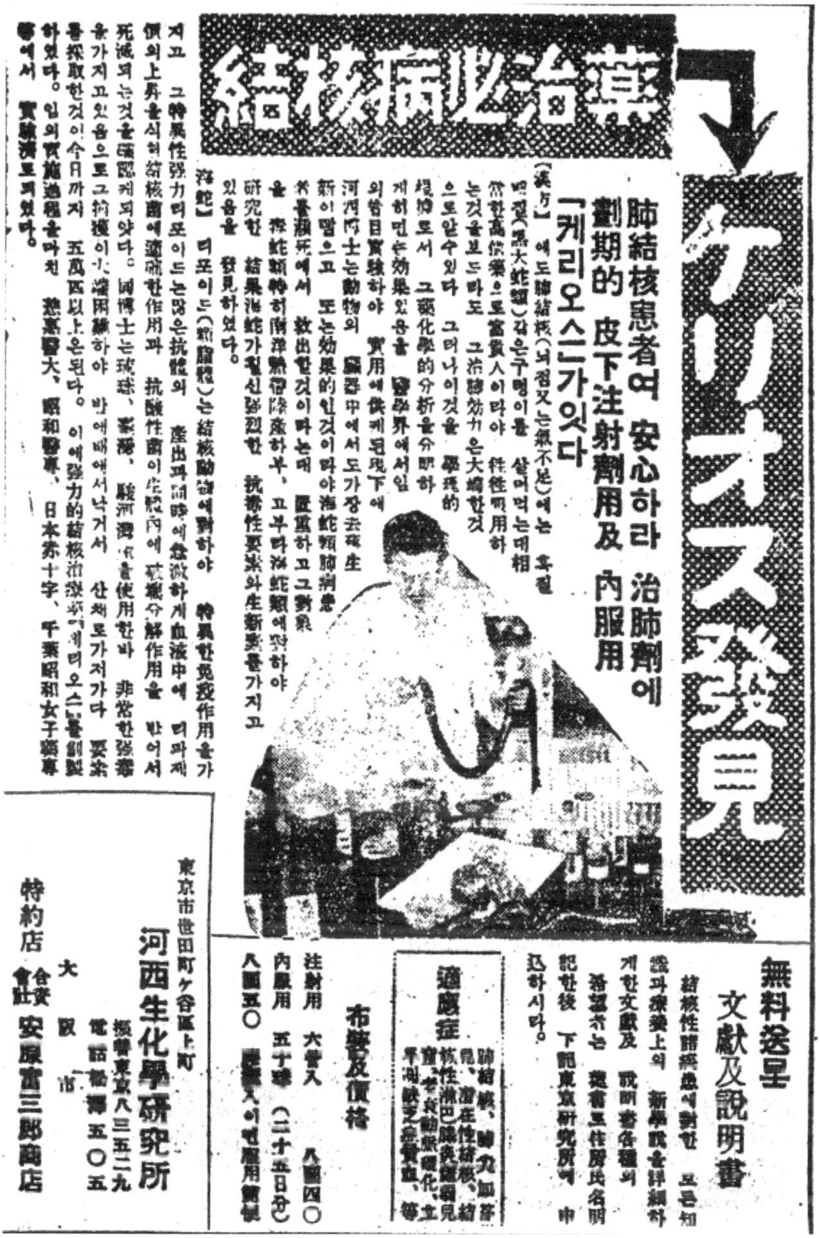

結核病必治藥
ケリオス發見
肺結核患者여 安心하라 治肺劑에
劃期的 皮下注射劑用及 內服用
「케리오스」가잇다
無料送呈
文獻及說明書
適應症
布裝及價格
注射用 大管入
內服用 五十錠 (二十五日分)
東京市世田谷區上町
河西生化學研究所
振替東京八三五二九
電話松澤五〇五
特約店
大阪市
合資會社 安原富三郎商店

3-1 케리오스

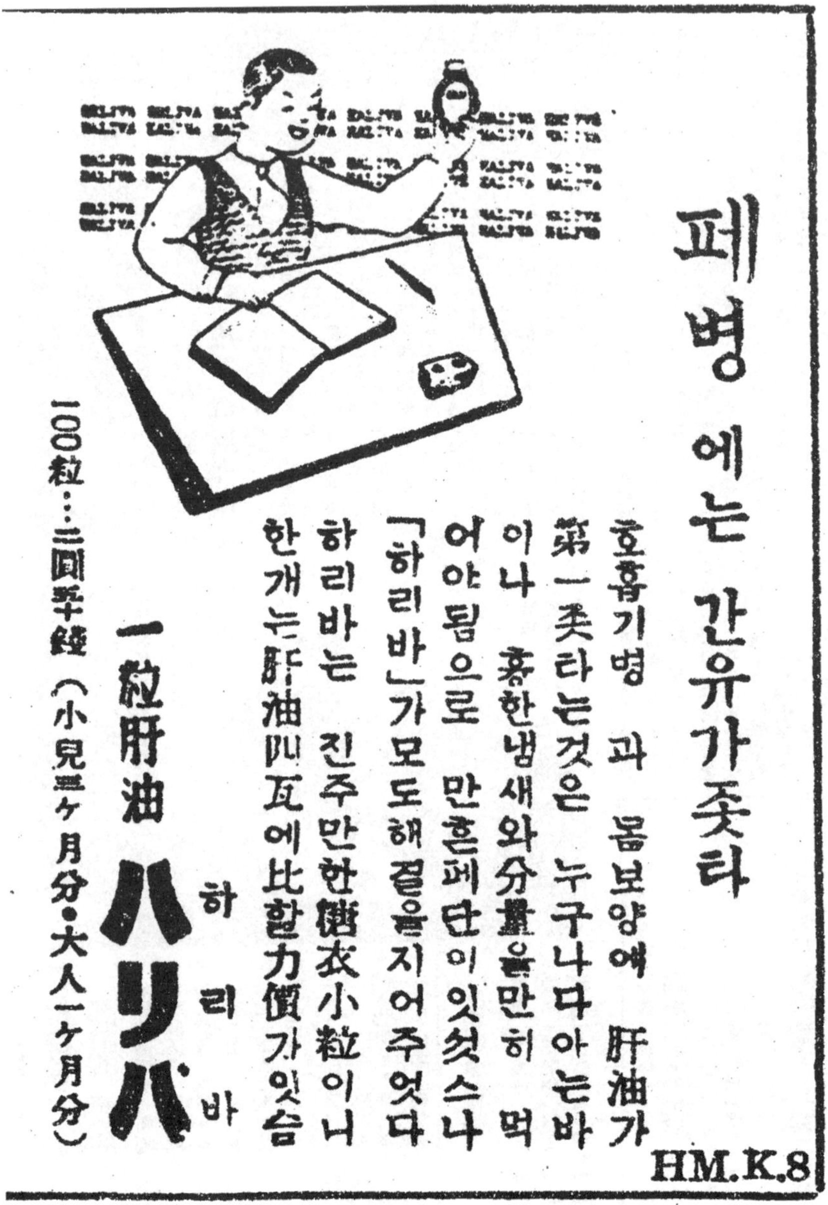
폐병에는 간유가좃타
호흡기병 과 몸보양에 肝油가
第一좃타는것은 누구나다아는바
이나 흉한냄새와分量을만히 먹
어야됨으로 만흔폐단이잇섯스나
「하리바」가모도해결을지어주엇다
하리바는 진주만한糖衣小粒이니
한개는肝油四瓦에比할力價가잇슴
하리바
一粒肝油 ハリバ
一〇〇粒…二圓五十錢（小兒三ケ月分・大人一ケ月分）
HM.K.8

3-2 하리바(ハリバ)

3-3 결핵치료의 3원칙 하리바 (ハリバ)

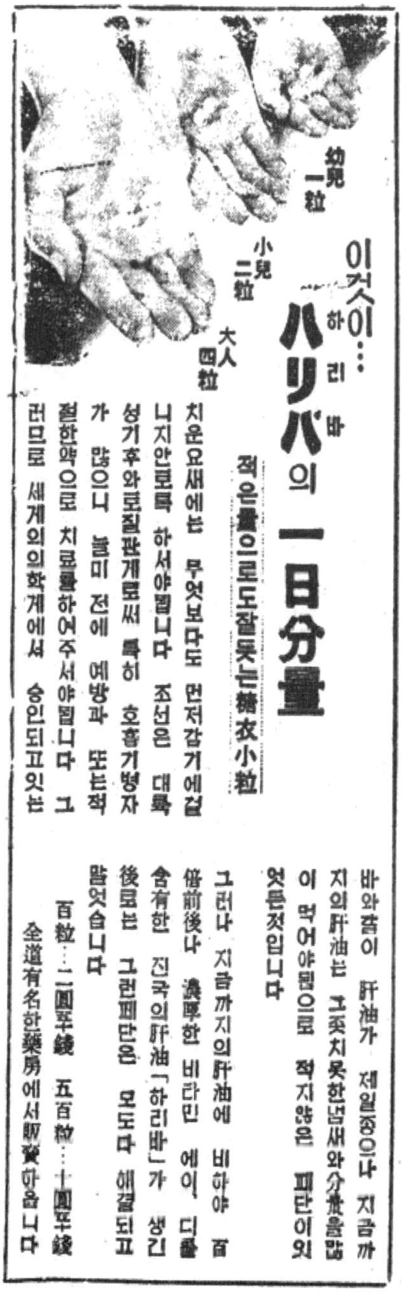

3-4 이것이 ハリバ의 一白分量

3-5 감기에 주의하자

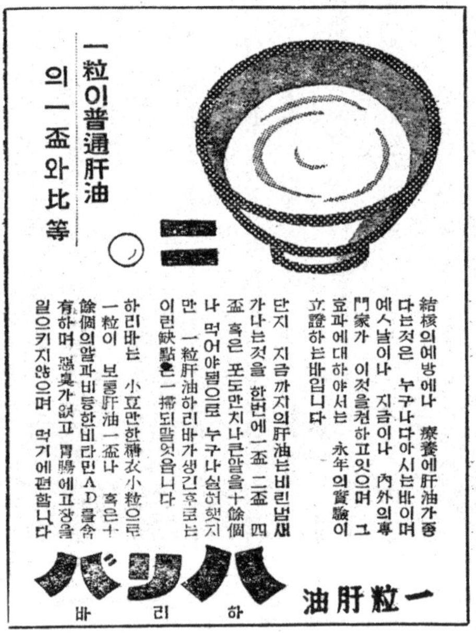

3-6 一粒 肝油 ハリパ(halibut liver oil) 핼리벗 간유

3 7 체력회복의 절호기 하리바

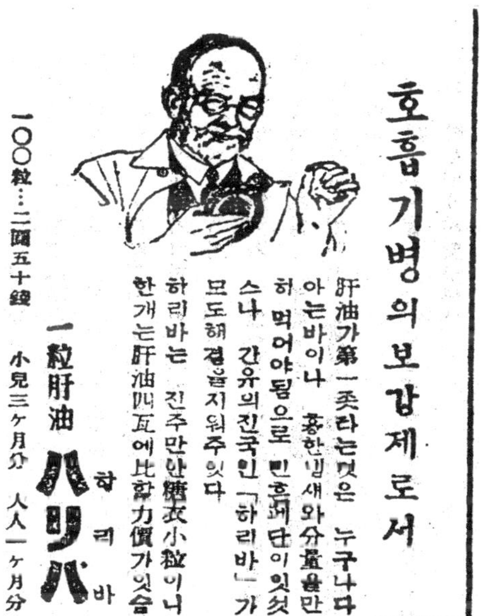

3-8 호흡기병의 보강세로서 하리바

3-9 다이레구도 70정 5원, 200정 200원

3-10 네오간정

銃後의守護는「健康으로부터」

나력과淋巴腺結核에

「숭터」가안나는＝內外兩藥의治療法

괴정거리인 [illegible] 이제 지드랭이 멍어리 말르고 얼굴빛이 좋지않은 神經質 어께가 결리고 감기에 걸리기쉽더 食物을 가러서먹는癖이 많으면 이病은저순腺病質로 結核病菌에 對한 抵抗力이 弱하여 淋巴腺 [illegible]腺에 病巢를 만든것입니다。本病은 次第로 肺肋膜其他를 侵害해도 危險케됨으로 淋病者와 [illegible]한사람은 決코 放心치말고 [illegible]國多事한이때 一刻이라도 速히 根本療法으로써 病을고치고 體質을 [illegible]케 힘쓰지 않으면 안됩니다。그런데 世間에는 本病에 對한 知識과 加療法은 모르고 어러가지 療法에 헤매고 오매 呻苦하는분이 많은것은 참으로 [illegible]한일입니다。勿論 어러분은 아픈줄을 모르고 숭허 좋안내고 손쉽게 藥으로 고치는 方法을 가장 希望하실줄생각합니다。

그런데 나며 淋巴腺結核을 專門으로 藥·劑·療法의 硏究로 이름이 난 和·歌·山·市·三·[illegible]·坂·口·(公·[illegible]·[illegible]·路) [illegible]專門硏究藥院(電話一〇八三番)에서는 注射에 代身하는 特殊의 藥効 次第로 病球를 消滅하고 手術치않고 [illegible]서에서 大端히 기뻐하는 內服外用의 新療法을 完成했는데 多[illegible]히 本劑로 좋[illegible]히 健康을 恢復한 多數의 實驗治療者로부터 많은 禮狀이 있습니다。

그러나 同院은 本病의 病原、療法、食養生等 가장 親切히 說明한 治療文獻 健康의 更生(定價五十錢)을 發表하고 사람을 救援하는 意味로 當分間 無代로 [illegible]하오니 [illegible]病者는 速히 朝光七組[illegible]讀者라고 申込하고 이에 依하여 徹底的으로 加療해서 銃前을 守護하고 國家를 爲하여 眞正한 健康을 恢復해주십시요。

그리고 同院에서는 病狀年齡、記載하고 切手三十錢封入해서 申込하는 분에게는 一回限試藥(三十五錢)分을 健康의 更生에 附해서 보내드립니다。

3-11 나력, 임파선결핵

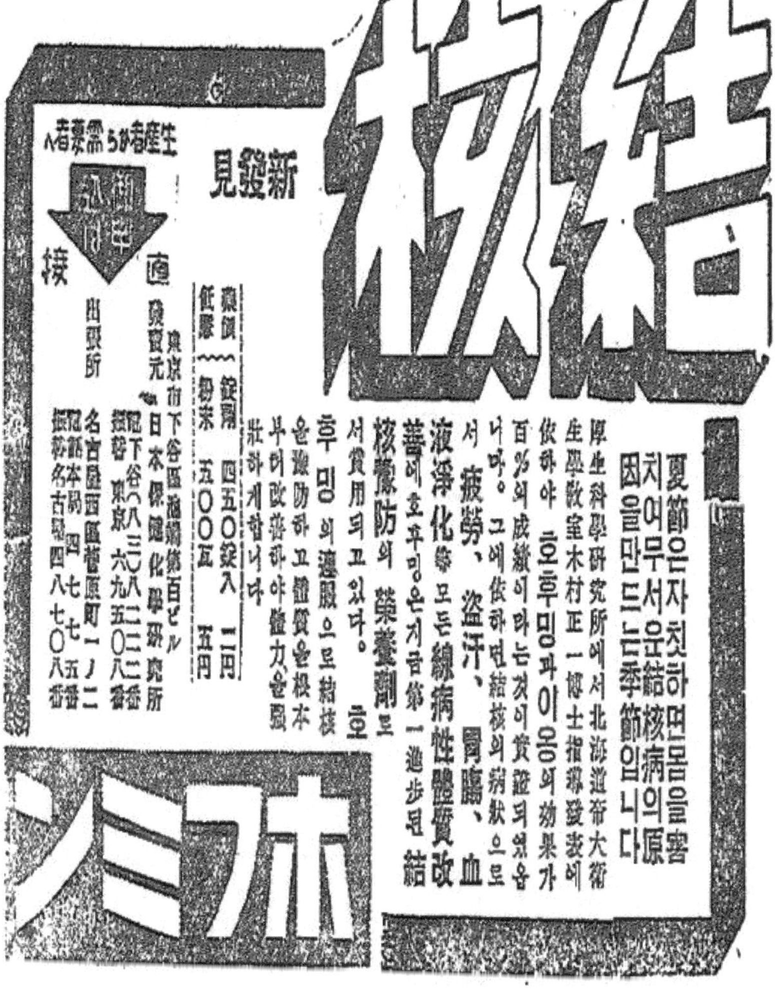
結核
夏節은자칫하면몸을害
치여무서운結核病의原
因을만드는季節입니다
厚生科學研究所에서北海道帝大衛
生學敎室木村正一博士指導發表에
依하야 호후밍파이옹의效果가
百%의成績이라는것이實證되었읍
니다。그에依하면結核의病狀으로
서 疲勞、盜汗、胃腸、血
液淨化等모든腺病性體質改
善에호후밍은지금第一進步된結
核豫防의 榮養劑로
서賞用되고있다。 호
후 밍 의連服으로結核
을豫防하고體質을根本
부터改善하야體力을强
壯하게합니다
新發見
生産者から需要者へ
直接
藥價 錠劑 四五〇錠入 二円
低廉 粉末 五〇〇瓦 五円
發賣元 東京市下谷區
日本保健化學研究所
出張所 名古屋西區菅原町一ノ二
ホフミン

3-12 호후밍

3-13 유고루-폐병, 부족증, 늑막염에는 새로 발명한 치폐약 유고루를 꼭 쓰시오.

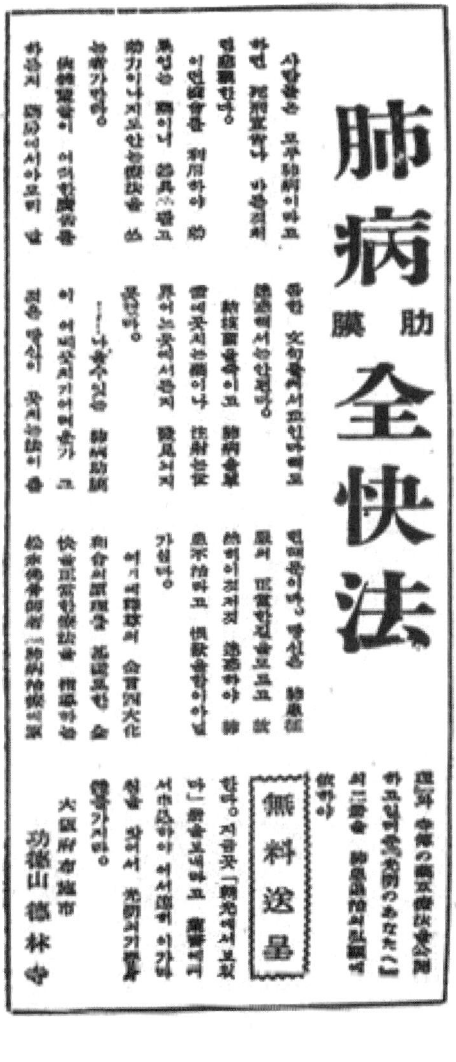

3-14 폐병근막전쾌법

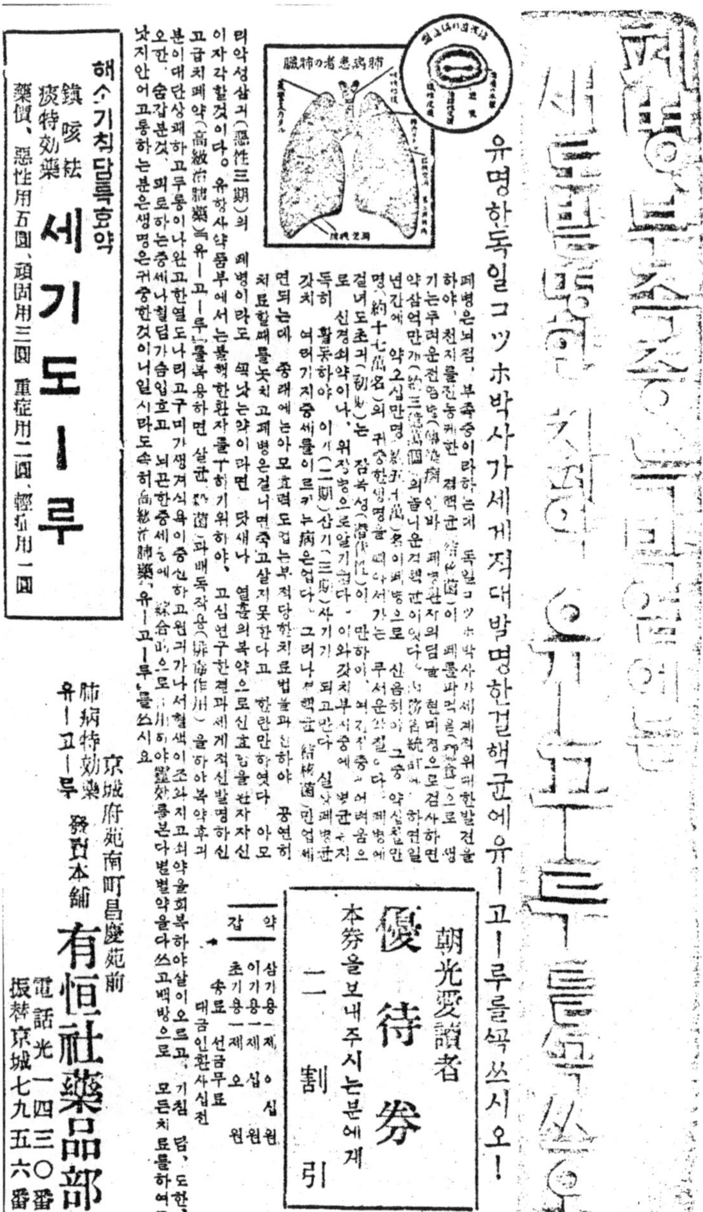

3-15 폐병-유꾸루, 세기도루(햇기침)

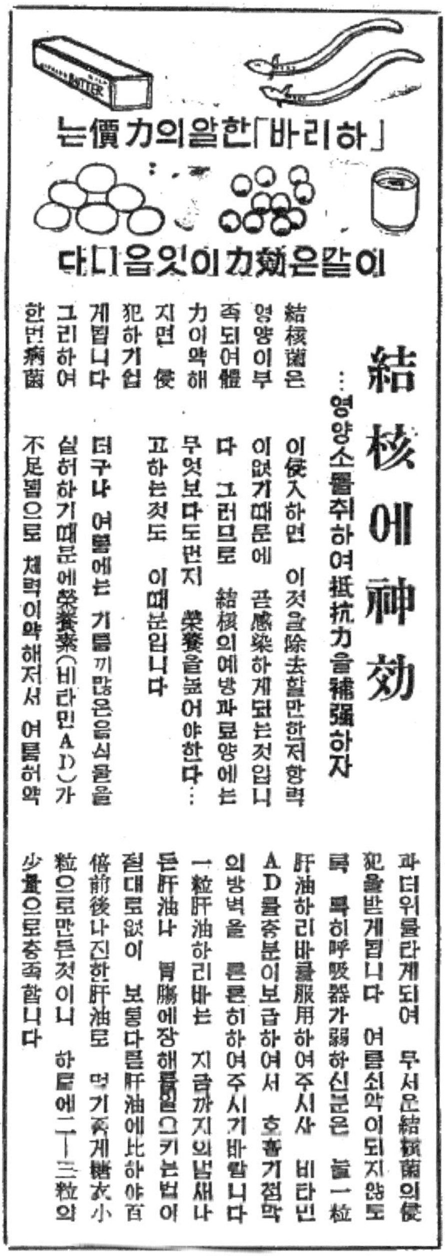
「하리바」한알의力價는
이같은効力이잇음니다
結核에神効
…영양소를취하여抵抗力을補强하자
結核菌은 영양이부족되여體力이약해지면 侵犯하기쉽게됩니다 그리하여 한번病菌이侵入하면 이것을除去할만한저항력이없기때문에 곧感染하게되는것입니다 그러므로 結核의예방과료양에는 무엇보다도먼저 榮養을높어야한다…고하는것도 이때문입니다 더구나 여름에는 기름끼많은음식물을 실허하기때문에榮養素(비타민AD)가 不足됨으로 체력이약해저서 여름허약과더위를타게되여 무서운結核菌의侵犯을받게됩니다 여름쇠약이되지않도록 특히呼吸器가弱하신분은 늘一粒肝油하리바를服用하여주시사 비타민AD를충분이보급하여서 호흡기점막의방벽을 튼튼히하여주시기바랍니다 一粒肝油하리바는 지금까지의냄새나는肝油나 胃腸에장해를닐으키는법이 절대로없이 보통다른肝油에比하야百倍前後나진한肝油로 먹기쉽게糖衣小粒으로만든것이니 하로에二―三粒의少量으로충족합니다

3-16 하리바

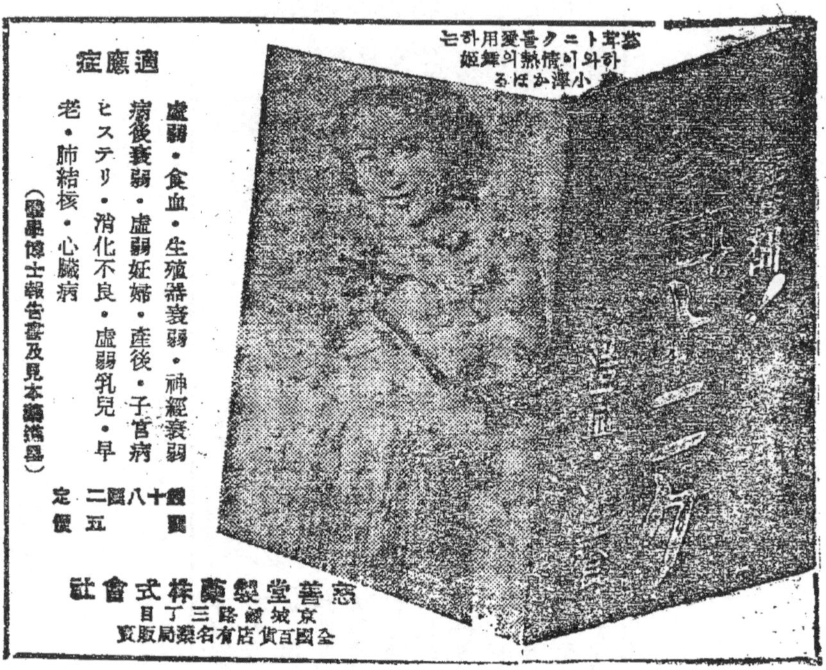

3-17 적응증-산용토니구

3-18 아리데니 アリデニ-폐병정복약

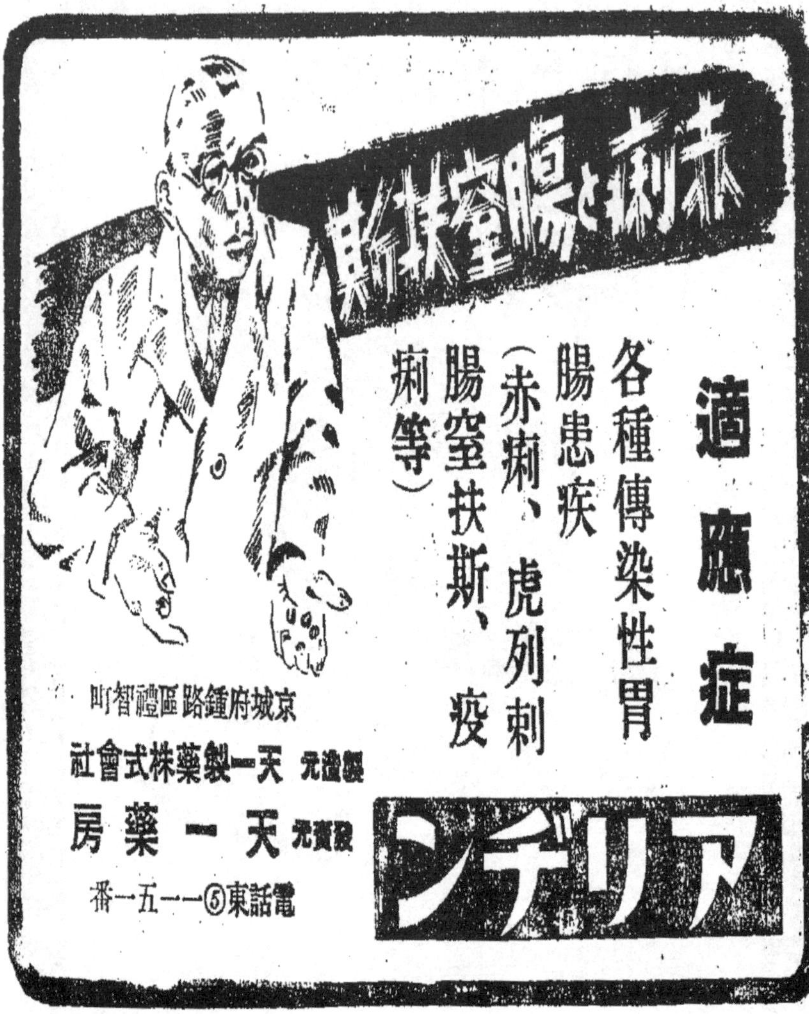

3-19 아리진(アリヂン)-適應症 アリヂン

4. 감기기침

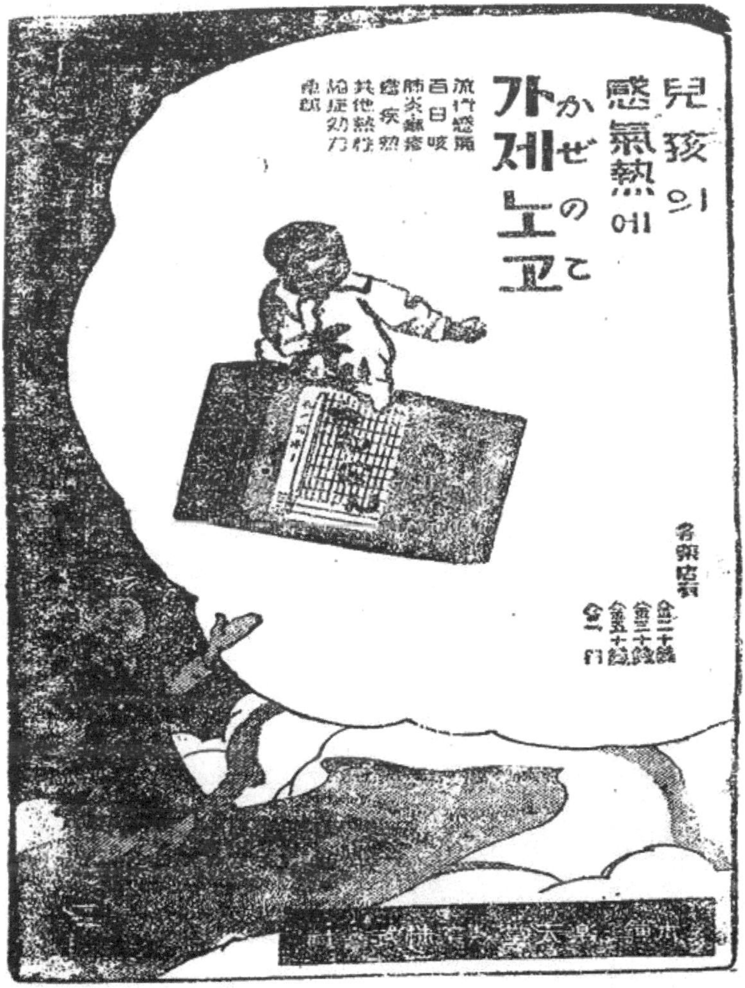

4-1 가제노고かぜのこ-아동감기약

頭痛과感氣에…
SOVOLIN
鎭痛、鎭靜、解熱의効果가 優秀한藥物을
最新의學理──藥物의相乘作用을應用하야
創製한本劑『소보린』은 그作用이實로驚
異的이므로 一回二錠이라는少量으로 鎭
痛解熱의効果를나타냅니다。뿐만안니라胃
腸障害、心臟障害等의副作用이絶無합니다
〔効能〕感氣・頭痛・頭重・齒痛・神經痛
腰痛・肩臂痛・배멀미・車멀미・結
核性의微熱……等에
發賣元 大阪市道修町 武田長兵衛商店
京城出張所 京城府南大門通三丁目一〇六
ソボリン
소보린
10(2)695

4-2 소보린- 감기 두통

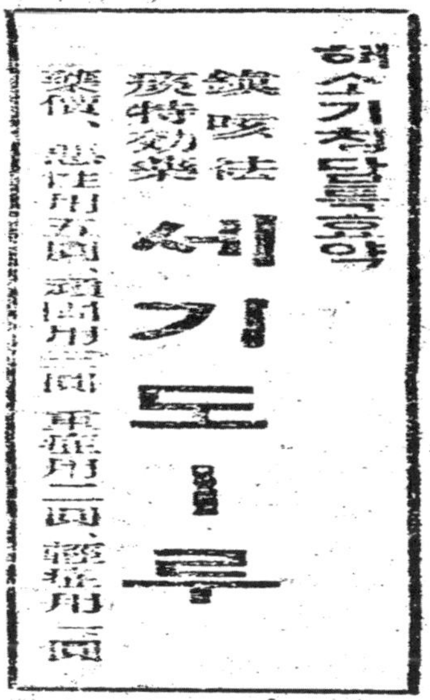

4-3 세기도루 해소 기침

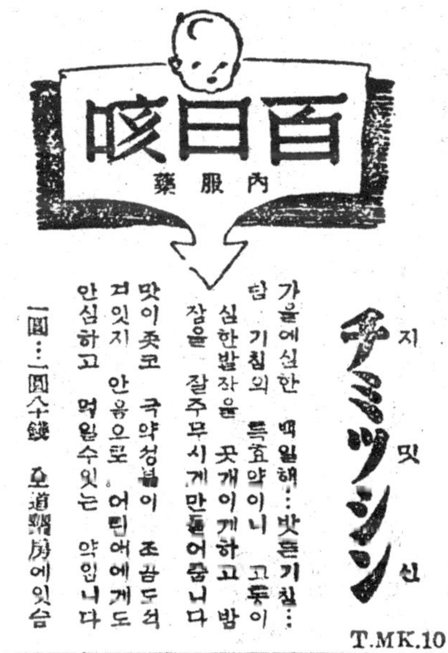

4-4 지미신

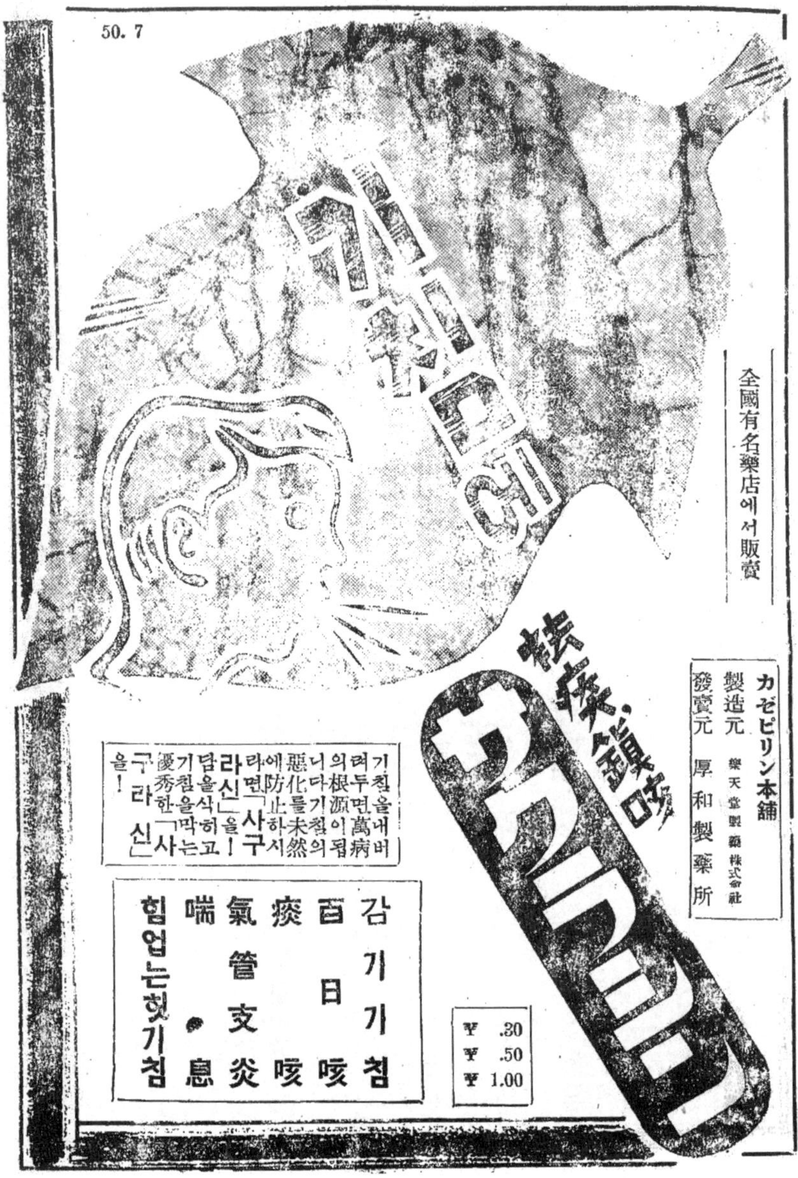

4-5 사구라민(サクラミン) 기침엔 サクラミン

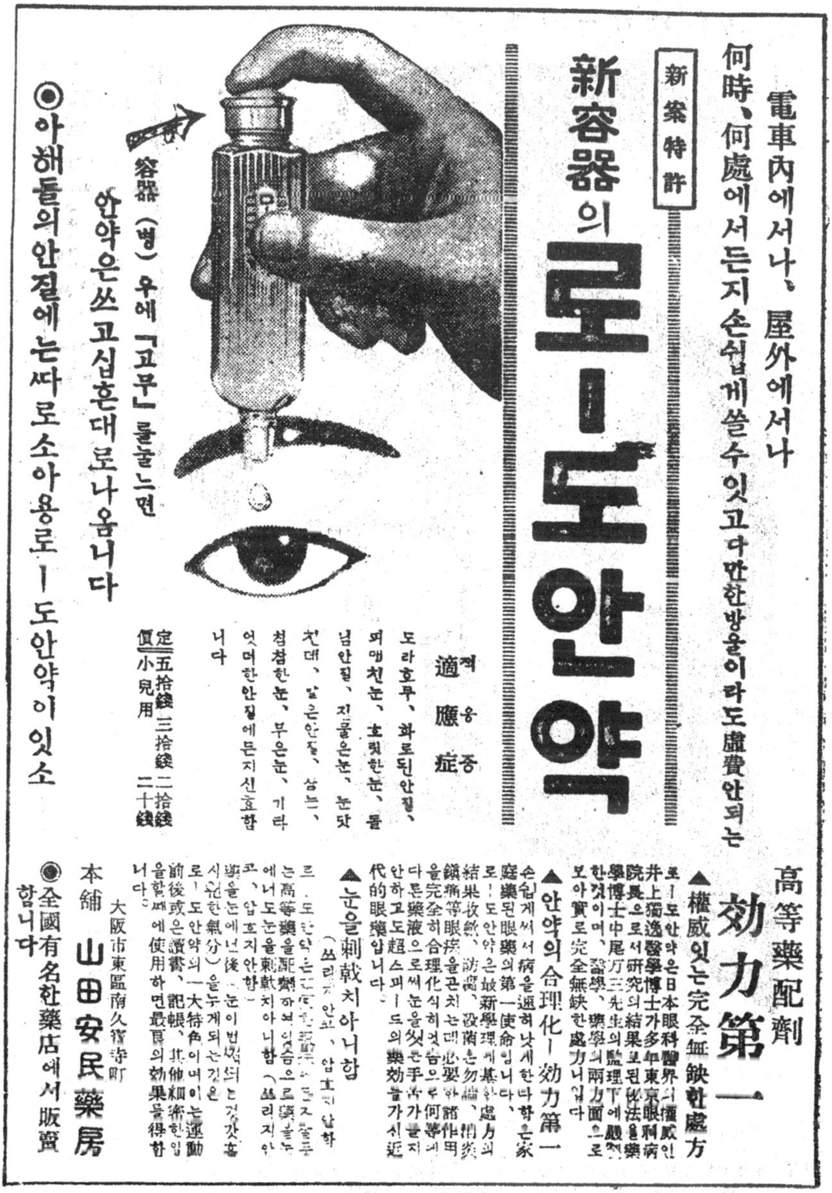

5-1 로도 안약-전자내에나, 옥외에서나 어느 때, 어느 장소에서든지 손쉽게 쓸 수 있으며,
아이들 안질에는 따로 소아용 안약이 있다고 선전

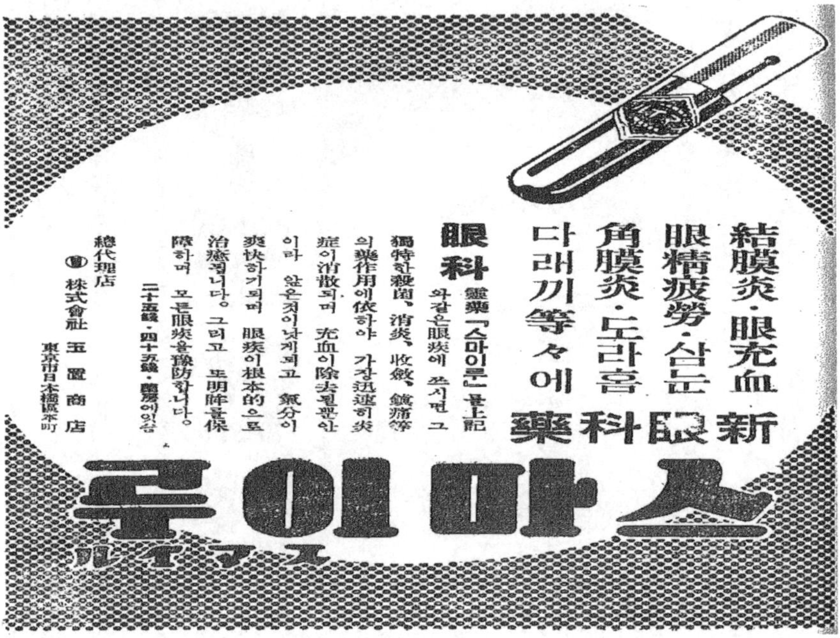

5-2 스마이루-결막염, 다래끼 등

6. 두통, 해열제

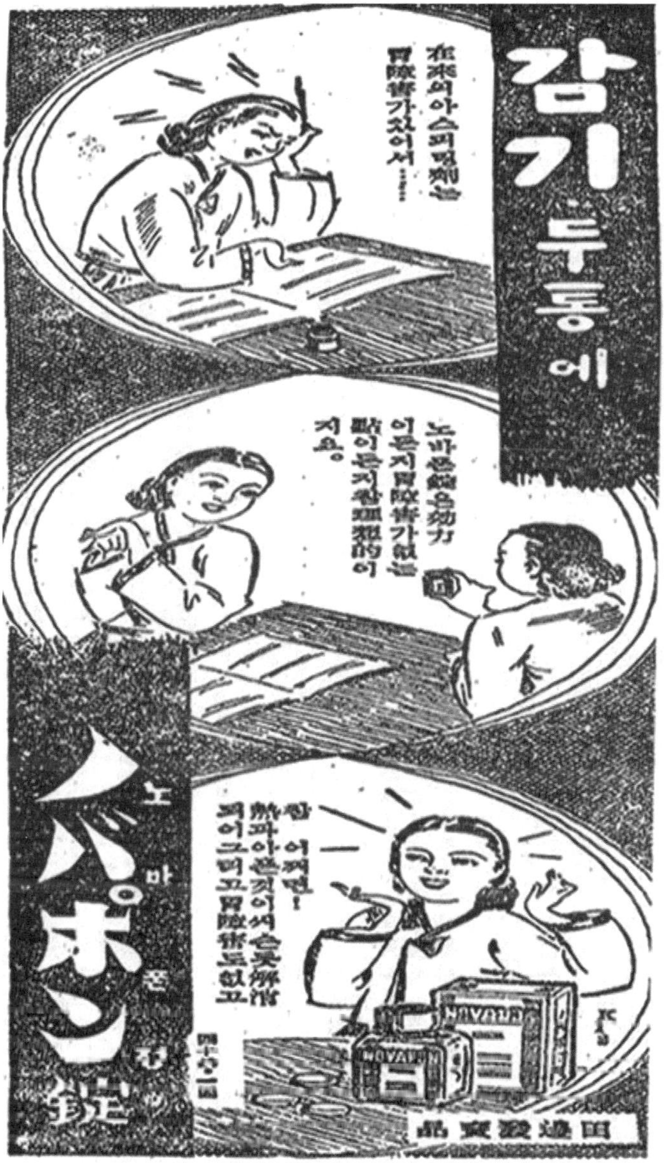

6-1 노바폰(ノバポン)情-감기 두통 해열

6-2 노신(ノ-シン)-신정방약국 노신

두통 속치약
サール
明快한두뇌로 增進
報國을하실여러분께
서는 조금도 부작
용없이 속히 明快
한頭腦로되여 能率
이나는本劑로치료하
여주시기바랍니다
價錢 五十錢 一圓
두통 편두
통 류행성
감기 치통
신경통등에

6-3 사루(サ ー ル)

6-4 포루종(ポルチョン)-흐린 머리를 명쾌하게 하는

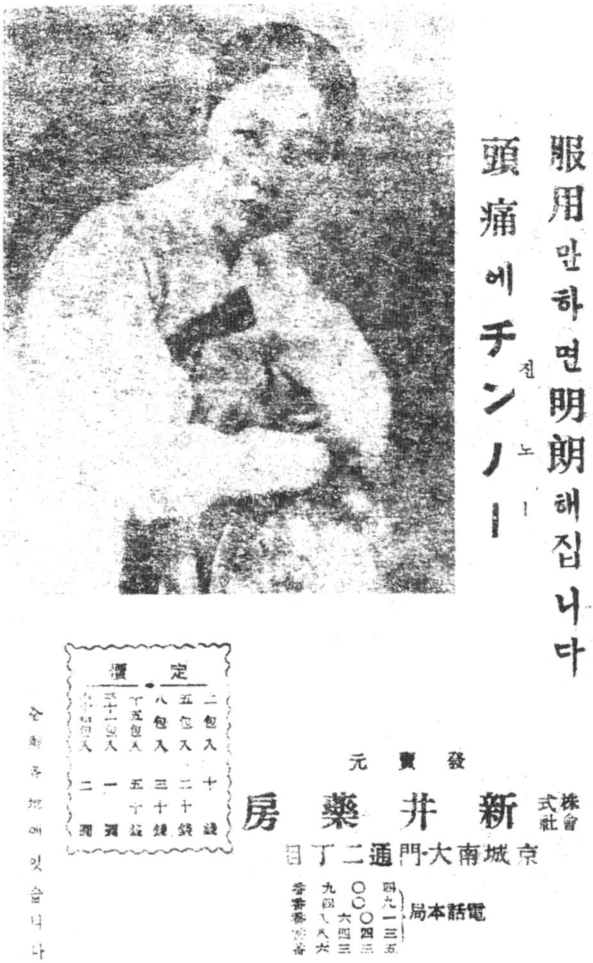

6-5 진노(チンノ-) 신정약방-복용하면 명랑해집니다, 위의 '진노'는 노신의 오기로 보인다.

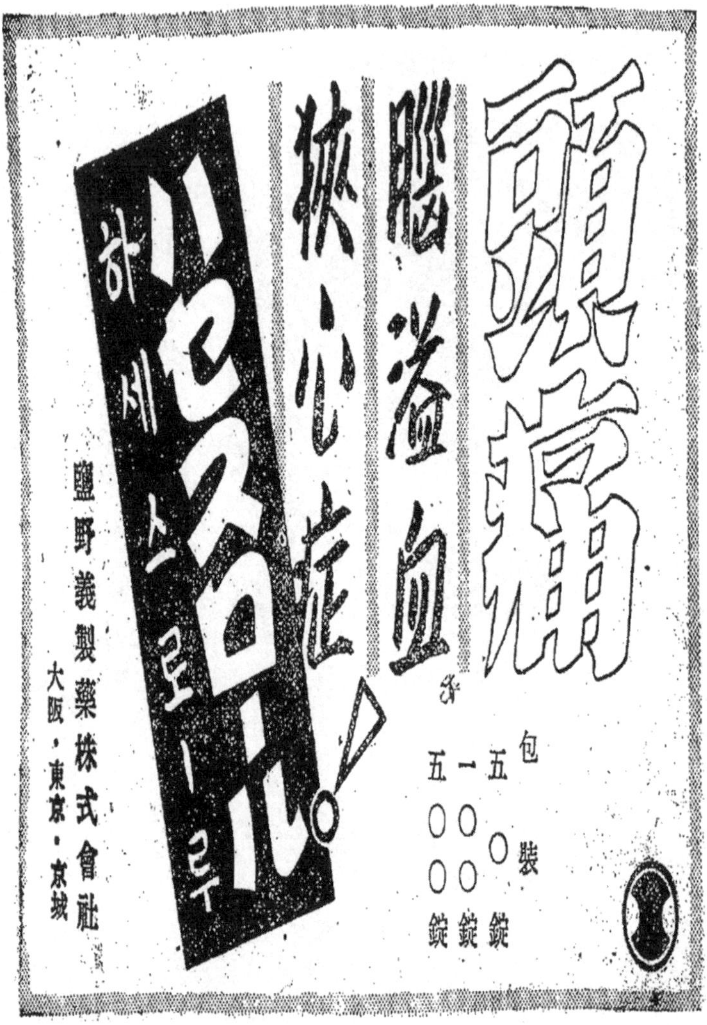

6-6 하세스로-루(ハセスロール)

7. 발기부전

7-1 호릭구 ホリツク치료기-남성생식기 약소 ホリツク치료기- 루쓰

7-2 "早○男子에게 急告" 성동원약품부(城東園藥品部)-남성 성기능 개선제

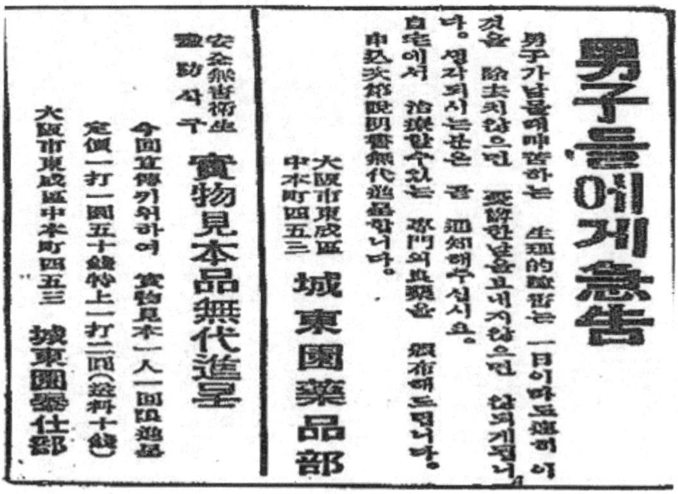

7-3 남자들에게 급고(성동약품부)-발기부전

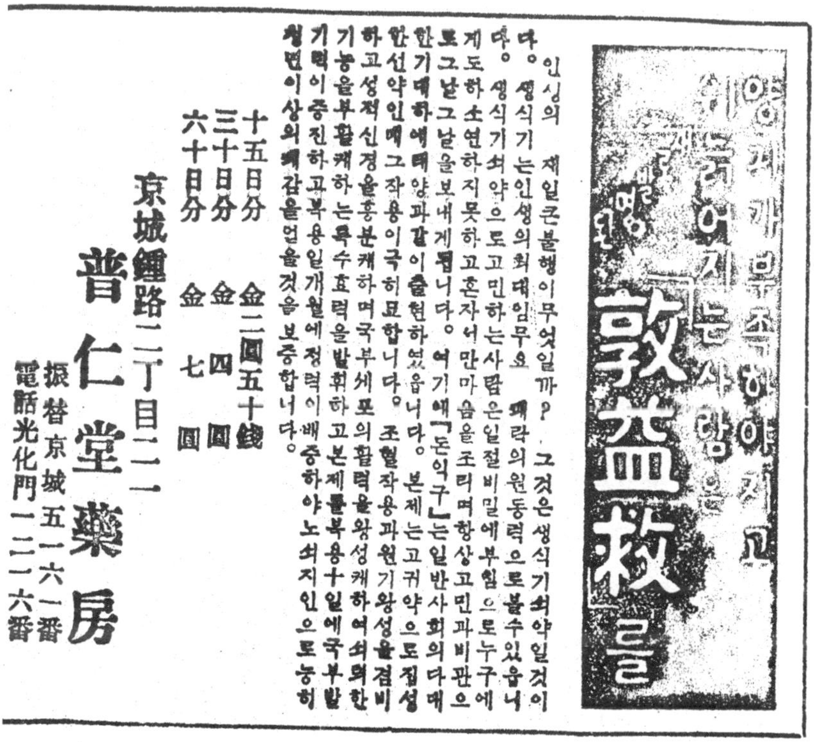

7-4 돈익구(敦益救)-양기가 부족하여 쉬 늙어지는 사람 새로 발명된 돈익구를

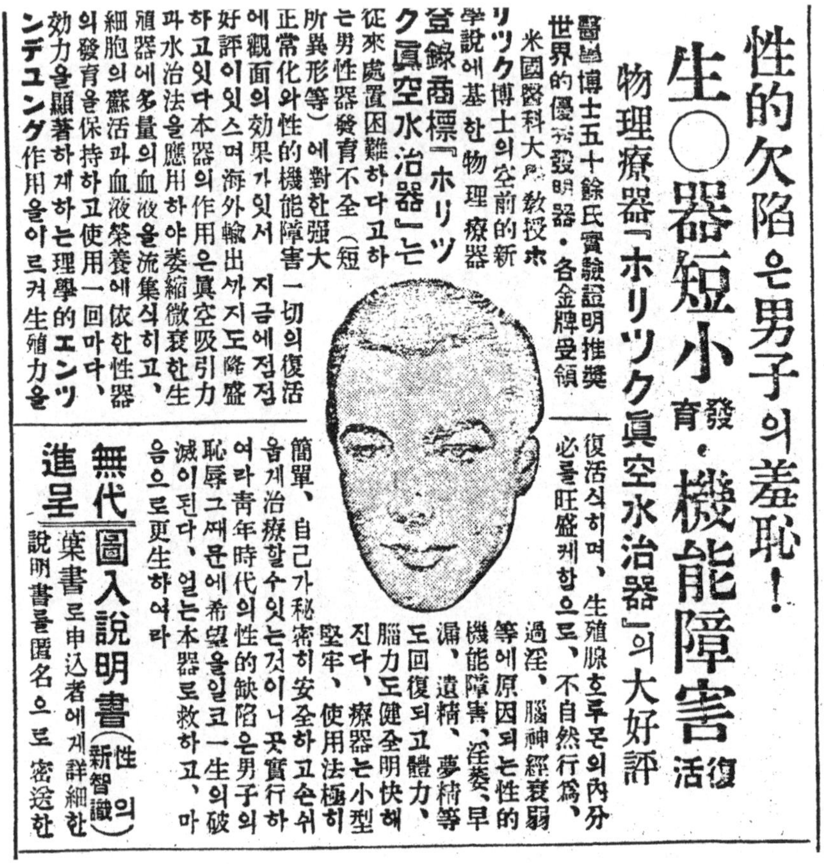

7-5 성기 단소(무대진황)-성적결함은 남자의 수치

7-6 즈뽀루마 スペルマ 요법기–스페르마(sperma)는 라틴어로 정액이라는 뜻이다.

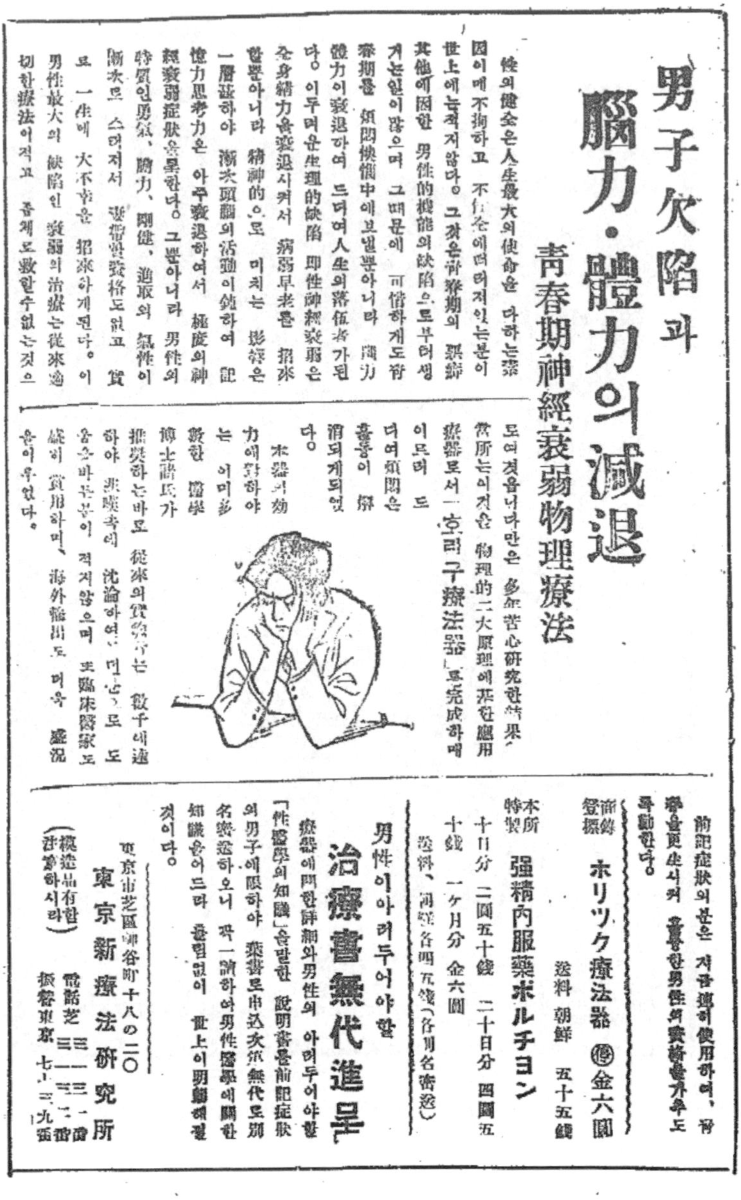

7-7 호릭구 치료기-남자결함과 뇌력, 체력의 감퇴

8. 부인병

8-1 미신환(美神丸)

8-2 미신환(美神丸)-대하증부인병 유명약

8-3 미신환(美神丸)

婦人病を自宅で治した体驗
愛用者가惠澤을받은子寶
全快者가推奬하는最良藥
無代進呈
婦人相談部
大阪本社의全景과社員의一部
信頼できる婦人薬
美神丸
一日五錢으로自宅에서秘密히곳침!
大阪市東區南久寶寺町堺筋
本舗 合資會社 宮內善進堂

8-4 미신환(美神丸)

自宅에서秘密히治療할수잇스면

婦人病도낫는다고!

帶下子宮病이잇는분은試用올하시오!

結婚은 人生에 幸福을주는 關門이며 子寶는 夫婦愛의 結晶이다。處女들은조흔緣分을 婦人들은 子寶를 希望하고잇으나 萬一 婦人들의生命이라고 할수잇는 子宮、卵巢等에 病이잇고……帶下、月經不順、月經痛、頭痛、肢量、逆上、足冷、下腹內腔、足腰痛、顔面、皮膚에 주름이 잡히고、色艶을일허 魅力이없고、머리가 빠지고、血行、히스테리 ― 호루몬 異常으로 夫婦愛도 식어가며 子寶노없다…… 이러한 症狀이생기고 心身이 疲勞하면 은 婦人의幸福은 며차질수없다。

前記症狀으로 남모르게 煩悶을하는사람들은 이제 곳 美神丸을 愛用하여라 本藥은 使用하기조코 効力이 또한 優秀하다。全快者가만코 婦人에게는 有名한良藥이다。또한 自宅에서 父母、男便姉妹間에는 秘密히할수있고 入浴、工夫運動、月經、夫婦生活도 잘해나갈수있서專門家도 全快者도 모다 推奬을 하고있다 이이가튼症狀이毎日드러온다

喜悅의全快通信

意外로 結婚한기쁨

[illegible]

錦山 金貴姬

몸이거든해기뿌다

[illegible]

京城 宋[illegible]

집에서藥을사는法

[illegible]

藥價

五週分 一圓八十錢

十週分 三圓五十錢

病院用(六十週) 十五圓

大阪市東區南久寶寺町[illegible]

本舖 合資會社 宮內普進堂

振替大阪五七[illegible]

婦人病相談部

[illegible]

美神丸

8-5 미신환(美神丸)

8-6 태양조경환(胎養調經丸)

8-7 리우돈(リウドン)-여성과 건강미

8-8 리우돈(リ ウ ド ン)

8-9 리우돈(リ ウ ド ン)-부인의 안질

8-10 리우돈, 쥬자이도-부인병에

바라보며 이렇게들 비웃으며 떠들었다。

그날밤 돌섬마을 해변가에는 몇십년만에 처음으로장구소리와 꽹매소리가 커은 동네를 깰듯이 밤이 깊도록 끄치지 않었다。

동네 사람들은 오래간만에 장구와 꽹매소리에 마춰서 춤을 출수가 있었고 노래를 부를수가 있었다。

옛날 선조때부터 내려오던 어촌의 풍어제(豊魚祭)는 그들의생활이 가져다주는 고민으로해서 근년에는 그것을 할용기들을 잃어버렸다。

칠성바위와 청동이는 어릴때 어머니의 젖꼭지를 빨며 구경한 풍어제의 아득한 옛기억을 찾어냈다。

늙은이들은 잘알고있었지만 지금세상은 의례이 안하는것인줄알구 입들을 열지않었지만 칠청바위와 청동아가 아득한 옛기억에서 찾어낸 풍어제를 지내기를 제의하야 다시금 평화하였던 옛날 돌섬어촌을 회상케하는 횃불춤을 장구와 꽹매에 마춰서 윈동네 사람들은 밤가는줄도 모르고 추었다。

횃불을 놓이든 그찰라 칠청바위는 돈의힘이면 무었이든지 할수있다는 그놈들파 싸와 이긴기쁨이 윈몸을 날뛰게 하였다。 그는 삽혀간 수돌이도 이자리에서 함께 이밤을 보내였으면 얼마나 기뻘가하는 생각을하며 번개같이 돌아가는 동내사람들 틈에끼워 횃불을 흔들며 춤을 추었다。(횃불)

— 189 —

卵巢(らんそう)病으로

下腹에膿、水塊나、또는肉塊로 苦生하시는분에게 나의全快를말합니다。

卵巢炎 卵巢膿腫 子宮內膜炎 히스테리ー

腹滿 不姙症 帶下 等으로

나는數年前卵巢로 앓었으며 배속에 멍치까지생겨서몰이담기고 오랫동안 苦生을하게 되였으며 女子로서의 夜務를다하지 못하였으며 男便에게 不快를주었으며 父母에게는 미움을받게되여 날마다 한숨과 눈물로 歲月을보내고 있었든바 언뜻 藥草合劑로써 손뭇이 나이 터고 그后로도 적健壯하게되여 밤낮愉快하고 願하든 見孩까지도 낫게되여 정말말할수없이 幸福한生活을하고있읍니다。「朝光」讀者여러분中에不幸히病으로困難을받으시는분이 계시거든 躊躇마시고 便紙를하여 주십시오 나의全快한 藥草劑의 見本과 實驗及오늘날까지 服用하신 여러분의 歡喜하시고 게십을 親切하게 寄別혜를입니다。生의住所는 神戶市湊川公園東一森本秀子라고하야 便紙를하야주십시오 곳回答을 해들입니나。

最近服用하신분의通知의一部

拜啓 日前에는 大端히 感謝하였읍니다。貴下께서 보내주신藥을 服用한날부터는 그惠澤으로 날로날로 나어가고있으며 요즘에는 下腹이 앞으든것과 몰이담기든것은 편나었음으로 어찌 기쁜지 모르겟읍니다。이것도 모도 本氏의 德澤이라고 마음깊이 感謝하고있읍니다。

東京市品川區 山中花子

拜啓 日前에는 여러가지로 幣를많이끼치였아옵니다。그보람이온지 배속에멍치는 아조없써졌읍니다 手術하는 外에다른道理가 없을줄알었든것이 自然히 없어젔다니 이번神奇한일은 또없다고 生覺합니다。(後略)

福岡縣飯村中山 荒川みよし

8-11 난소질환

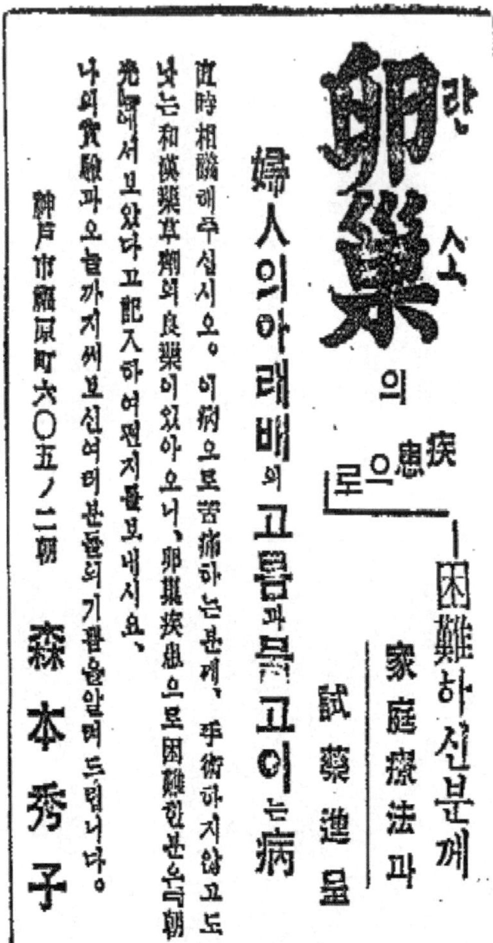

8-12 난소 질환으로 부인의 애랫배에 고름과 물고이는 병

8-13 메구미노다마(惠乃玉), 귀명당본가(貴命堂本家)
-월경불순(月経不順)과 자궁병(子宮病) 그리고 두통(頭痛) 등에 좋다고 선전

婦人疾患
効力最高의婦人藥
前記諸疾患의治療에 十數年來諸外國의 婦人間에까지 實로굉장한 評判으로 數多한婦人藥中、最古의歷史와信賴를갖은、一步進步된婦人藥「複方・惠乃玉」는女性으로문 其他의增配에成功하고 今回다시 製法・配劑・包裝・補助藥充塡式添付等：：最新獨創科學的進步를完成하고、唯一의 近代女性生理藥으로서 實로優秀한治療効果를發揮합니다。
新發賣品「複方・惠乃玉」는 한번使用하여 一週間有效、누구나먹지않는 것이여서 使用法簡易、爽快、疼痛、帶下物、腫氣、足腰의冷症等의諸症狀을去하고 美容을整하여 實로健康美빛나는 潑溂한幸福한生活로다시돌아갑니다 더욱永年에기를못얻는분도 惠乃玉의婦人疾患根本的治療에依하여 훌륭히그不姙의原因을解消하고 幸福한家庭을싸울수있게됩니다 藥價도低廉！ 新發賣品「複方・惠乃玉」과 試驗해보십시요。
子宮內膜炎、月經時疼痛不順、白帶下、帶下物、下腹腰痛당기는데 足腰冷症 子宮實質炎 膣口炎、膣瘙痒、産後의膣部疼痛、라팔管炎、卵巢炎、其他婦人科諸症
(全國藥店에有함)
藥價
五週間分……一圓八十錢
十週間分……三圓五十錢
廿週間分……六圓五十錢
直接御註文의時는 左記本社宛振替 또는爲替로 切手同封等便宜의方法으로御註文하여주시요。
本社
東京井之頭公園南通り
貴命堂藥株式會社
婦人相談奉仕部
振替東京……一七七番
電話吉祥寺…八番
支店…大阪・京城・奉天
新發賣
一步進步한婦人藥
複方
惠乃玉
메 이 다 마

8-14 혜잉옥(惠乃玉)

8-15 삼성조혈정(三省調血精), 삼성제약소(三省製藥所) -불임, 월경불순, 자궁,수족 냉증 등등

8-16 삼성조혈정(三省調血精)-냉병있으면 아이를 못낳습니다.

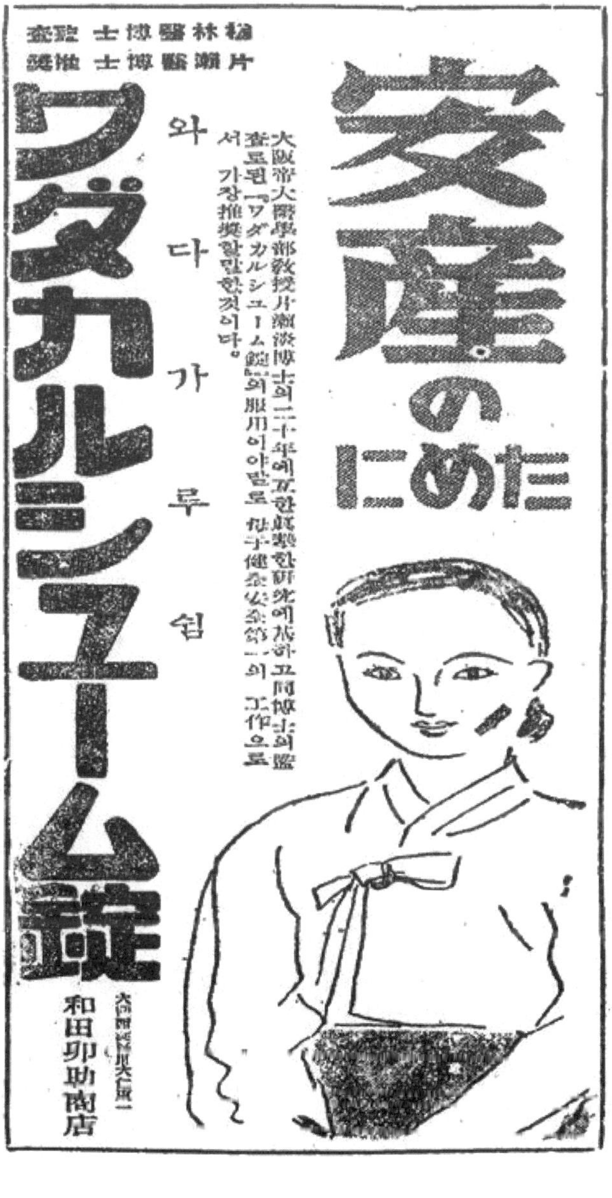

8-17 와가다가루쉼(ワダガルシユーム)

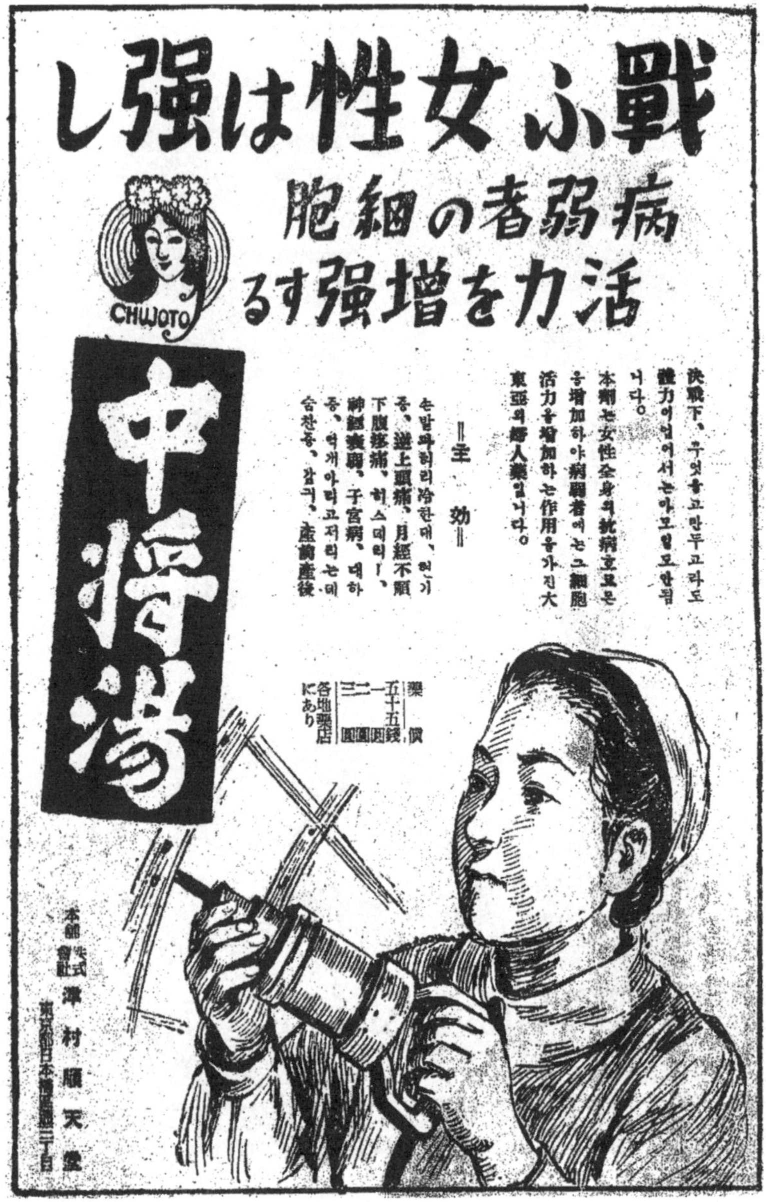

8-18 중장탕(中將湯) 부인 체력보강

8-19 중장탕(中將湯)-혈액순환

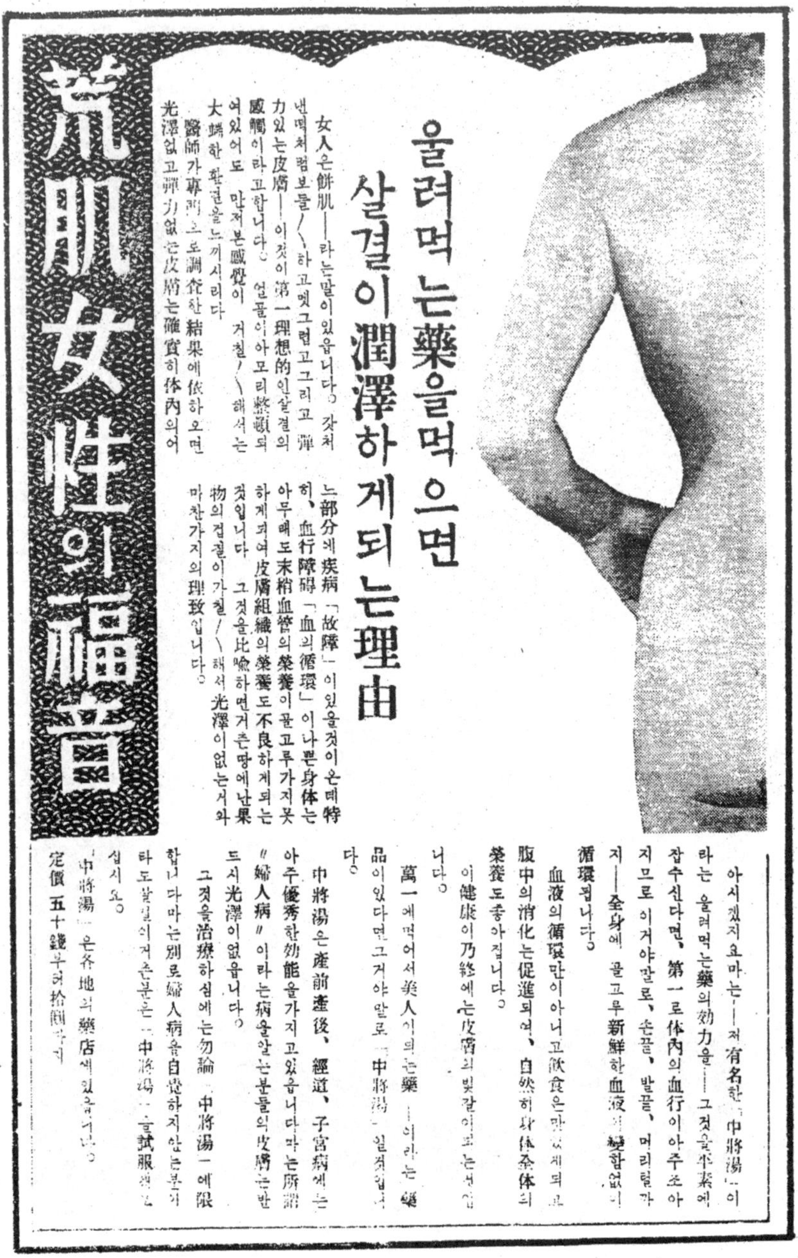

8-20 중장탕(中將湯)-살결윤택

8-21 중장탕(中將湯)-신진대사원활

家庭醫學
婦人疾患에
正當한療養의道
東洋人에게는傳統잇는
東洋藥이좋다!
支那事變以來、急據히 西洋崇拜의 꿈에서 깨게된것은 기뻐한 現象입니다마는、그中에는 藥의智識이 여튼 젊은사람가운데는 무었이던지 歐米化된것을 질겨하고、日本古來로부터의 湯藥은 舊式인듯이 생각하는분이 잇읍니다。
江南의 橘도 이것을 江北으로 옮겨노면 枳가된다는 譬喩도 잇는거와가치 氣候風土가따르면 가튼나무라도 變化합니다。
人間도 그와같어서 日本人과 歐米人과는 오래동안의 環境習性、食物等이 다르며、따라서 体質도 다르므로 西洋人에게 좋은것이 반드시 東洋人에게 좋다고는 말할수없읍니다。
東洋人의 体質에는 歐化된것보다는 湯藥이 適合한것은 옛부터 体驗하여온 事實입니다。이것에는 決코 中毒이나 副作用이없으며 病을核芯에서부터 고치는힘이 確實합니다。이代表的인것이 저有名한 婦人藥 中將湯입니다。
中將湯은 가튼原料에서 錠劑나 粉劑로 製造하기는 極히簡單한일이나、앨써 그것으로 맨들지않이하믄 그렇게 맨들면 現在의 優秀한効果가 半減하는까닭입니다。
即中將湯은 和漢藥이 가진優良한成分의 모든것을 잃지않도록 現形대로 特種乾燥法으로 眞價를 保全하야 服用할때에 熱湯을 붓는것으로써 비로서 藥에 含有된 有效成分이 身体에가장 吸收되기쉬운 狀態로 풀려나오도록 맨든것입니다。그러므로 이것을잡수시면 成分이곳 胃腸을 通하여 全身에 血管을 따러퍼저서、月經은 고르게되고 婦人病은 나어서、核芯에서 튼튼한 몸이됩니다。
누구시던지 婦人病을잊고 여름을 타지않도록 아모쪼록 中將湯을 服用하십시요。
歷史에빛나는
中將湯
眞理는 어느 때 世上에나 不滅함과 가치、眞價잇는것은 永遠性을 가진다。
主効
逆上頭痛
眩暈
月經不順
下腹痛
足腰冷症
히스테리ー
神經衰弱
子宮病
腰痛
肩臂痛麻痺
숨찬데感氣
産前産後
(價)
¥.55
1.00
2.00
3.00
5.00
10.00
各地藥店에有함
本舖 株式會社 津村順天堂
本店 東京市日本橋區通三丁目 電話日本橋六二 振替東京六〇八
支店 大阪市南區長堀橋筋一丁目 電話南二五 振替大阪四五六

8-22 중장탕(中將湯)

0-23 중장탕(中將湯)-부인환약

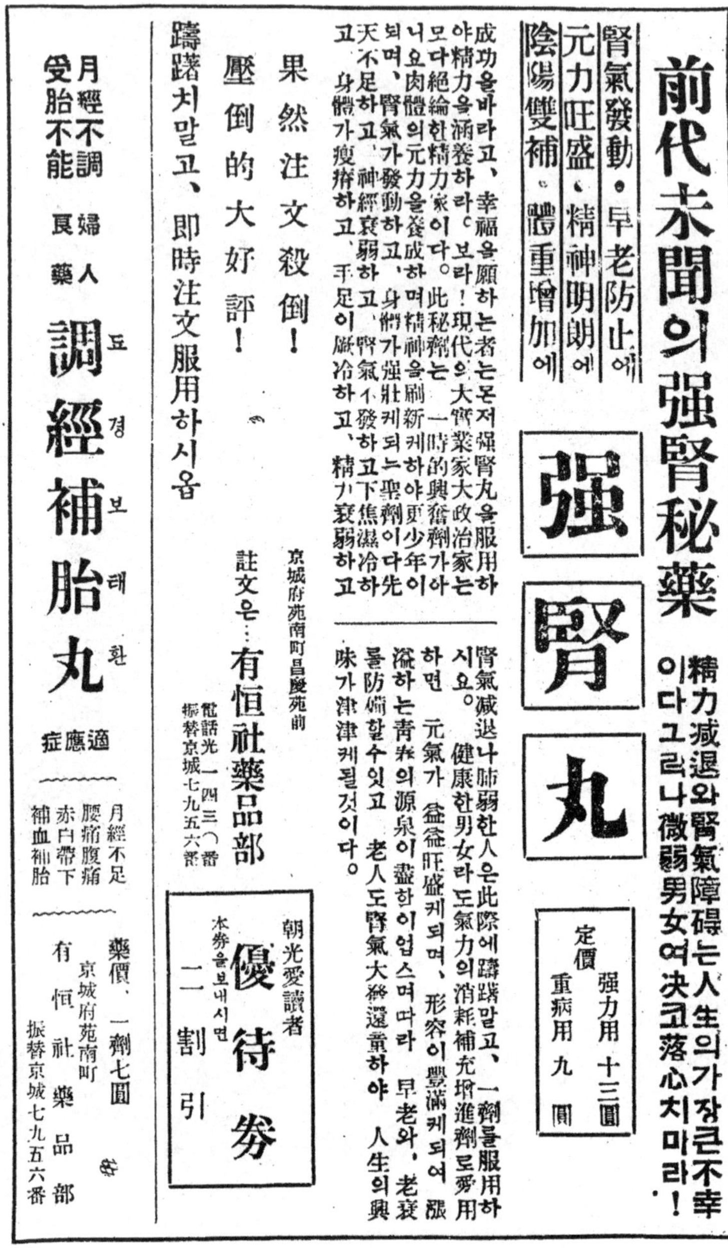

8-24 됴경보태환 月經不調, 受胎不能

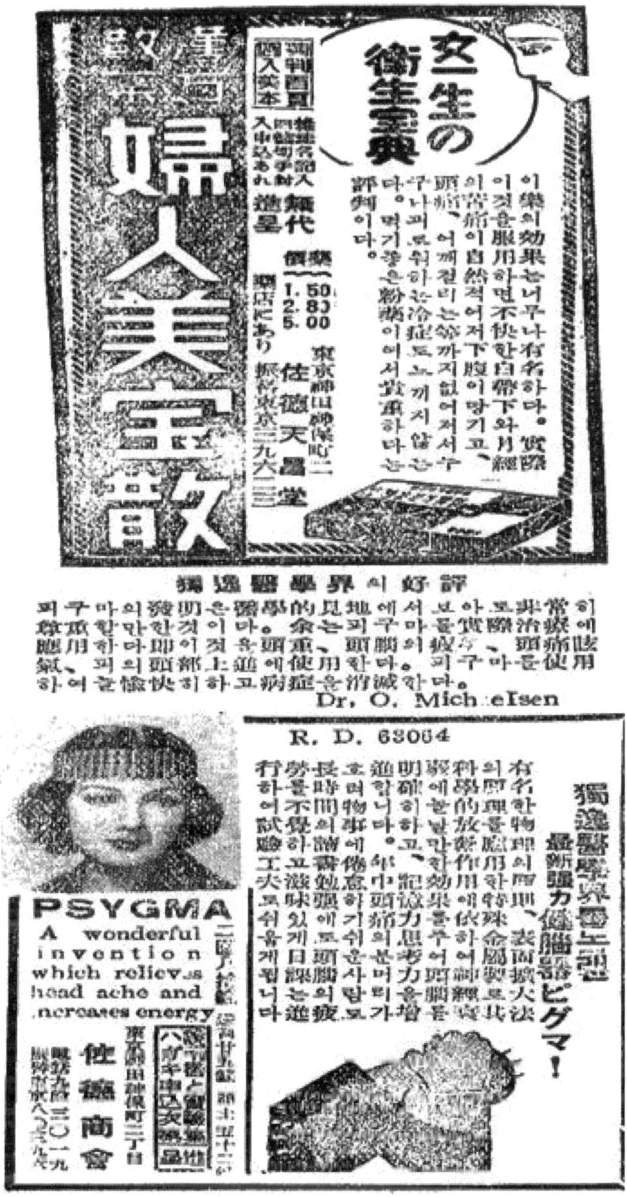

8-25 婦人美宝散, 피구마

8-26 미신환(美神丸) - 부인병의 진보 치료약

8-27 중장탕 - 총후여성의 무기는 건강

夏節에 많은 胃腸障碍

醫學博士 岡 部 卓

여름이되여 차츰 더워가 甚해가면 여러가지 胃腸障害가 이러나기 쉬운데 이것은 우리의 體力을 維持하는데 가장큰 役割를하는 胃腸이 季節의 變化에따라 直接 影響을 받는까닭입니다。그 胃腸障害中에도 가장 흔하고 甚한것이 泄瀉、嘔吐、復痛같은 症狀으로 나타나는 胃腸가다루입니다。

이胃腸가다루의 發病率을 四季로 가려보면 春夏秋冬의節季中 여름이 가장 많이 그首位를 차지하고있는데 여름에는 더욱이 氣溫이 높은까닭에 飮食物이 腐敗하기가쉬워 新鮮치못한 飮食을 먹게되는 까닭도있고 또는 우리들 一般의 榮養狀態가 더워、其他로 말미아마 前月에比해 低下되고있어 갑자기 기름진 飮食이나 量에겨운 暴飮暴食을 한다든가 過度히 冷하게나 熱한飮食 또는 未熟한 實果같은것을 먹게되면 곧 胃腸가다루를 이르키게 되는것입니다。

그 症 狀

이胃腸가다루에 걸리면 첫째 입안이 타고 목이 마르며 백태가 앉고 食慾이 떨어져 口味를 잃게됩니다。그리고 뱃속이 듬부룩하고 腹痛이나며 입안에 냄새가나고 小便이 줄고 또는 眩氣、頭痛、發熱、나른한 全身倦怠를 이르킵니다。

大槪胃腸가다루는 胃와腸에 同時에 가다루를 이르키는것입니다만 腸가다루인 境遇에는 眩氣、頭痛、腹痛、發熱等이甚한데 그特徵은 泄瀉입니다。이것이 甚한때에는 下血을 하게도되는데 그러나 泄瀉가 있다고해서 곧 腸加答兒는아닙니다。무엇에 크게 激動을 한다든가 極度로 不安을 느낄때 神經的으로 이러나는 泄瀉도있고 感氣가 들었을때 反射的으로 이러나는수도있어 이點 注意가 必要합니다。

그 治療法

이病에 걸렸을때에는 먼저 뱃속에든

9-1 岡部卓, 夏節에 많은 胃腸病 비타민 D

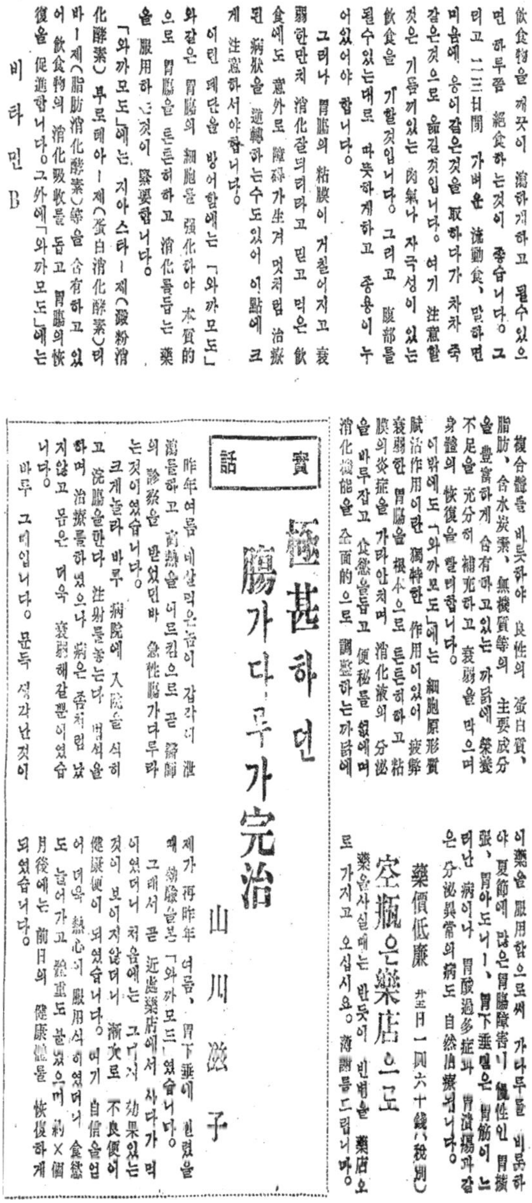

飮食物을 깨끗이 濾하게하고 될수있으면 하루쯤 絶食하는것이 좋습니다。그리고 二三日間 가벼운 流動食、말하면 미음에 응이같은것을 取하다가 차차 죽같은것으로 옮길것입니다。여기 注意할것은 기름기있는 肉類나 자극성이 있는 飮食을 끊을것입니다。그리고 腹部를 될수있는대로 따뜻하게하고 종용이 누어있어야 합니다。

그러나 胃腸의 粘膜이 거칠어지고 衰弱한만치 消化잘되리라고 믿고 먹은 飮食에도 意外로 障碍가生겨 멋처럼 治療된 病狀을 逆轉하는수도있어 이點에 크게 注意하서야합니다。

이런 폐단을 방어함에는 「와까모도」와같은 胃腸의 細胞를 强化하야 本質的으로 胃腸을 튼튼히하고 消化를돕는 藥을 服用하는것이 緊要합니다。

「와까모도」에는 지아스타ー제(澱粉消化酵素) 부로테아ー제(蛋白消化酵素)리바ー제(脂肪消化酵素)等을 含有하고 있어 飮食物의 消化吸收를 돕고 胃腸의恢復을 促進합니다。그外에「와까모도」에는

비 타 민 B

複合體를 바롯하야 良性의 蛋白質、脂肪、含水炭素、無機質等의 主要成分을 豊富하게 含有하고있는 까닭에 榮養不足을 充分히 補充하고 衰弱을 막으며 身體의 恢復을 빨리합니다。

이밖에도 「와까모도」에는 細胞原形質賦活作用이란 獨特한 作用이있어 疲弊衰弱한 胃腸을 根本으로 튼튼히하고 粘膜의炎症을 가라안치며 消化液의 分泌을 바루잡고 食慾을돕고 便秘를 없에며 消化機能을 全面的으로 調整하는까닭에 이藥을 服用함으로써 가다루를 비롯하야 夏節에 많은胃腸障害ㅣ 慢性인 胃擴張、胃아도니ㅡ、胃下垂같은 胃筋이 느러난 病이나 胃酸過多症과 胃潰瘍과같은 分泌異常의病도 自然治療됩니다。

藥價低廉 卄五日 一圓六十錢(稅別)

空瓶은藥店으로

藥을사실때는 반듯이 빈병을 藥店으로 가지고 오십시요。薄謝를드립니다。

實話

極甚하던 腸가다루가完治

山川滋子

昨年여름 네살먹은놈이 갑자기 泄瀉를하고 高熱을 이르킴으로 곧 醫師의 診察을 받었던바 急性腸가다루라는것이였습니다。

크게놀라 바루 病院에 入院을 식히고 浣腸을한다 注射를놓는다 법석을하며 治療를하였으나 病은 좀처럼 낫지않고 몸은 더욱 衰弱해갈뿐이였습니다。

바루 그때입니다。문득 생각난것이 제가 再昨年 여름、胃下垂에 걸렸을때 効驗을본「와까모도」였습니다。

그래서 곧 近處藥店에서 사다가 먹이였더니 처음에는 그다지 効果있는것이 보이지않더니 漸次로 不良便이 健康便이 되였습니다。여기 自信을얻어 더욱 熱心이 服用식히였더니 食慾도 늘어가고 體重도 붙었으며 約×個月後에는 前日의 健康體를 恢復하게 되였습니다。

9-1 岡部卓, 夏節에 많은 胃腸病 비타민 D

9-2 오오곤리온(オオゴンリオン)-オオゴンリオン 一粒中의 비타민 A는 鷄卵十五個·牛乳三升과 같음. 活動하는사람의 强壯精力劑 精力을 充實케하고 細胞를 賦活하는 작용.

비타민B의不足으로일어나는
慢性胃腸病의根本治療法
三消化酵素의協力과細胞賦活作用의効力

醫學博士 岡部卓

V・B減少症이란

만것은過食하면、胃가납버전다할은、혼히말합니다만、비타민이不足하면、胃腸이弱해진다는事實을 아주도 몰오시는분이많음은 大端遺憾스런일입니다。

비타민의硏究는 오늘날 매우進步되어 B_2로서B_7까지類別되고 그中에도B_2는 마시數種의要素로서 合成되고있음이明白히되었습니다。

이것을總稱하여 비타민B_2複合體라고 합니다만 그中人體에있어 가장關係가깊은것은B_1과B_2입니다。

脚氣가비타민B의不足으로 일어나는 것은 이미누구나아시는바이지만 그것은 B_1이不足한때입니다。그러므로B_1을抗脚氣비타민이라고 부릅니다만 그끼치는影響은 單只脚氣만이아니고 全身의健康에도重大한役割을가지고있습니다。그中에도胃腸은곳障碍를받어、食慾不振 消化不良을일오키고 泄瀉라든가 便秘가있게됩니다。

마음으로 胃筋이늘어지고 消化液의分泌는고치고 頑固한胃腸障碍에따집니다 따라서全身은 倦怠를느끼고 無氣力하여 病菌에對한抵抗力을잃게됩니다 이것을 B_1缺乏症이라합니다。

慢性胃腸病의眞因

또비타민B_2가體內에不足하면 胃酸이 缺乏하여 食慾不振이되고 胃는항시답답하고 惡性의泄瀉를일으킵니다 다시貧血 不眠이생기고 氣分은憂鬱하며 차츰全身이야위며 恰似結核患者같이 衰弱해따집니다。

이비타민B_2는成長을促進하고 老衰를 막는비타민임으로 發育이 旺盛한兒童이라든가 壯年이넘은분에게는 特히必要한 營養素입니다。또는酒 煙草 砂糖의 害를막는 優秀한効力이있음으로 飮酒家喫煙家甘黨에는 缺할수없는 成分입니다。

이러케B_1과B_2는어느것이不足하여도、胃腸의障碍를일오키고、全身의健康을害

9-3 岡部卓-비타민 B의 不足으로 일어나는 慢性胃病의 根本治療法 三消-化 酵素의協力과 細胞賦活作用의 效果 와카노토 정.

하는것입니다. 그러므로 俗稱 胃弱이라고하는 胃아도니ㅣ라든가 胃下垂를비롯하여여러가지 慢性胃腸病은 食事의不攝生과運動不足으로서 일어난다고 하는것보담비타민B의不足으로서 生긴다는편이 훨신根本的이라고할수있습니다.

까다로운食養生

이러케 飮食에注意하고 좋은것消化잘될것만을 그것조차조곰식먹고 極力養生함에도不拘하고 좀처럼배속이편하여지지않는다고 或은 보좋다는藥이라든가 療法은이것저것다 써보아도 効驗이없다ㅣ라고 慢性胃腸病의難治함을 嘆하는분이 世上에는적지안습니다.

이러한분은 비타민B의 問題를生覺하여보신일이있습니까! 비타민B가體內에不足하고있어서는 다른養生을 아무리잘實行하여도 効果를보기어려움을 아시는지! 萬一몰으셨다면 하로라도 빨리 비타민B의多量攝取를하시고 無力해진消化機能을恢復식히지않으면안됩니다.

V・B의豊富給源

그러면 어떻게하여 비타민B를 充分히補給하면좋은가! 元來 우리들의主食物에는 비타민B의含有가 적은데 그것을 끄리고 調理함에의해서 副食物中의비타민도 大部分잃게됨으로 實際의攝取量은微微한것이되고 日常의食事로이것을充分히 補給함이 어려운遺憾이있습니다 그래서어째도 다른 適當한方法을選擇하지않으면 안됩니다만 그러한要望에가장適合하고 또 人體의保健과治病에多大한効果를發揮하는 理想的家庭藥이 아스페루藥樹複合酵母劑로서有名한「와까모도」입니다.

組織細胞부터賦活

「와까모도」는 市販에있난 麥酒酵母劑와는 全然性質이다른것이며 完備한東洋一의設備下에 獨特의特許製法에의해서 처음부터 醫藥用을目的으로 純粹히培養한强力酵母劑임으로 主成分의 비타민B複合體의質量은天然給源中第一이라고합니다.

「와까모도」는 單純히비타민B 複合體를豊富히含有할뿐만아니라 胃腸을强하게하고 消化作用을活潑히하는 澱粉、消化酵素、蛋白消化酵素、脂肪消化酵素의三大消化酵素를비롯하여 아미노酸 누구레인 구루타지온等의貴重榮養素를 各種多量으로 網羅하여含有하고있습니다.

이러한 貴重諸榮養素의 綜合協力으로있게되는 細胞原形質賦活作用에의해서 疲弊衰弱한 胃腸組織細胞의實質에 活力을주게됨으로、胃腸의消化機能은 根本으로부터 全面的更生을하게되며 疾病異常도 根源으로부터除하여집니다.

따라서、不振하던食慾은 용솟음치듯 旺盛하게되고 消化吸收도活潑히되고 便通도고르게있게되어 不治갈이여겨지던 慢性諸症도제절로 輕快히되고맙니다.

「와까모도」는 二十五日分一圓六十錢 八十三日分五圓(地方에따라서協定價로販賣함)으로 全鮮各有名藥店에있습니다만 品切時난 京城府蓮建町一九五番地와까모도 本舖朝鮮營業所(振替京城一〇七三八番)에서 地方注文에는 送料負擔로 한甁이라도 急送하여드립니다.

9-3 岡部卓-비타민 B의 不足으로 일어나는 慢性胃病의 根本治療法 三消-化 酵素의協力과 細胞賦活作用의 効果 와카모토 정.

9-4 에비스오(エビオス: Ebios)錠-맥주효무로 만든 소화 영약제로 비타민B가 다량 함유되어 있다.

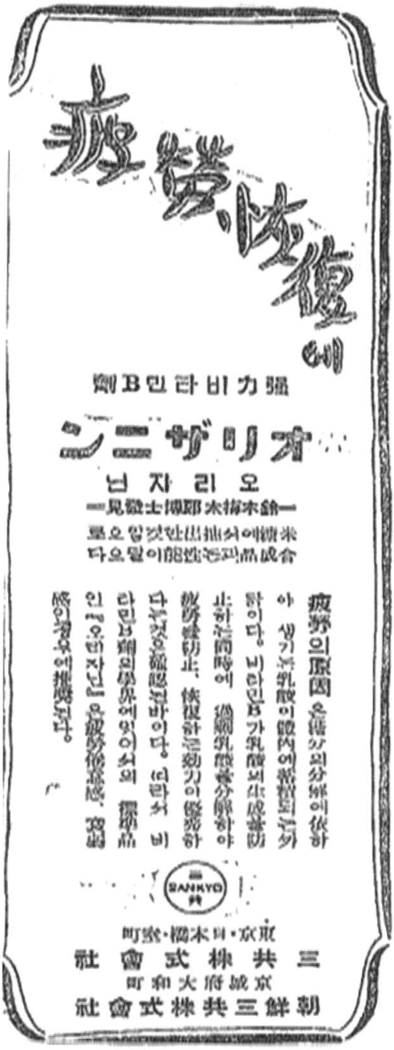

9-5 오리자닌(オリザニン)-오리사닌 (商標名しょうひょうめい,oryzanine)은 염산티아민, 즉 비타민 B의 약전명. 1910년에 일본의 스즈키가 쌀겨 속에서 발견한 성분으로 벼의 라틴어 oryza를 본 떠서 오리자닌이라고 명명했다. 강력비타민제라고 선전하라고 있나.

9-6 理研 비타민 球-榮養만 充實하면 恒常健康

10. 소화제

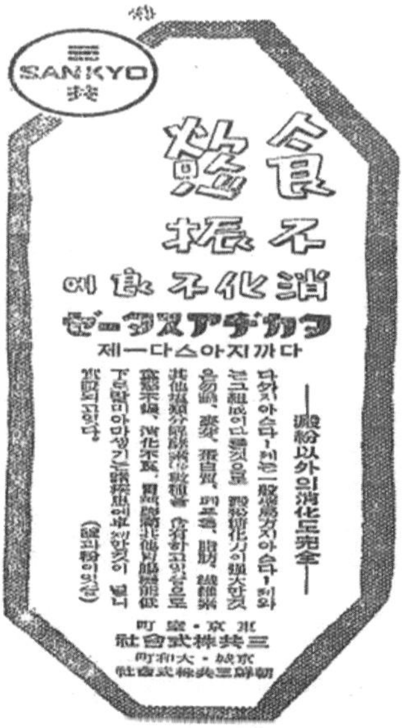

10-1 다끼지아스다제(タカヂアスターゼ) - 食慾不振, 消化不良에 タカヂアスターゼ 三共株式會社

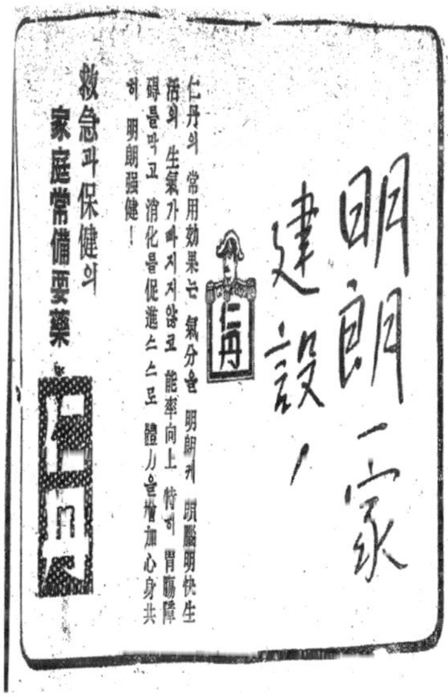

10-2 인단-明朗一家建設

10-3 에비오스錠(エビオス Ebios) 맥주효모로만든 소화제이다.
近代的인 鬪病法 病弱體에는エビオス錠

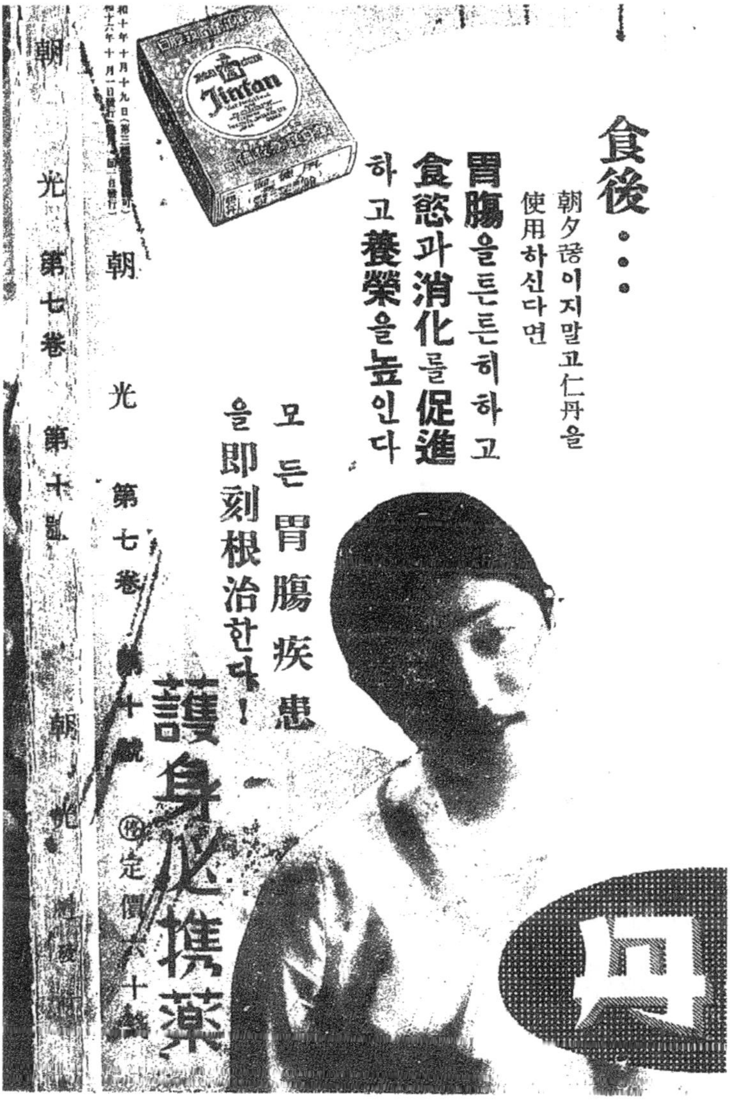

10-4 인단 食後 朝夕끊이지 말고 仁丹을 使用하시다면 僞裝을 튼튼히하고 食慾과 消化를 促進하고養榮을 높인다.

10-5 인단(仁丹)

10-6 胃腸强化疲勞恢復 - 仁丹

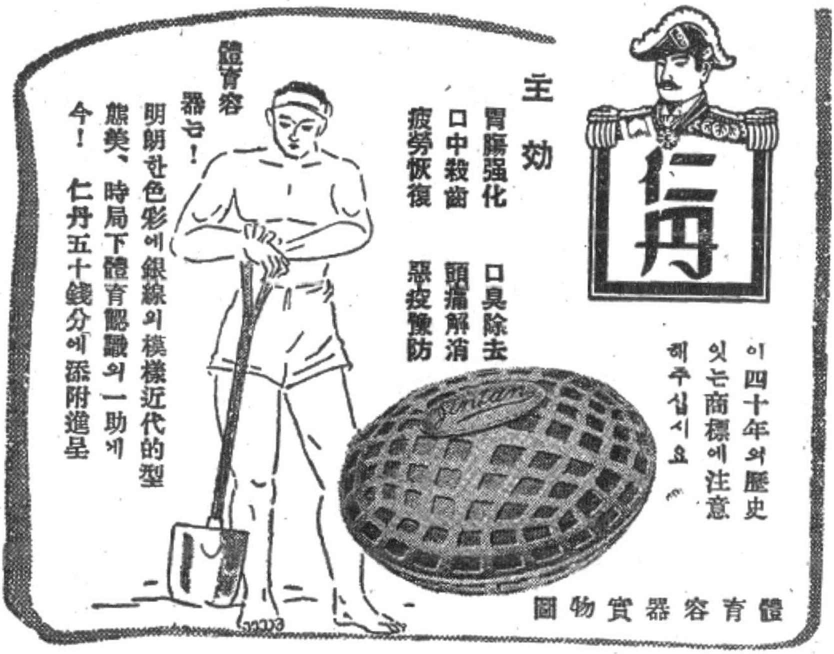

10 7 銀粒 仁丹-昭和의 常識, 消化와解消 仁丹-仁丹이 十四年 의 歷史 잇는 商標에 注意해 주십시요 體育容器實物圖

10-8 활명수(活命水)-氣分不快, 醉後에 起死回生 救急胃腸藥 活命水. 30, 50, 1.00, 3.00 円.
한국 최초 브랜드는 일제강점기 동화약품이 만든 부채표 활명수(活命水)다.
'목숨을 살리는 물'이라는 의미다.

11. 신경통

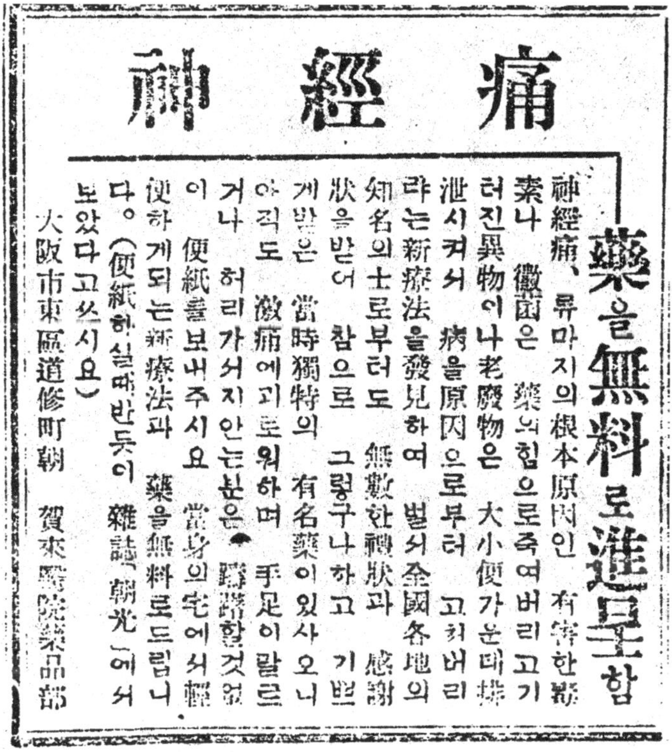

11-1 신경병(神經病)-藥을 無料로 드립니다. 편지에 반드시 잡지 『조광』에서 보았다는 말을 쓸 때만 무료라는 단서조항이 있다.

11-2 사로메지-루(サ ロ メ チ-ル)-아픈 곳에 바르면 낫는 サ ロ メ チ-ル 신경통, 담, 두통, 치통, 삐인데 가려운 곳.

12. 암내

39(2)295

12-1 다모라(ダモラ: Damola) 암내와 땀을 방지하는 ダモラ다모라

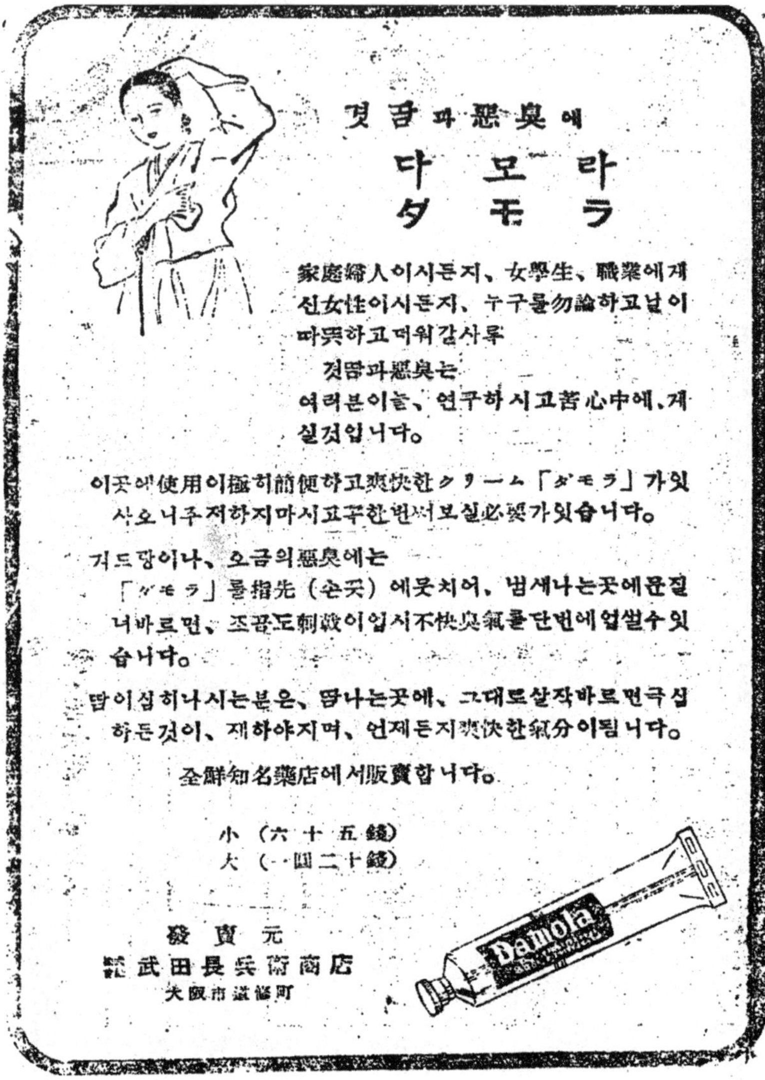

12-2 다모라(ダモラ)-겻땀 惡臭에 ダモラ

12-3 겻내 치료(辨天治療院)-家庭에서손쉽게고치시요

宴會에서過飮하야胃腸病에

(京都市下京區 錠田町) 淸野良二

나는二十五歲頃、新年宴會에서 술맛을알고 數年經過해서는 堂堂한 一個酒客이되엿읍니다 그런데 어떤宴會席上에서 勸하는대로 술잔을거듭하엿드니 그後로胃腸이

아주나뻐저서

食欲은 衰退되고 身體가 고단해서 도모지 元氣가 없이되엿읍니다

그래서 어떤友人의 勸告대로 某胃腸藥을 服用하엿읍니다마는 조금도差効가없고 점점 食欲이없어지고 따라서 衰弱해저읍니다

그때문에 不得已會社의 缺勤까지하게되여 晝夜괴로워하고 잇섯읍니다 그때에어떤 友人이 問病오면서 사다준「錠劑わかもと」를 服用해보앗읍니다 이때까지寶藥이라는 寶藥은 다써 보고 高價한 藥까지 굉장히 써보아도 아무 効果없는데「錠劑わかもと」같은 이런 헐한藥으로 効力이잇을까하고 몇번이나 疑心까지 해보앗읍니다 그런데 服用하는 동안에 食欲이나고 空腹을 느끼게 되엿읍니다 그래서다시 繼續해서 服用하는동안에 그런게 慢性症이든 胃腸病이 異常하게도 씻은듯이 잇게되엿읍니다。

食欲은 차차늘고 顔色은 점점 좋아섯읍니다 八ヶ月連用한 結果 元氣는以前과 다름없이되고 자주 缺勤하든 會社에도「錠劑わかもと」의 元氣로 勤務되엿으며 同僚들이 異常히 생각할만치 明朗하게되엿읍니다「錠劑わかもと」를 服用하나 終日토록 氣分이좋고 일이생각대로 잘되고 疲勞를모르게 되엿읍니다 또 感氣에 걸리기쉽든내가「錠劑わかもと」를服用하게 된뒤로는 感氣에까지 안걸리게되엿읍니다 또 體重도 늘엇읍니다 그後 저는 오늘날까지 아주「錠劑わかもと」를 하로도없이 해본적은없읍니다 일의 能率이 높아지는것만으로도 큰利得입니다。

僻村에서濕性肋膜炎에걸려

(秋田縣河邊郡 岩見三內村) 田部治雄

저는 昭和十年秋節부터 樺太敷香町에있는 日本人絹パルプ株式會社의 古頓山林部에勤務하고잇엇사온데 이듬해 二月頃부터 感氣氣味로 飮食의 맛을모르고 마음대로 일도할수없게되엿읍니다 四 五日이되여 醫師의 診察을 받으니 左濕性肋膜炎이라고 해서 醫師指導下에 療養하고 있엇읍니다 四十五日쯤 經過하니 거의 났게되여 秋田縣의 故鄕으로 도라와서 靜養하기로하엿읍니다。

故鄕에서는 自然 療養에힘쓰고 잇엇읍니다마는 五月頃 그洞里에 石川藥局에肋膜炎에 좋은 藥은 없느냐고 問議하엿드니 良藥은 이것이라고 내여주는것이「錠

13-1 정제 와까모토錠

229 —廣告— ... 廣—

錠わかもと」의 三百錠入이엿읍니다 이에 저는 大端히 기뻐하고 卽時服用하기 始作하엿읍니다 服用하는 동안에 腹中이아주편하고 便通도 一日 一回 規則的으로 이게되고 顯著히 身體가 輕快하게된듯한 氣分이 나옵니다。또 좀처럼 잠이잘오지 않든것도 服用하는동안에 卽잠이들게 되여 밤중에 잠이깨이는 일이적게 되엿읍니다。

그리고 寢汗이 조금도 나지않게 되고 血色도 非常히좋아졌읍니다 僅僅 X个月餘의 服用으로 이렇게 좋은 結果를 얻으리라는건

꿈에도생각지못했읍니다

마는 事實은 以上같엿읍니다 體驗者만이아는 眞心에서 우러나오는 거즛없는歡喜를 가지고 感謝드리는 바입니다。

大腸가다루로무척衰弱해진老母

(愛知縣東春日井郡水野村) 山崎平助

昨年八月 母親이 아이스각렘의 中毒이 原因으로 急 大腸 가다루에 걸려 거의 한달동안 泄瀉와 腹痛이 連續해서 불모 없이 衰弱해졌一 며욱이 藥은 조금도 받들않어서 어쩔줄 모르고 잇엇읍니다 差效없는 母親의 病患으로 저는 얼마나 憂鬱한 날을 보내엿는지 모릅니다 窮極에 이르던 神에게 祈하듯이 저는 다만 神에게 新願할 이엇읍니다。

그러는 동안 神의 德澤이온지 醫師의 治療가 適切함인지 發病後 四十日 만에 腹痛이 없어지고 便의 回數도 減少되여 겨우 安心하게 될때의 기쁨은 말할수없엇읍니다 그러나 老齡인 때문이엿든지 겨우 差效가 잇엇을뿐으로 每日 同一한 症候를 繼續하고 잇엇읍니다 食慾도 全혀없고 이때가막 한고비 라고 할때에얼마나 얼점초절 하였겠읍니까

그때에 생각난것이 인제인가 保健講習會에서들은 佐伯博士의 單位式食事法과 醉母劑에 對한것이엿읍니다 醉母劑는 가장安價인「錠劑わかもと」를 選擇해서 療法을 實行하는동안에 배가끓는 증세와食困症이 없어지고 食慾이나서 밥이 맛있게되고 또 便通도 좋아지게 되엿읍니다 몸이 이만치 整頓되여 왓으므로 肝油를 倂用하엿읍니다。

從來잘못하면 肝油는 胃腸에 害롭다고하엿읍니다 마는「錠劑わかもと」를 倂用하야 缺陷을 없이 할수잇음을 알엇읍니다。

이렇게 해서 온전히

元氣를回復하였음으로

胃腸藥은 거십초 만인줄 알엇다가 비로소 科學的榮養劑 效力을 알고「錠劑わかもと」의 讚美者가되엿읍니다。

이번正月에는 雜菜를 잡수시면서「錠劑わかもと」의 德分이라고하고 當眼에ㄴ물을 먹음엇읍니다 그리고 近日에는 病前에보다도 眼精이좋아젓다고하면서 眼鏡없이 바누질을합니다。

右의「錠劑わかもと」는 廿五日分一圓六十錢 八十三日分五圓인 一日數錢에 不過한價格으로 東京芝公園 わかもと 本舖榮養と育兒の會(振替東京一七〇〇番)에 頒布하고 朝鮮各地에서도 販賣하고잇읍니다。

13-2 정제 와까모토錠

工場勤勞의 疲勞로 胃腸病이나서 衰弱

(北海道) 谷 村 育 造

小生은小學卒業後 即時旋盤工見習生이되여 今日까지 勞働하고있읍니다 昨年의適齡檢査에도 甲種合格으로 補充에 編入되여 從來와같이 勞働하고 있읍니다마는 昨年以來 일이 아주바빠저 每夜夜業을 繼續하였읍니다 그래서 그疲勞가 翌朝까지恢復되지않고 작구 衰弱이며해가기에 休日마다 各處의

健康保險醫의診察

을받으니 過勞일뿐이고 無病하며 쓰베르크린反應도 極히적다고 하였읍니다

그래서 아버지와 의론한바 이것은運動不足과 榮養의補給不足이아닌가하고 即時榮養에關한 書籍을求해서 調査하여보오니 牛肉、魚肉、시금초、계란、뫼、人參、牛乳、같은 滋養分잇는걸 攝取하라고 하였기에 母親에게 表를만들어드리고 꼿實行하였읍니다 그박게 鮪魚의肝臟을 適當하게 調理해서 먹었읍니다 또아츰出勤前에는 寸暇를利用해서 體操를하고 規則있는生活을 繼續하였읍니다마는 結果는反對로 食欲不振으로되고 또泄瀉도늘나서 도로혀 疲勞가 며해질뿐이였읍니다。

그래서出勤도 변로잘못하게되였는데 집에서쉬고있으면 日光을밧고 淸淨한空氣를 充分히마시는 때문인지 即時元氣가 恢復됩니다. 이에 저는 只今하는일이 不適當한것이 아닌가하고 前途를悲觀한일도 있었읍니다마는 또달리생각해보니 저와같이日光運動의不足에 빠저있는 勞働者가 世上에 얼마나많은지도 모를일이고 皇軍勇士는 過勞와危險을 겁내지않고 戰爭하고있지안는가 나만이 안될理없다고 大勇猛心을 奮起하였읍니다。

한편 新聞과 雜誌의 藥廣告를 注意해서 보고있는동안에 「錠劑わかもと」를 發見하고 아버님께 말삼드렸더니 健康無比한 아버님께서는 萬病의 藥이나 不老不死의藥이 現世에 있을것이냐고 一笑에부처 버렸읍니다。

그런데 마츰 그때에 저의親舊가

元氣넘치게明朗하게

일하고 있는사람이 있었으므로 健康法을물었더니、「錠劑わかもと」를服用하고 있다하기에 당장에사서 먹어보기로 하였읍니다。病이없는데 藥을먹는것도 우수운듯하였읍니다마는 먹고있는동안에 차차로元氣가 回復되며 至今에는 缺勤도 하지않게되였읍니다。또다른 胃腸藥과같이 먹기를中止해보아도 習慣性으로 되는일이없고 兩親에게서도 廣告와같은 效力이있는藥이로구나 果然 世上은 넓다고 말슴하시고 놀나셨읍니다。

또 어머니께서 昨年十一月頃부터 別로自覺症狀은 없었다는데 食欲不振에 빠저 醫師의 診斷을 받으니 조금 胃를害쳤을뿐이고 別로 나뿌데는 없다고、무슨賣藥을 服用한일이 없느냐고 물어서 어머니는 齒痛으로 아스피린을 服用한일이 있다고 對答하였답니다。그러니 醫師는 醫藥을쓰는 한편錠劑わかもと를 服用하면 한층더 效果가 있다고해서 꼿 實行하였든바 얼마안되여 輕快되였읍니다。服用을

13-3 정제 와까모토錠-工場動勞의 疲勞 胃腸病이나 衰弱

菓子製造業으로慢性胃腸病과肺浸潤

(高知) 片山 認

元來저는 菓子製造業에 從事하고 있는故로 職業上 언제든지 단걸 늘 먹게 됩니다 이것이 나뻤든것인지 이처지지도 안는 昭和十一年 二月上旬부터 아랫배가 싹싹 아프게 되고 가슴이 답답해서 괴롭고 아랫배가 부르고 귀가울고 해서 數日식 睡眠을 못하고 지냈읍니다。

그런데 그해 七月頃부터 가슴이 어떤지 갑갑하고 피섞긴 痰이 나게되였읍니다。 그래서 저는 놀랜남어지 某病院에가서 렌드겐으로 診察을 받으니 慢性胃腸病에 上部肺浸潤이 併發되여 있다고 하였읍니다。

그때에 子息을 셋이나 가진나로서 그 놀람는 毒舌로 形言할수 없었읍니다。 몸은 마르고 弱해서 體重도 十二貫 百二十匁로 되였읍니다。

가슴의 뼈를

하나하나세일수

있을만치 마르고 衰弱해졌읍니다。 病院에서 도라와보니 妻는 子息를안고 울고있었읍니다。 왜우느냐고 무르니 子息을 셋이나가진 당신에게 萬一의 경우가 있다면 하고 對答했읍니다。 그때 저는 설레는 가슴을안고 몇번이나 鐵道의線路、橫濱의 岩頭에서서 不吉한일을 생각했읍니다。

눈물의 數ケ月이 지났읍니다。 勿論 그동안에는 여러가지 藥을 먹어보았읍니다마는 그럴뭇한 反應이 없었읍니다。 그러다가 그해年末에 高知新聞에 勸諭하고있는 長兄이 問病을와서 「錠劑わかもと」를 주었읍니다。 그런데 웬일인지 먹는동안에 至今까지 딴딴하게 불러있든 下腹이 물넝 물넝해자고 不順하든 便通이 반드시 하로한번식 있게되였읍니다。 便通이 있게되니 飮食이 아주맛있게 되였는데 그때 家族의 기쁨은 普通이 아니였읍니다。 라듸오體操도 할수있게 되였읍니다

昭和十二年 六月이되니 血痰도 그쳤기에 醫師의診斷을 받으니 肺浸潤은 輕快되였다고 하였읍니다。 그때의 저의 기쁨、卽時 亡父靈前에 謝禮를 올렸읍니다。 그뒤로도 늘먹고 있읍니다마는 只今에는 그렇게도 頑固하든 胃腸病도 깨끗이 解快해서 和氣中에 一家가 질겁게 일하고 있읍니다 體重도 十四貫七百匁로 되였읍니다、

中止하고 있읍니다마는 習慣性으로 되지 않고 大端한 元氣로 지내십니다。

또 醫藥의 妙味를 全然알지못하던 아버지게서도 그동안 泄瀉를 하여서「錠劑わかもと」를 服用하였는데 아주效力이 있었고 그뿐아니라 頭腦가 大端히 明快해졌다고 놀래고있읍니다。 다음에 工夫를 시켜하는 동생에게 먹였더니 每日一時間以上식은 熱心히 工夫하게 되였다고 어머니게서 기뻐하고 있읍니다。

右의 「錠劑わかもと」는 廿日分一圓六十錢、八十三日分五圓이라는 一日數錢에不過하는 廉價로 東京市芝公園 わかもと本舖榮養と育兒の會(振替東京一七〇〇番)에서 頒布하고 全朝鮮藥店에서 販賣하고있읍니다

13-4 정제 와까모토 錠

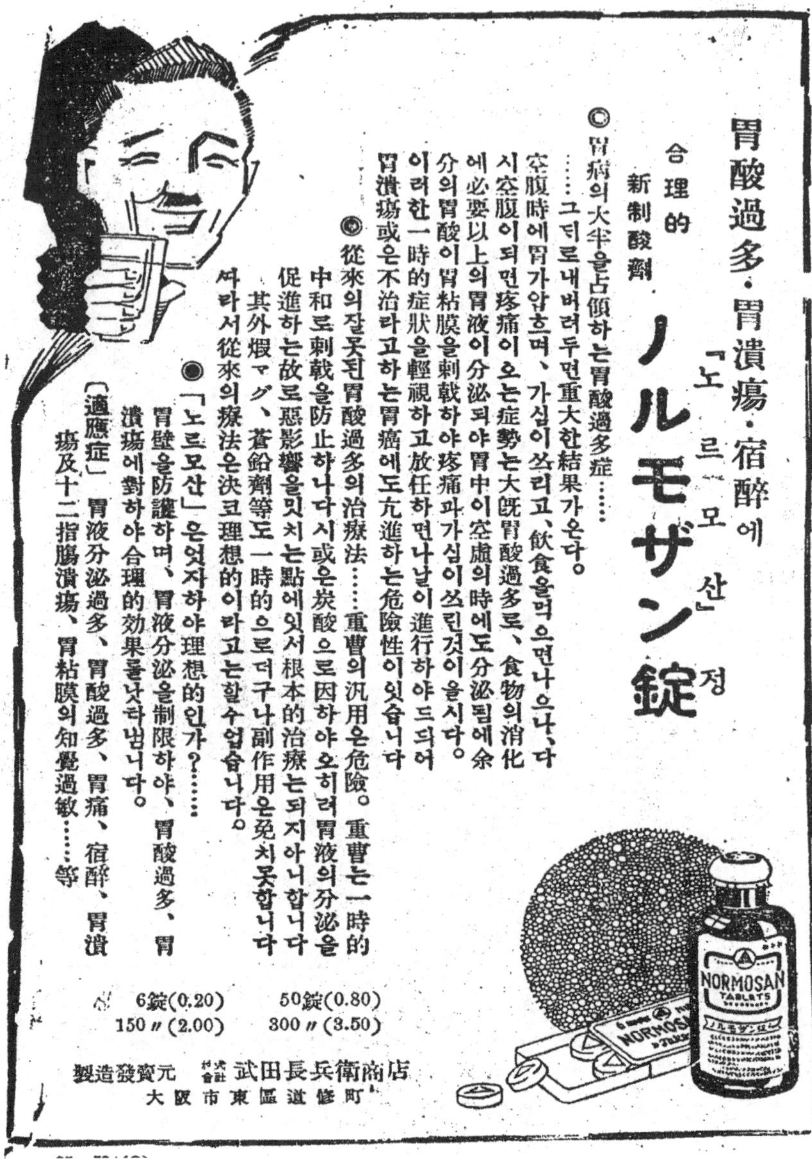

13-5 노루모산(ノルモザン)錠-胃酸過多, 違境瘍, 宿醉에 合理的 ノルモザン錠.

13-6 아루스(アルス)胃腸藥-만성위장병에 アルス胃腸藥(아루스위장약)

13-7 아이후, 만성위장병-순화상회(順和商會)-이런 증상은 만성 위장병

13-8 아이후(アイフ)-慢性胃腸病에는 治療劑 アイフ(아이후)

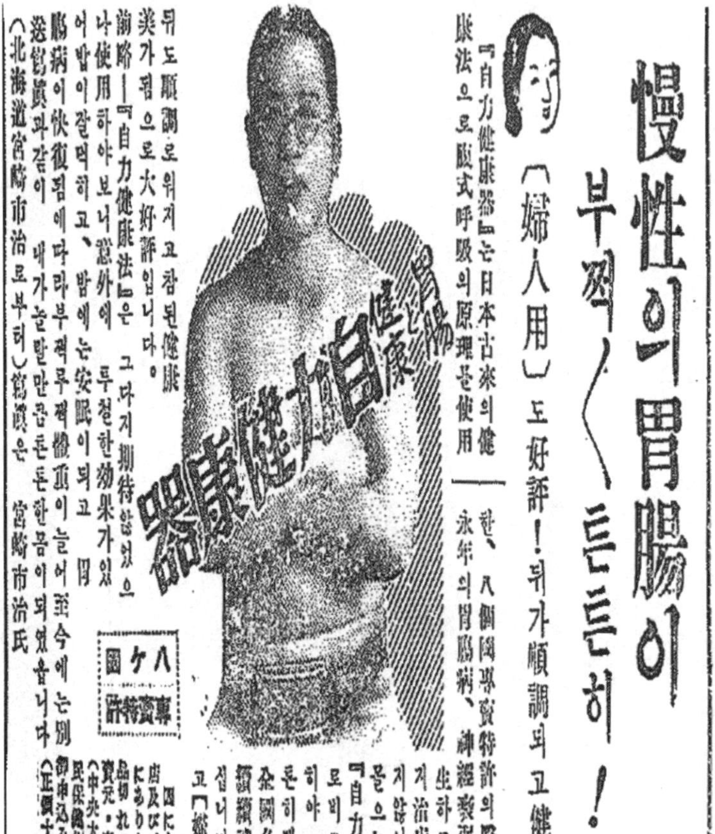

13-9 慢性 胃腸이 부쩍부쩍 튼튼히! (婦人用)胃腸健康 自力健康器

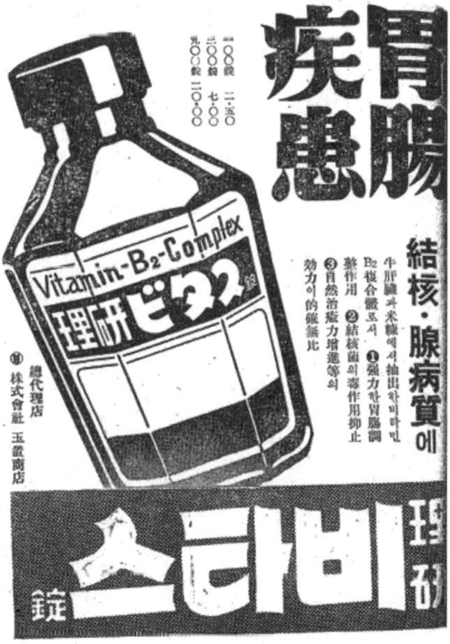

13-10 理研 비타스錠-胃腸病患. 結核, 腺病質에

13-11 胃腸에 エビオス錠-영양제로도 선전되지만 때에 따라 위장병 치료제로도 선전되고 있다.

13-12 여름은 병에 걸리기 쉬우니 먼저 위장을 튼튼히하자

13-13 전승환(戰勝丸)-胃腸, 肺, 肋膜病者에게 戰勝丸

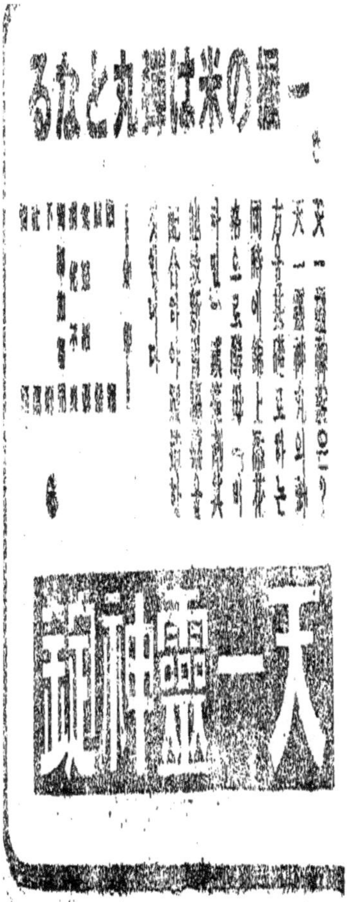

13-14 천일영신정, 天一靈神錠 -急滯, 慣性 胃腸疾患

13-15 후지 위장약, 富士胃腸藥-胃腸病 根治에 效果的確 和韓洋合劑 '富士胃腸藥

胃腸이順調롭게되고
食事가입의달어서健壯해젓다

兵庫縣姬路市 春田重治

저는 某工場에勤務하고잇는사람이온데 이제까지 그다지 病을아러본經驗이없기때문에 元氣를밋고 食事의不攝生、餠菓子類等 아무것이나 가리지않고 間食을繼續하여왓더니 어너틈엔지 極度로胃腸을 弱하게맨드러서 여러가지로 治療를했스나 도무지낫지않고 나날이食慾은減退하고、가슴이어쩐지 답답하고 밤에잠을자지못하는탓인지 머리가흐릿하여 몸은나른하고 무슨일에나곳실症이생겨서 오래繼續하게되므로 困難을받고잇섯습니다。그런데 家の光에 養命酒가胃腸이弱한사람에게 좋다고써있으므로試驗삼아서 끝近處의藥店에서 四圓짜리 德川瓶을사서먹어보왔읍니다。그런즉 참으로놀란것은 愛飮後는不知不識間에食事가입에달고 밤에는푸근이安眠이되여 全혀豫想以上의結果에놀랐읍니다。其後는무엇을먹던지 胃腸으로괴롬을받는일을잊어버리고 퍽健壯하게몸이생기고 以前보다도더욱健康體가되었으므로 지금도빼노치않고 養命酒를愛飮하며 每日元氣잇게活動하고있읍니다。

附記、養命酒는 全國各地의有名藥店、百貨店에서販賣되고있아오니 사시려면 大端이便利합니다。

定價는德川瓶四圓大瓶三圓携帶用一圓五十錢입니다。

13-16 양명수-胃腸이 順調롭게되고 食事가입의달서서 健壯해젓다.

偏食과過勞에서생기는 糖尿病의根元療法

모든內臟疾患을고치는細胞賦活作用

醫學博士 岡部卓

畵 韓弘澤

發病의 緩慢

糖尿病은 尿中에糖分이排出되는病입니다。이病의初期에는 自覺的苦痛의 比較的적으므로 흔이 攝生을게을리하기가쉽고 모르는사이에 病을더처서 여러가지餘病을 併發하며 糖尿病昏睡에빠지면지生命을 잃는사람이 많이있읍니다。

糖尿病은 男女가 다 걸립니다。年齡은 四十歲以上에 많지만은 젊은사람에게도 相當히 發病되며 乳幼兒가 걸리는例도 決코 드믄일이아닙니다。더욱婦人은 更年期에 걸리기쉽고 一般으로젊어서 發病할때는 重症의 傾向이있으니注意할必要가있읍니다。

糖尿病의發病은 極히緩慢하므로 언제생겼는지도 모르는수가 많읍니다。그러므로 다른病의 診察을받다가 偶然히發見되는일이 많이있읍니다。이病의 症狀은 咽喉의 渴症이 劇烈하고 혀가끈적거리며 배가 몹시고프고 단것을먹고싶다。그래서 大食하는데도 不拘하고 榮養分이 糖尿가되어서 排出하는故로 살이되지않고 몸이 漸次로 여위게되고 尿量이많게되고 거품이 많이있으며 一種의臭氣를띠우고 全身이 느른하고 疲勞하기쉬우며 일에滋味를붙이지못합니다。

婦人이면 月經이 不順하게되고 早期에 月經閉止가생겨 姙娠이 어렵게되며 設令姙娠하드라도 早產과流產의 不幸을보게됩니다。

糖尿病이 進行하면 榮養이 極度로障害되고 組織의 抵抗力이 衰弱하는故로 容易하게 黴菌의 侵界을받이서 傳染病에걸리기쉽고 더구나 肺結核을併發하는率은 꽤많다。我國에서는 糖尿病으로쓰러지는過半數는 肺結核을併發해서 죽는것입니다。多幸이 肺結核을免한다하드라도 全身은 漸次로衰退마여 드디여糖尿病昏睡에빠저서 命을마치게되는것입니다。

膵臟이衰弱한나

本來血液中의糖量은 肝臟으로、調節되어 餘分의糖分은「구리꼬ー겐」으로서 肝臟에 蓄積되어서 恒常一定量의 糖分이血液과같이 全身을 돌고있는것입니다。調節作用은 肝臟이 單獨으로하는것이아니고 主掌膵臟에서 分泌하는 호르몬의

一種ㅁ인슈린의 作用에依하는것입니다。

糖尿病은 이膵臟의組織細胞가 衰退하여 「인슈린」分泌의 減退를 일으키므로 肝臟의 調節作用이되지않고 糖分을 그대로 血液에混合하는結果 血液中의 糖分에 過剩을일으켜 餘分의糖分은 腎臟에서 尿에섞여 糖尿가되어서 排泄되는것입니다。

그러므로 生來로膵臟細胞가 弱한분이나 膵臟細胞를弱하게하는 行爲를繼續하면 糖尿病에 걸리게되는것입니다。 膵臟作用을弱하게하는 行爲라는것은 例하자면 大酒、過食、偏食、美食、過勞、熱病、動脈의硬化等입니다。

組織細胞의賦活

이病理로 미루어서 從來하여온「인슈린」注射療法과 含水炭素制限의 食餌療法은 消極的으로 一時的인遺憾이있읍니다。

더욱 含水炭素制限을嚴密히하면 必要榮養이不足하여 全身이衰弱할念慮가있읍니다。 그것보다도 좀더 根本的으로疲弊衰弱한 膵臟의組織細胞에 活力을주어서 減退한「인슈린」分泌機能을 鼓舞하여 分泌를旺盛하게하고 同時에 肝臟의調節作用을正常化하여 根本으로부터 糖尿病을 消散시키는方法을 取하는것이 賢明한일입니다。

이런意味에서「錠劑와까모도」의 服用은 가장適當한 糖尿病治療法으로서 各方面에서 賞用하고있읍니다。 複合藥用酵母菌劑로서 有名한「錠劑와까모도」에는 細胞原形質賦活作用이란 全身의組織細胞를强化하는 獨特한作用이있으므로 右와如한根元治療의要求에 가장適確히 合致하고 衰退한膵臟과 肝臟의機能을 根本的으로强化하므로 「인슈린」分泌도 正常的으로復活하고 糖의調節作用도 고르게되며 따라서 尿中의排糖도멋고 스사로糖尿病은 낫게되는것입니다。

더욱 그우에 所重한것은「錠劑와까모도」에는 비타민複合體를 비롯하여 A、D、E、蛋白質、脂肪、칼슘、燐、鐵、各種消化酵素等의 榮養素를 濃厚豊厚하게 含有하고있으므로 假定食餌療法을 嚴密하게하드라도 이것으로해서 榮養不足에 빠질念慮가 없어집니다。 同時에 또膵臟分泌와같은 「인슈린」도 含有하고있으므로 肝臟의調節機能을도아서 一層治療의 效果를促할수있읍니다。

保健의常備藥

이렇게「錠劑와까모도」는 從來하고있던것과같은 나타난 病狀만을 目的으로하는 單純한 對症療法藥과는 全혀달러서 널리 全身의細胞自體를賦活强化하고 衰弱한 內臟諸器官의更生復活을 圖謀하며 異常과疾患을 根本으로부터 除去하므로 오직 糖尿病뿐이아니라 다른內臟疾患에도 같은效果를거둘수있는것입니다。

即「錠劑와까모도」가 結核과胃腸病의治療에 極히 好成績을내고있는것은 이미世上一般에게 알려진일이지만 그外에도 腎臟炎、脚氣、神經衰弱、貧血症等에服用하여 著效를나타내고있읍니다。

그리고 姙娠時의婦人이 本劑를服用하면 母體의榮養을노피고 產前產後의衰弱과 惡阻를防止하며 母乳의分泌가 잘됩니다。 또乳幼兒에게주면 發育을佳良하게하고 虛弱을防止하며 그무서운消化不良과 榮養不足을防止하는等「錠劑와까모도」의效用은 極히 廣汎하여 今日國民의保健上不可缺의 常備藥이되어있읍니다。

이「와까모도」는 二十五日量一圓六十錢 八十三日量八圓(地方에따라서協定價格으로販賣)으로서全鮮有名藥店에서팝니다。

13-17 와카모토정-偏食과 過勞에서 생기는 糖尿病의 根源治療法

止하고 專혀靜養本位와「錠劑わかもと」로만 나갓더니 漸次로血色이 좋와지고 體重도 增加하여옵니다. 이리하야「錠劑わかもと」服用、〇個月後에는 예전의 健康體로回復하여 다시 元氣잇게 工場門을다니게되엿읍니다。從來六年、繼續하여 땀나기틀에 저즈며 일하고있읍니다마는 몸은나무랄지도않고、이미 [illegible]와 健康實을 [illegible]하였읍니다。

慢性胃腸病에 神經衰弱을併發

(岡山市花畑町) 三浦 順

저는 強健한몸을자랑하면서 오래동안勞務에 從事하고있엇더니 아시다시피 [illegible] 서[illegible]이原因으로 드디어 胃腸을해나게하엿읍니다。명치끝을누르면 뭉뭉하고 不快한소리가나며 [illegible]에는 日常[illegible]이 [illegible]지지않엇읍니다。醫師의診察을바든즉「胃아도니ㅡ、胃下垂인데 別로[illegible]必要는 없다」고하므로 [illegible]하면서 그다지關心치않고있을[illegible]하고있엇읍니다。그런데病勢는 一進一退할뿐이오 도모지回復하는징세가보이지않읍니다。너머不安해서 여러번醫師를바꾸어서 診察하여보앗읍니다마는이런다할效果가없어서 드디여 昭和七年五月

退職하고專혀靜養에

힘쓰기로하였읍니다。그런데 아직 全治되기도前에 昭和八年二月 胃腸炎에걸리어 多幸이이것만은全治되었으나 胃腸은依然낫지않고 醫師도「완전히 慢性이니까 시일이걸린다」고한편으로는神經衰弱이併發하여 [illegible]이 좋지않고 아주 기가메케버렷읍니다。

昭和十年의봄이엇읍니다。저의病狀을드른友人이작꾸「錠劑わかもと」를 服用하라고勸합니다。實은나自身도「錠劑わかもと」와이름은 日常新聞雜誌에서 보고있엇읍니다마는醫藥을써도 그다지效果가없는때하고 [illegible]藥等은그다지重要視하지않엇읍니다。그러나너머友人이勸하므로 近處藥店에서 한瓶사다가試驗사머먹어보앗읍니다。그런데 놀란것은 食慾이생기게된것、便通이좋게된것보도 그結果菓子類와不消化物도 [illegible]하게되여、또도해 胃腸을[illegible]고 또[illegible]이너머괄되여오히려 元氣를[illegible]고 [illegible]는일도잇엇읍니다。이러하야 차츰胃腸이快癒되고 食慾은더욱旺盛하고 便通도더욱조흐게되엿읍니다。現在、五個짜리大瓶을服用하고있읍니다마는 神經衰弱도[illegible]가좋고 머리도爽快하게되엿읍니다。

附記「錠劑わかもと」東京市芝區、わかもと本舖榮養と育兒の會(振替東京一七〇〇番)에서 廿五日分一圓六十錢、八十三日分五圓의二日數錢도[illegible]되는[illegible]으로販賣되며全朝鮮藥店에서取次하고있읍니다。

13-18 미우리 쥰 삼포순(三浦順)-慢性胃腸病에 神經衰弱을併發

14. 자양강장제

14-1 삼용토니쿠(蔘茸トニク)-精力强進劑 蔘茸トニク 造血·慈養 자선당제약(慈善堂製藥)
토니쿠는 영어로 토닉(tonic)으로 진 따위의 양주에 섞어 마시는 탄산음료다. 인삼과 녹용이 섞인 혼합음료이다. 허약, 빈혈, 생기기쇠약, 신경쇠약, 병후쇠약. 산후, 자궁병, 소화 불량, 허약아동, 조루, 폐결핵, 심장병 등이 모두 복용할 수 있는 만병통치약이다.

14-2 삼용토니쿠(蔘茸トニク)-補血强壯劑 蔘茸トニク 아츰에 一杯 終日! 爽快~

14-3 삼용토니쿠(蔘茸トニク)-斷然 奏效하는 精力强壯劑

14-4 東亞 延壽丸-東亞五價의 保身强壯劑 出現
不老長生 壽益齡延 포장 10일분, 20일분, 30일분

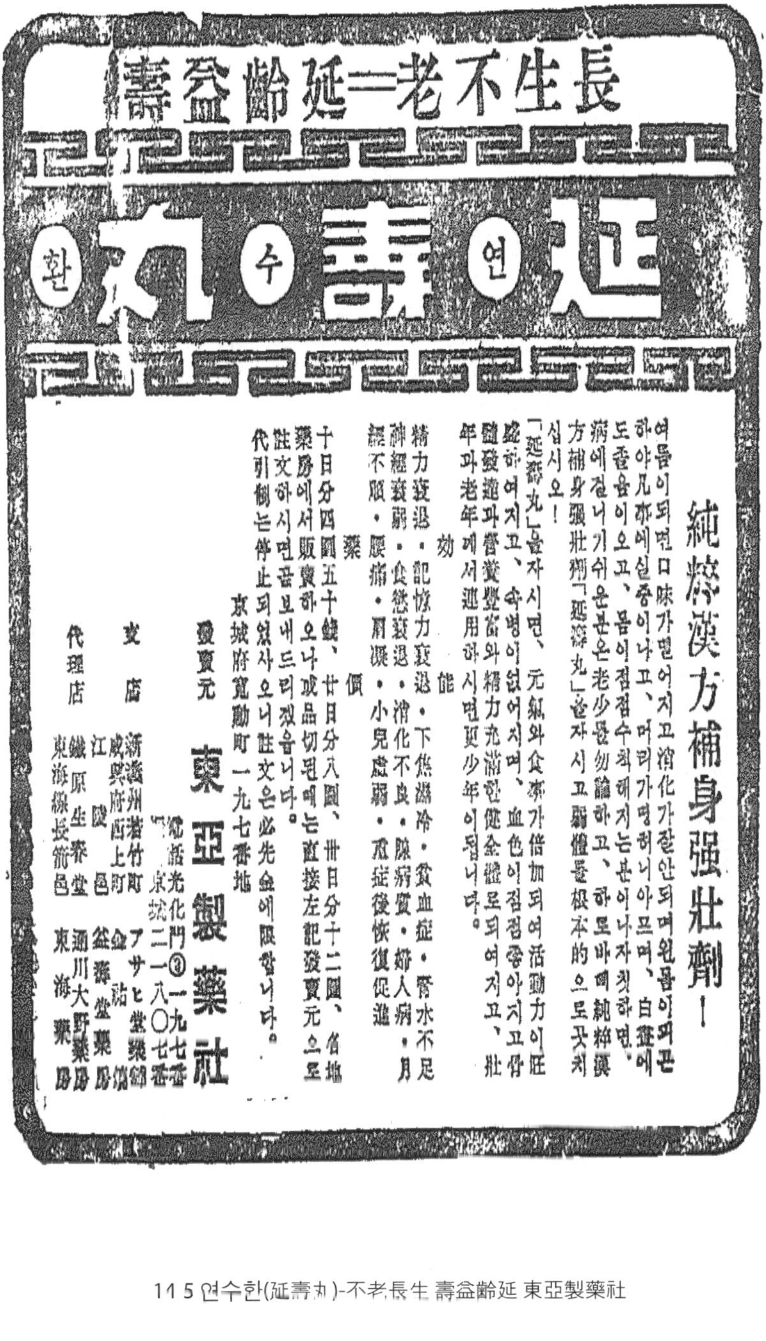

115 연수환(延壽丸)-不老長生 壽益齡延 東亞製藥社

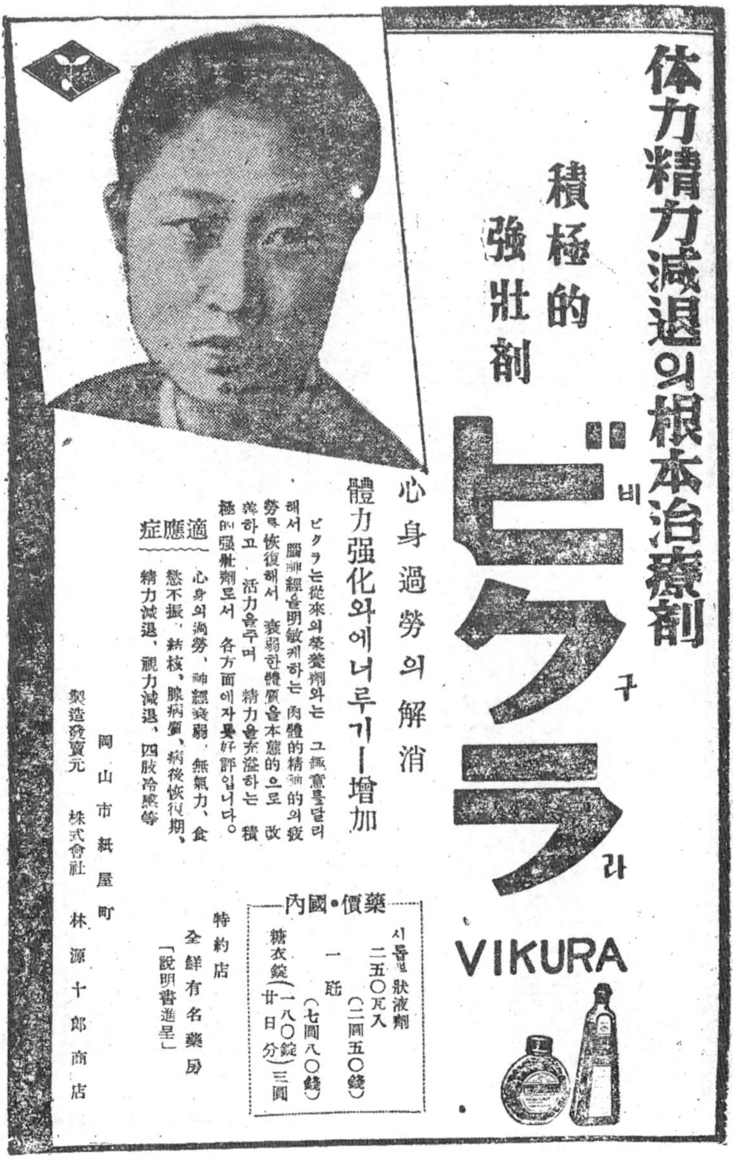

14-6 비구라(ビクラ: Vikura)-體力精力減退의 根本治療劑 積極的 强壯劑 ビクラ

14-7 비오토닉(ゼオトニク)-弱体強化 精力增進 强壯劑ゼオトニク

14-8 비오토니구(ビオトニク)-ビオトニク體力精力減退의
根本治療劑 新時代의 補血强壯劑

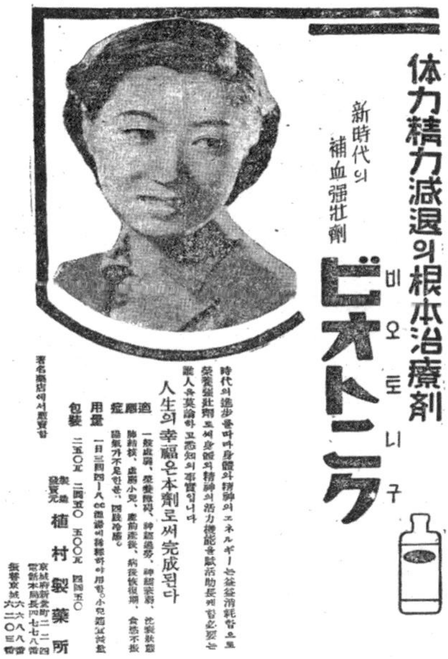

14-9 비오토니구(ビオトニク)-ビオトニク 體力精力減退의 根本治療劑 新時代의 補血强壯劑

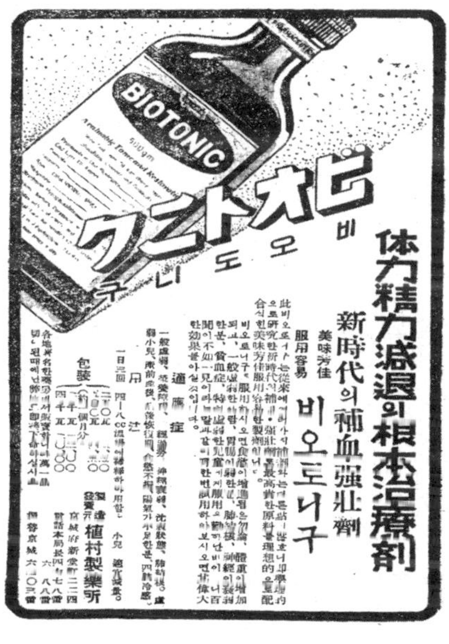

14-10 비오토니구(ビオトニク)-ビオトニク 體力精力減退의 根本治療劑 新時代의 補血强壯劑

14-11 비오토닉구(ビオトニク)-学理に基ける 新時代の强壯劑

14-12 강신환(强腎丸)-前代未聞의 强腎秘藥,
됴경보태환 (調經保胎丸)-月經不調 受胎不能

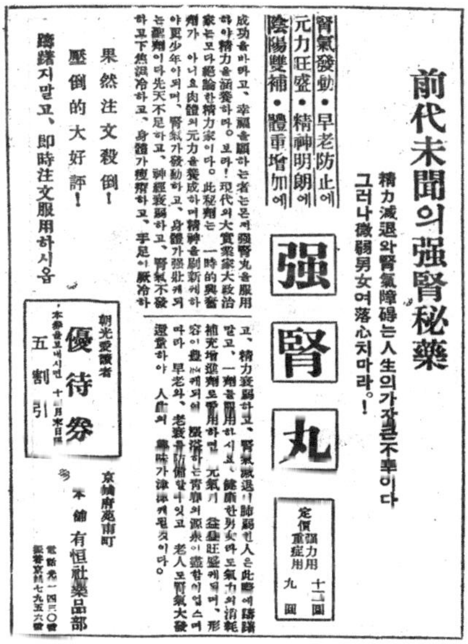

14-13 강신환 强腎丸-前代未聞의 强腎秘藥, 精力減退와 腎氣障礙는
人生의가장큰不倖 그러나 微弱男女여 落心치마라!

14-14 네오톤(Neotone)-네오톤(Neotone)의 效果는 果然엇더합니까? 유한양행(柳韓洋行)

14-14

1938년 광고에는 '신병으로 고생하고 허약하시거든 효과본위 보약 네오톤을 쓰시오' "세계적 보약 네오톤과 인체의 영양작용도선"이란 제하의 그림이 있다. 1935년 2월 『조선일보』에는 다음과 같은 네오톤 토닉 광고가 실려 있다. "병마와 허약에 고통하는 대중이여!! 인생이 허약과 병고 중에서 헤매일 때에는 속히 병마를 박멸하고 건강을 회복해야 참다운 인생의 행복을 다시 오게 할 만한 효력을 가진 진실한 치료제와 강장제(보제)를 구하는 것이 가장 큰 소원입니다. 그러나 세상에는 허다한 치료제와 무수한 강장제가 있어서 제현의 판단을 어지럽게 할 따름이고 환자 자신이 적제(適劑)를 취택(取擇)하기는 차라리 잡사(雜事)요 도리어 일종의 모험입니다. 폐행은 우리 민중 위생의 향상을 위하여 우금(于今)근십 개성상을 세계 각국에서 진실한 치료제와 확실한 보제 등을 광구(廣求, 널리구함) 동양 각국 의료계에 제공하여 오던 중 강장제로는 명효가 공고한 네오톤 토닉(Neotone Tonic)을 미국에서 직 수입하여 다년간 판매 하옵는바 네오톤 토닉의 효과는 만천하 애음가의 건강에 재(再)건설적 효과를 드리는 바 이오니 병마와 허약에 고통을 받는 각위(各位)여! 네오톤 토닉을 복용 하시려면 먼저 그 진가를 의사에게 문의 하시고 복용하시오. 의사는 다년간 의약과 의학에 대하여 과학적 연구와 장구한 경험을 가졌음으로 네오톤 토닉의 진가와 귀하에게 적(適)부적을 가장 공평하게 판단하여 줄 수 있는 공정한 지침이 될 것입니다."

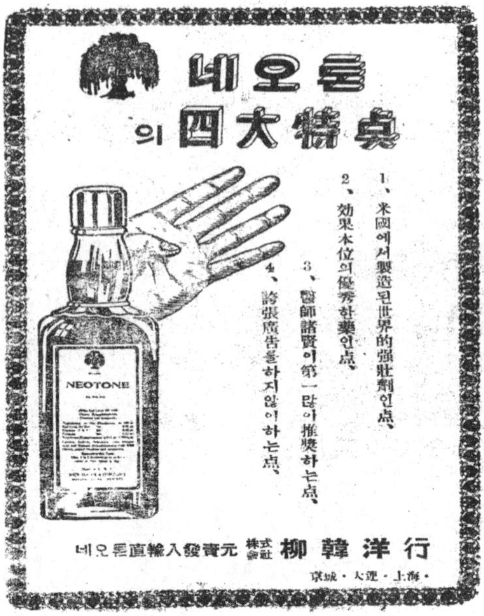

14-15 네오톤의 四大特點

14-16 네오톤 토닉(NEOTONE TONINE)-肉滯及 精神的虛弱에 對한 再建設的强壯劑

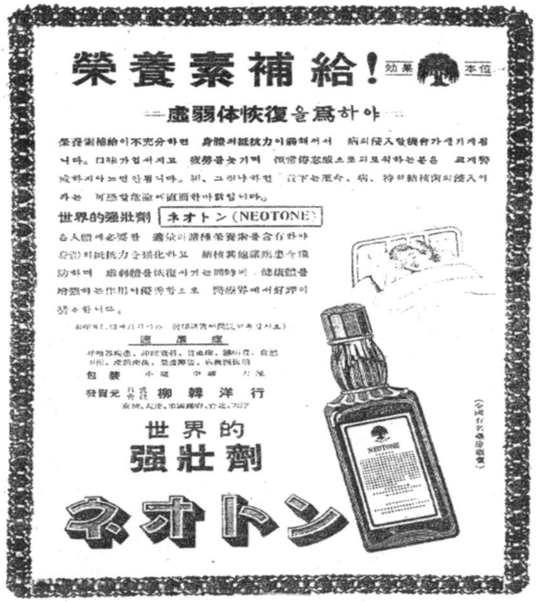

14-17 네오톤 (ネオトン)- 榮養素補給! 世界的 强壯劑 ネオトン

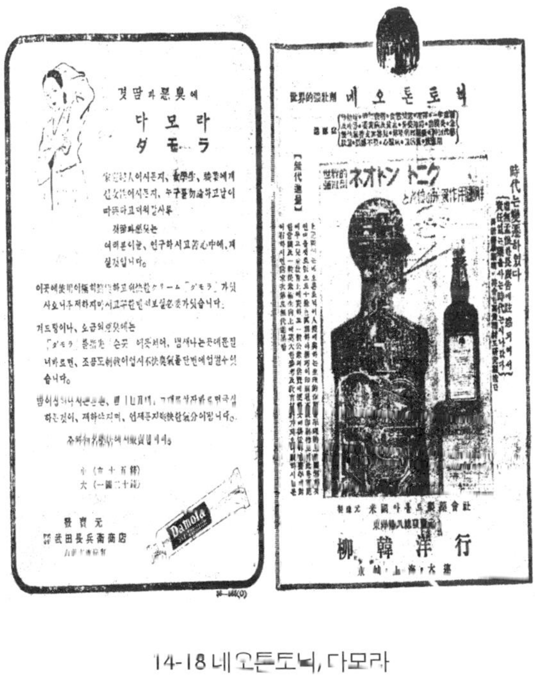

14-18 네오톤토닉, 다모라

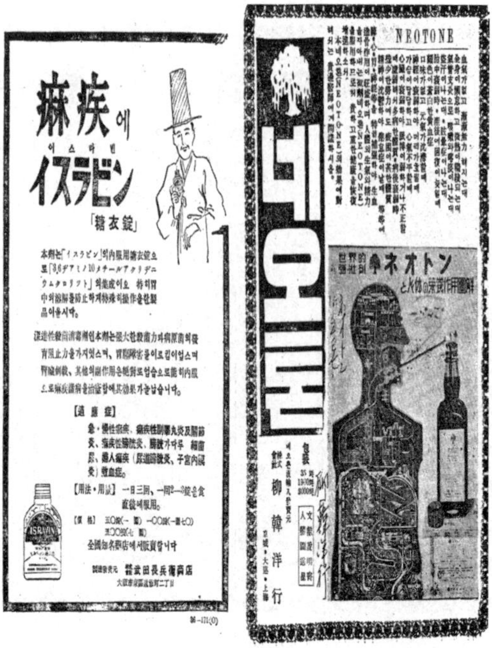

14-19 네오토닉 에스라빈(임질)

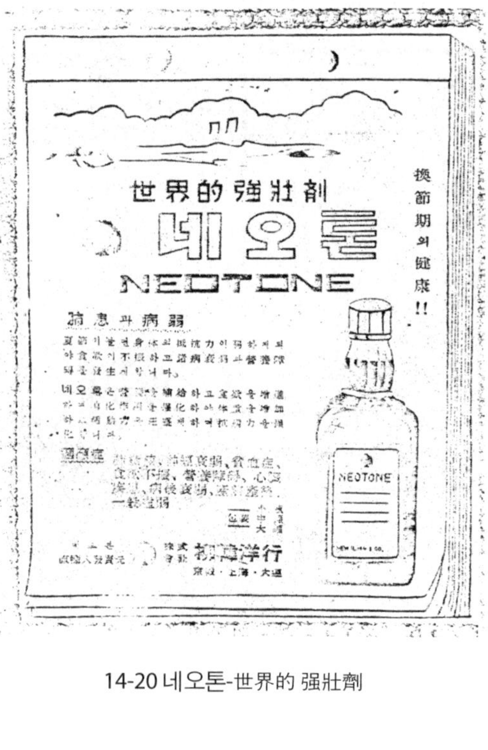

14-20 네오톤-世界的 强壯劑

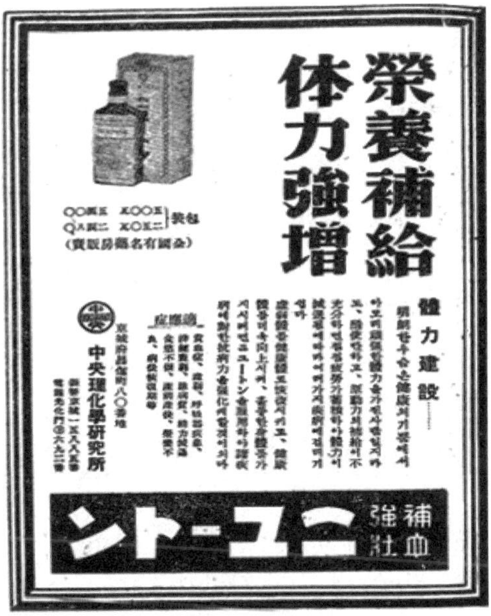

14-21 뉴돈(ニコートン)- 體力强增 營養補給 補血强壯 ニコートン

14-22 뉴돈ニコートン-健康增進에 補血强壯 ニコートン

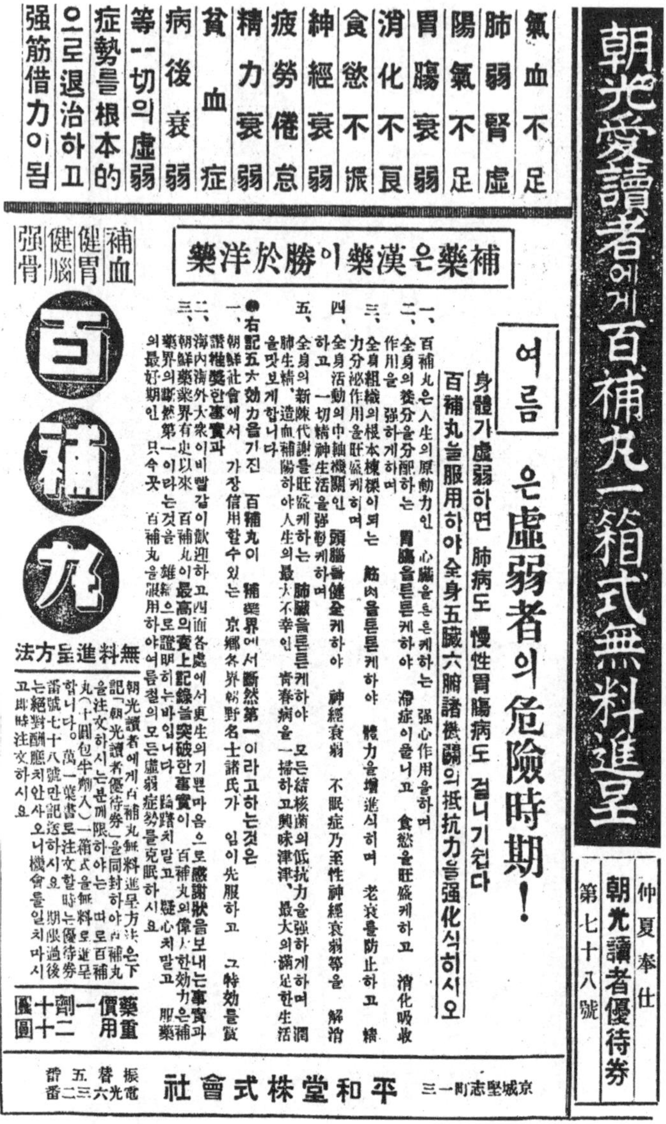

14-23 백보환(百補丸) 補血, 健胃, 健腦, 强骨 —百補丸 여름은 虛弱者의 危險時期!
백보환은 봄과 여름 시리즈가 있다. 봄은 虛弱者의 危險時期!

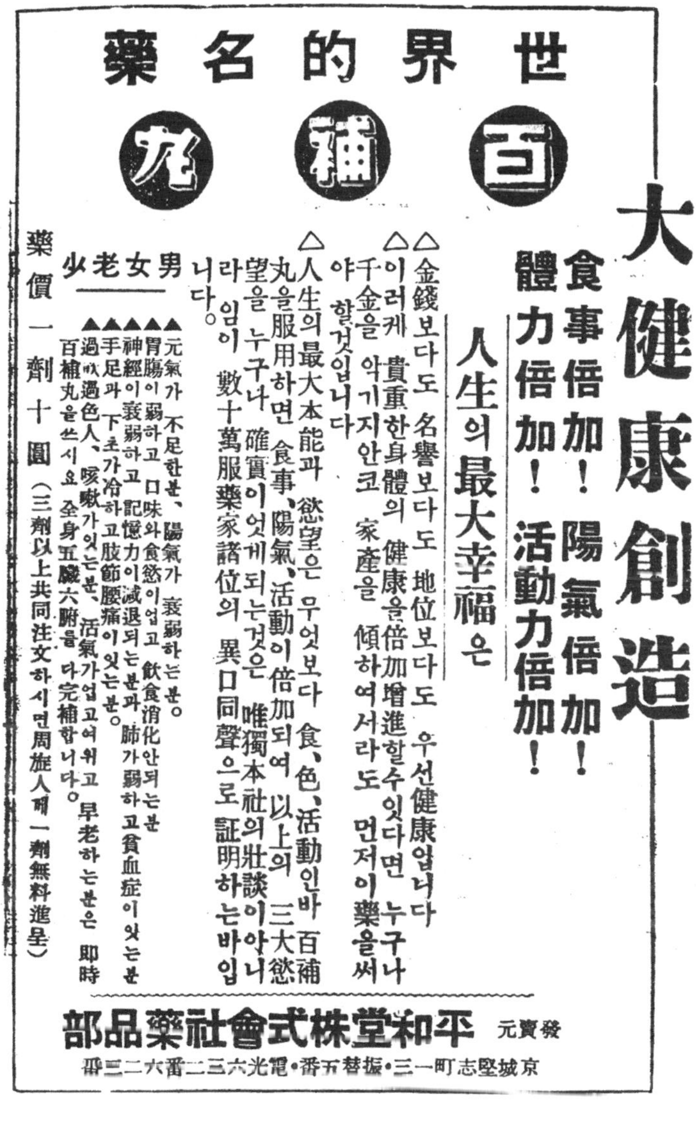

14-24 백보환(百補丸)-大健康創造 世界的 名藥 百補丸

14-25 부루도제(フルトーゼ)フルトーゼ 補血强壯 가장 效果的인 唯一한 造血發育素

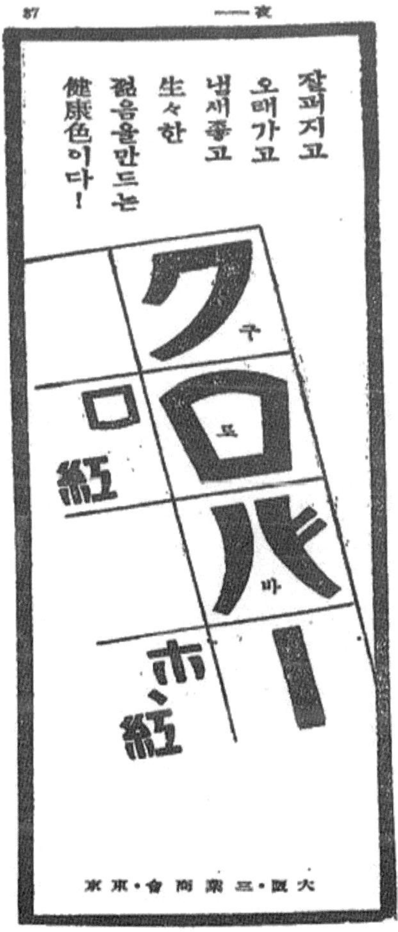

14-26 구로바(クロパ)-잘퍼지고 오래가 냄새좋고 生生한 젊음을 만드는 색이다.

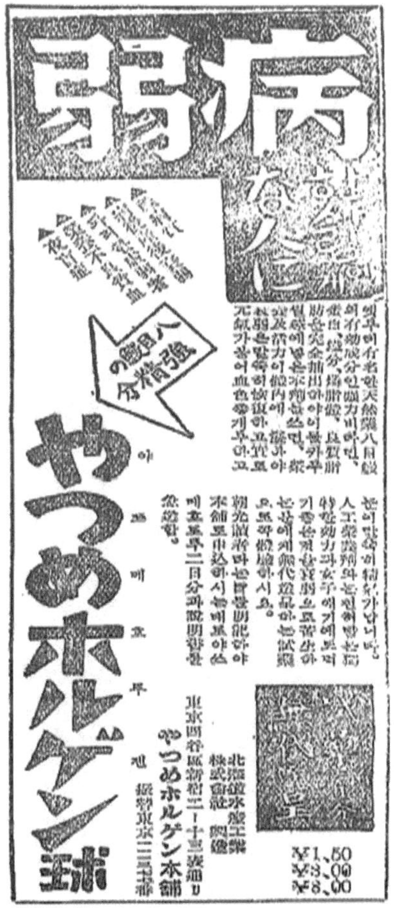

14-27 야쯔메호츠르겐(やつめホルゲン)
球-病弱

14-28 야쓰메 호르겐구(やつめホルゲン)球
-血色よく太る やつめホルゲン球 혈색이 좋아진다는 强力 營養劑

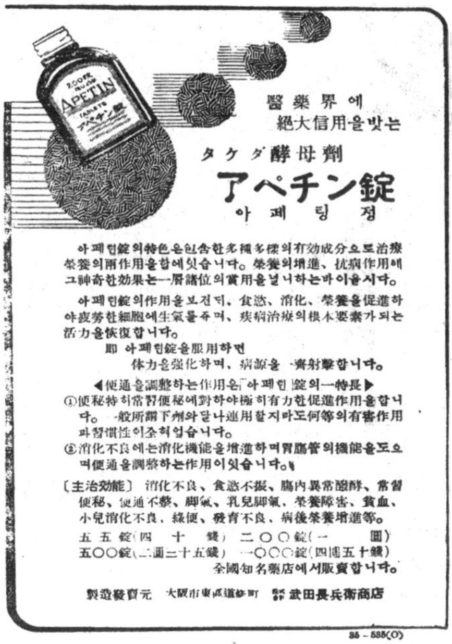

14-29 아페틴(アペティン: Apetin)錠-醫藥界에 絶大信用을 밧는 タケダ 酵母劑 アペティン錠. 이 약은 소화불량, 각기, 발육불량, 식욕부진 등에 효과가 있다고 선전하고 있다.

14-30 미신환(美神丸)-대하증 부인병유명약 美神丸

14-31 미신환(美神丸)-愉快히婦人病을 고친다

14-32 양명주-病後 恢復이주 速에하고 눈에보이게 튼튼해지는 食物

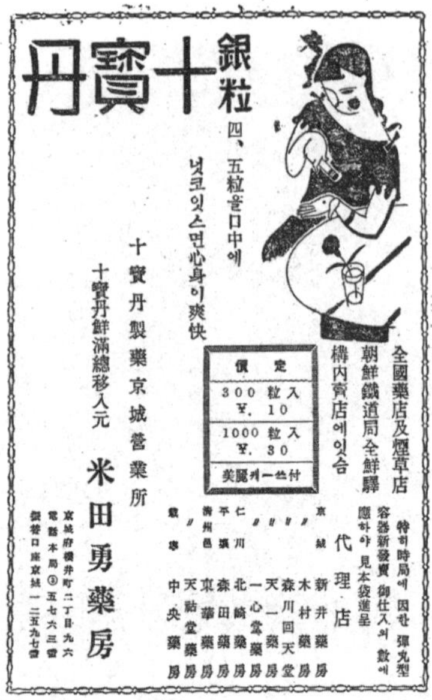

14-33 은립십보단 銀粒十寶丹-四五粒을 口中에 넛코 있으면
心身爽快 十寶丹製藥京城營業所 (米田勇藥房)

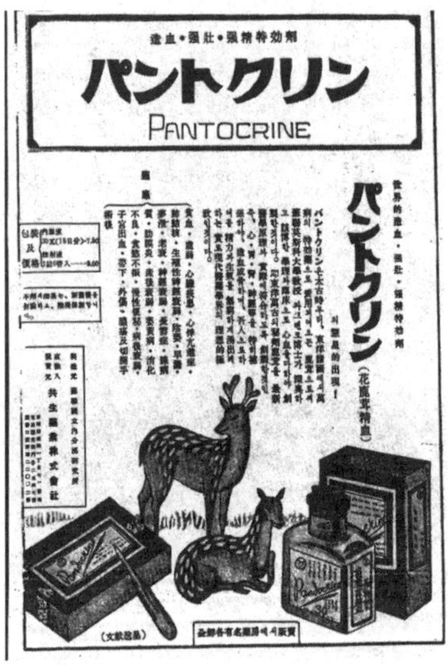

14-34 판토크린(パントクリン: Pantocrine)-パントクリン(花鹿茸精血) 은
自養强壯劑Pantocrin은 녹용에 함유되어 있는 성분이다.
성기능과 대사기능, 무기력증을 개선하는데 효과가 있다.

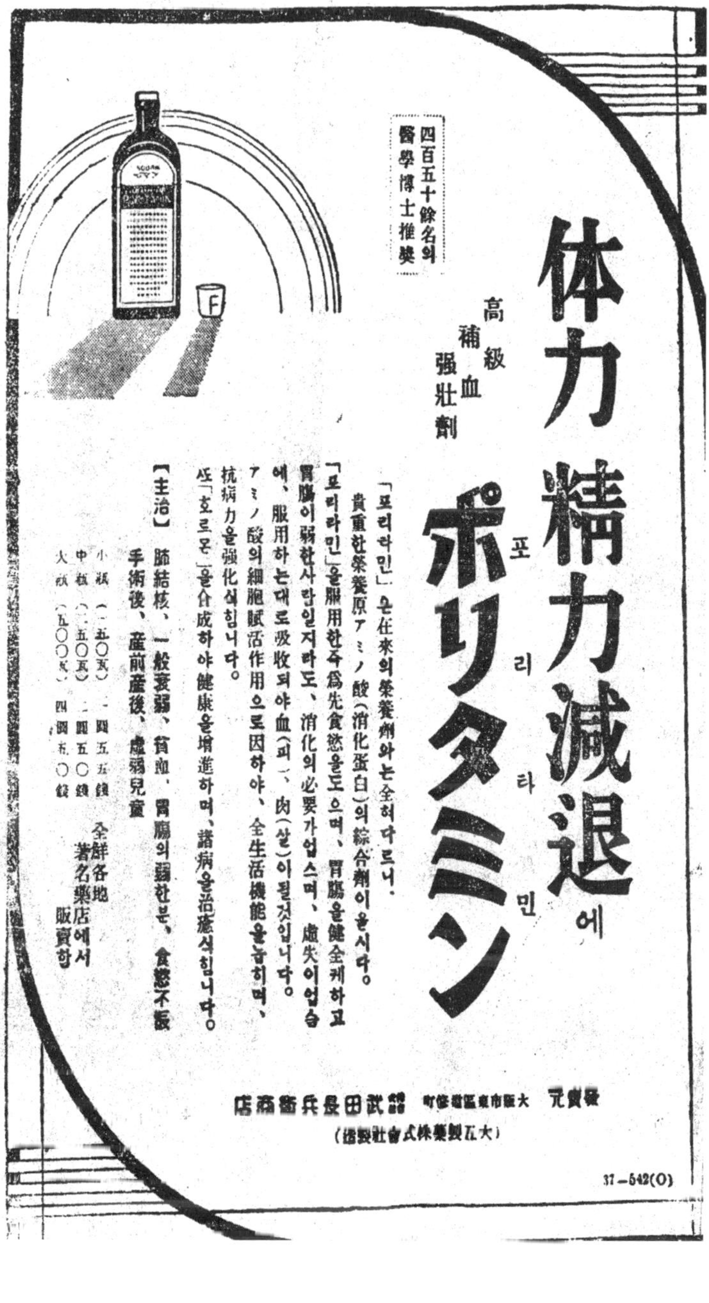

14-35 포리다민(ポリタミン)-體力 精力減退에 高級補血强壯劑 ポリタミン

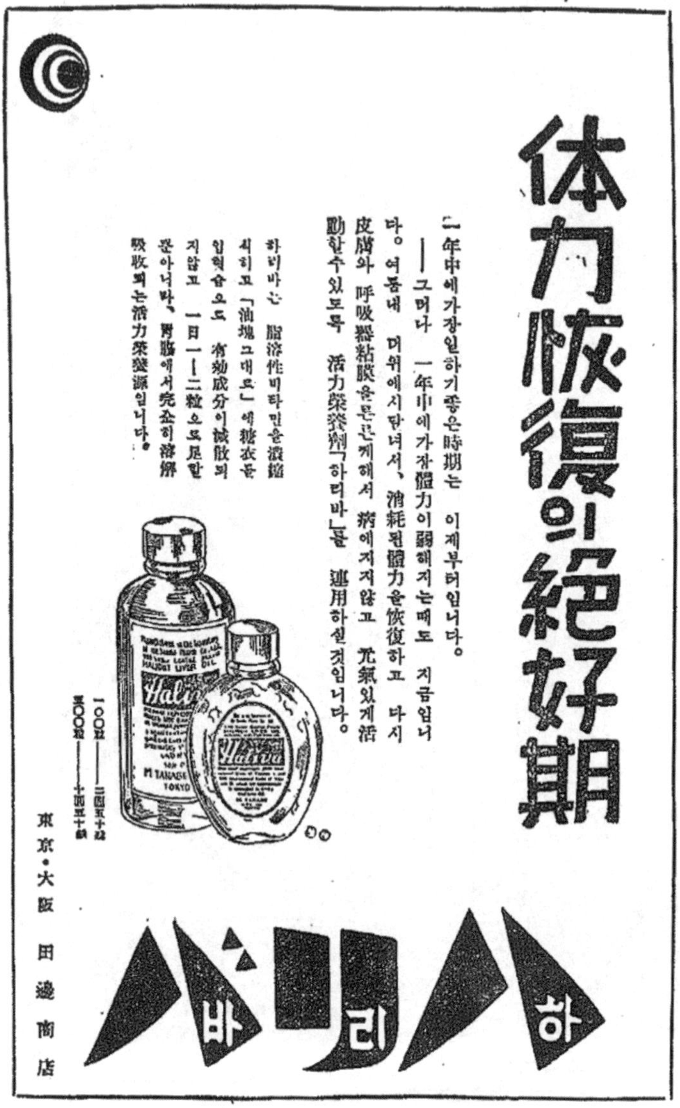

14-36 하리바(ハリバ)-體力恢復絶好期 ハリバ하리바

15. 중풍

15-1 야키쿠타민정

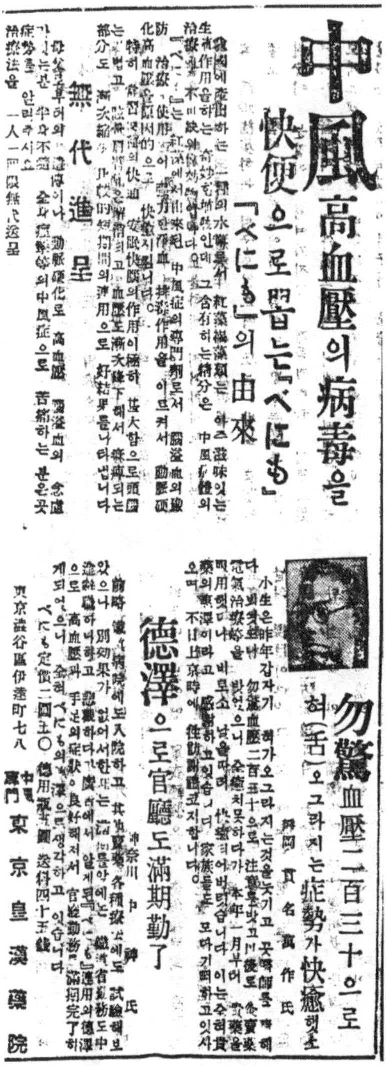

中風 高血壓의 病毒을 快便으로 뽑는「べにも」의 由來

無代進呈

勿驚 血壓二百三十으로 혀(舌)오그라지는 症勢가 快癒했소

德澤으로 官廳도 滿期勤了

東京 皇漢藥院

喘息·神經痛과 中風·高血壓은 不治아니다

피가 濁함이 原因 血液의 淨化로 原因을 곳치는 今津博士의 新療法

15-2 베니모(べにも)-中風 高血壓의 病毒을 快便으로 뽀는 べにも

15-3 喘息·神經病과 中風 高血壓은 不治아니다

高血壓・中風

危험! 油斷하면腦溢血(中風)으로너머진다

手足결리고아픔、小便잣고
頭重、不眠、耳鳴、어깨결림
혀가굳고、半身不隨로苦悶
하는분의

最新學說

急所(血壓中樞)의故障을없애는特殊홀몬補給療法이란?

처음으로안 「急所」의所處

至今까지 고 처여아지못하든高血壓、中風病의急所「血壓中樞」가最近에겨우有名한렛셀敎授와我國一流大學者에依한後頭部(首筋上部)에처음으로發見되여서다시

急所에홀몬이缺乏되여곧發病하여手足이결리고 아푸기始作하야 다음같은 病苦가續出 一步를떼면俄然、무서운腦溢血(中風)에걸리여 잠간사이에 一命을뺏기고 위험을벗어나도、흔은中風따은避할수없는事實이世界的으로認定되였읍니다。

그런故로、右의容態로 번민하시는분은 바질腦溢血(中風의 한거름앞에있는셈입니다。또不幸히現在에中風으로困難하신분들은항상再發의危險에쌓여있으므로너머지기전에빨리急所의아픔을없에고、身邊에迫到한生命의危機를速히벗어나기를바랍니다

本藥「ヤギクラミン」은 右의 偉大한新學說에 基하야急所를 고치는目的으로지금겨우完成된 類가없는貴重한홀몬主劑藥으로前記의諸病苦는勿論、永年의中風患者도처음으로 금자히好轉되어왔다고기백한體驗을보하고있읍니다。病者는果然後頭部에생각하는것이없는가

★「ヤギクラミン」의藥價는十日分三圓五十錢 廿日分六圓五十圓 卅日分九圓五十錢 德用六十日分十七圓五十錢입니다。全國一流百貨店에있음니다 全國有名藥店에서도取扱하고있읍니다만은아직까지못간地方은左記發賣元으로振替나爲替로(送料八十錢을添附하야)御註文하시는데로急送합니다。

東京目黑區洗足一ノ四四三
(發賣元) 原理化學研究所藥品科
振替東京八四五壹零番

大阪市東區心齋橋筋
(西部日本代理店) 高橋盛大堂

(半島代理店) 京城・木村藥房 平壤 森田草藥堂 淸津・北島藥店 金山・山野
藥雲堂外半島一流都賣店에있음

說明書無代進呈

詳細한것은說明書를보시고朝光에서보았다고記入하야發賣元으로申込하시면보내드립니다

15-4 中風 高血壓

15-5 리기신-中風. 高血壓 腦病 原因부터고치는 血液大掃除療法

16. 콧병

에 博通할뿐아니라 儒學까지도 兼修하여 이름이 內外에 떨쳤던이지만、그가 歸國하여 加悉寺에 있을때、沙梁部人 貴山·箒項의 두靑年이 찾어와서 益을請하매、法師는『佛家에 菩薩戒가 있으나、이것은 臣子로 出世할 사람에게는 너무도 過重하므로 特히 世俗五戒를 주겠다』하고、一曰事君以忠、二曰事親以孝、三曰交友以信、四曰臨戰無退、五曰殺生有擇의 다섯가지의 德目을 指示하였다。이世俗五戒는 圓光이 儒術에 兼通한이만큼──儒敎倫理의 思想(忠孝信忠等)을 그대로 나타낸 標語로도 볼수있지만 실상은(節義를 尊重하고 卑怯을 戒하는 花郎道와 실이) 그時代精神과 國策에 順應한 格言이라고 볼것이다。이五戒를 받은 貴山과 箒項은 後日 百濟의 軍이 侵入하였을때 함게 從軍하여·貴山은 特히 其父武殷의 部下로 敵兵과 싸워、마침 武殷이 敵의 伏兵을 만나 馬上에서 떠러젔을때、貴山은 이때야말로 五戒中『臨戰無退』의 戒를 지킬때라 하고 드디어·敵兵數十人을 擊殺하고 自己의 馬를 父에게 준후、箒項과함게 勇戰奮鬪하여 滿身에 槍疵를 입고 壯烈한 戰死를 하였다한다。이것은 史上에 너무도 著名한 事實이지만、여기에 우리는 圓光五戒에 나타나는 時代色과 五戒의 實際에 맺인 影響이 어떠하였던것을 더욱 엿볼수있다。眞平王三

16-1 미나노식(만화)-필승의 비결

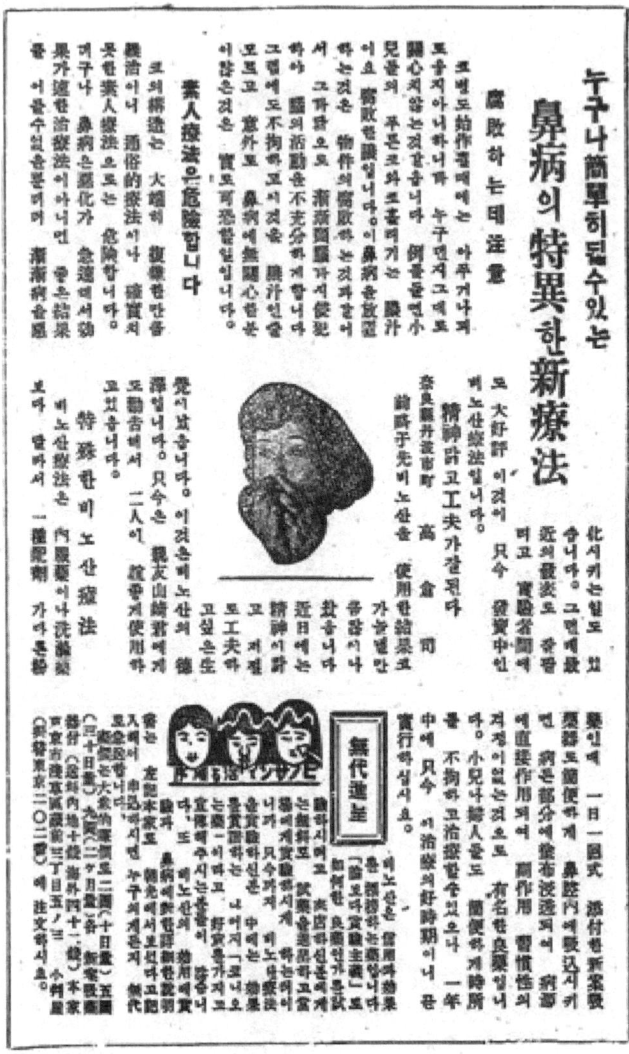

16-2 비노산-누구나 簡單히 될 수 있는 痹病의特異한 新療法

16-3 미나도式-무서운코병 自宅에서 簡單히治療된다

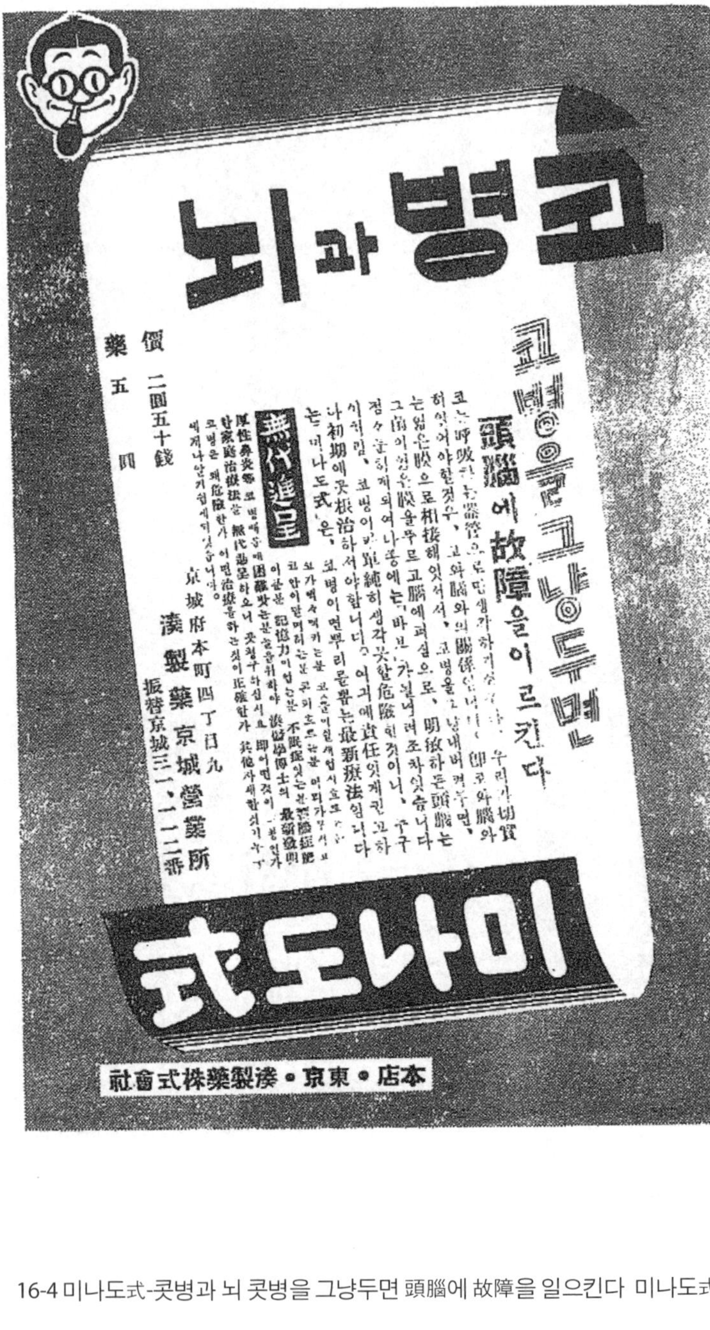

16-4 미나도式-콧병과 뇌 콧병을 그냥두면 頭腦에 故障을 일으킨다 미나도式

코ㅅ병으로고생하는분에게

꼭말슴하여야할기쁜소식

一年四時한시도때지않고코풀이늘줄줄흘너서 自己도 괴롭고 남에게 추하게보이며 코가 빽빽하야 냄새못맛고 코로因하야 머리골압어서 記憶力업고 事務에 倦怠나고 上氣잘되는분은 코와 腦와 엷은 骨膜一枚로 相隔되야있는만큼 발서 코病이 腦에 犯하야中樞神經까지못쓰게하는 前兆인만큼 그분은 未久에 學生이면中途休學 事務家면 社會的落伍가되는것은 現在우리가 늘目瞞하는바이며 또醫學的으로證明하는바이다 그러나 이病이 簡單하고도相當히 難治病의一로 지금까지 手術以外에普通療法이많으나 顯著한治療 成績을낸것이 別無하였다 그리하야 手術과같이 經費만치안코 苦痛없고 內服藥같이 間接作用이업다

湊떡터ー父子二代相續하야 四十年間을 研究한 結果現代科學的으로 最完한治療法인湊式治療器를發明하였는데 그特色은 效果迅速 費用低廉 使用簡單으로서

湊式使用中

獨特한吸入器의微妙한作用으로鼻腔內깊히直接藥液을注入하야 病源에作用식혀서이것을征服식히는 故로 頑固한蓄膿症、肥厚性鼻炎、鼻茸等도容易하게治療식혀수있다그方法은大端簡單하야서 一回의吸入에要한時間은僅僅二三分의短時間으로되고執務工夫中에나電車汽車中에나담배한개피우는것과 맛찬가지의程度의手苦나費用으로一日五錢쯤드리면되고 더구나效果가迅速하야在來의療法에比하야顯著하게治療期間을短縮할수가있음으로코병에苦痛받는분들에게는好適한것이다。

코ㅅ病과其療法無代進呈함

코ㅅ병치료에는꼭湊式으로

모든療法을 試驗하여도失敗한분에 가장바른合理的療法을알여드립니다。 葉書로朝光에서보았다고 記入申込하라 떡터ー湊謙治先生이 쓰신코ㅅ병과 其療法이라고 쓴八十頁의美本을無代로送付하오니 希望者는 東京市日本橋區吳服橋三ノ七湊製藥東京營業所에申込하시압。

湊製藥東京營業所
東京日本橋區吳服橋三ノ七
湊製藥大阪營業所
大阪東區高麗橋詰町五○

16-5 湊式(미나도式)-코ㅅ병으로고생하는분에게 꼭말슴하여야할기쁜소식 미나도式 코ㅅ病과 其療法無代進皇함 코ㅅ병치료에는 꼭 湊式으로

16-6 湊式 스프레이식처럼 뿌리는 형태로 콧병치료서인 無代進皇을 함께 준다는 내용이다.

16-7 미나도(ミメト)式 코나쁜사람이 大喜

16-8 鼻-먹어서 고치는 藥 바르거나 수술이 아니고
3주간만 먹으면 된다는 내복전문약이다.

또 그대로 넘어가는게라고 맥이 풀리는 순간,
『행앳!』
만금이는 두팔을 잔득 벌친채 앞으로 콱 꺼꾸러진다
이번에야말로 저소의 그 한복판을 알마추 밟아내였든
것이다。
그러나 그것만도 아니였다。 뜻도 않았든 새사실이 좀
다러 흥미를 주였다。 뒤에 달려였든 재성이가 급카부
에서 꺼구러진 만금이를 피해 낼도리가 없이 그만 재
결에 넙다 걸차… 그 우에 쓰러지는가 하니 성례도한
「했!」하고 재성이의 잔등에가 콱 나가 쉬어진다。 한
코에 섯이 걸린 셈이다。

만일 그들의 뭠 뭠이 다들 어슷 비슷하여 연다라
주룽 주룽 뒤를 꼭 다가 달리어 왔든들 한꼬치에 꿴
것처럼 일재로 툭 툭 근며저 쌓이는 장쾌한 맛일걸
………… 정학은 이재 그것이 오히려 바래여지는 섭
섭 할이다。 —
우숨을 참고 모르는체 달리어 있다。
『아니! 들에 걸네채완?』
「아쌔끼——」
게교에 넘은줄을 아는 모양, 성해는 멋적게 눈을흘
기며 이러난다。
알게된걸 아니라고 벋헐 필요는 없다。 게교임을 알

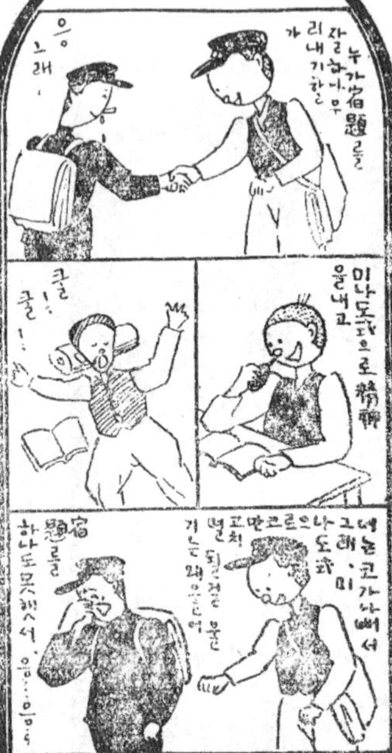

16-9 미나도식(만화)

は自明の理である。

まだ、操縱の如き特殊の技術と體力とを要求するものは、或る年齡に達するとその技術は停止し、或は退步するものであるが、年少の頃から初めた場合には、その停止する年齡が延びるものであることは、いろいろな研究や統計によつて明らかにされてゐる。例へば、二十五歲から初めたものが三十五歲でこの停止の年齡に達するとすれば、年少から初めれば三十八歲或ひは四十歲まで持續出來るいとふのである。勿論、ここに擧げた數字は假設の數字であつて實際の數字では無いからその點、誤らないでほしい。

然らば、初める年齡をもつと下げたらよいではないか、といふ意見が出るかも知れないが、それは初めに云つたやうに、思慮の固まる第一段階が終つたものから敎育しなければ、航空のやうな複雜なものは理解することが出來ないのである。

年少から訓育して優秀なる航空の中堅幹部を養成する。これが少年飛行兵の使命なのである。かく質にかて優秀なる少年飛行兵が必要であると共に、量にかても出來得る限り多量を整備しなければならない。近代戰にかける航空部隊の演ずる役割が如何に重大なものであるか、その爲めには質にかても量にかても敵よりも優つてゐなければならないといふことを、大東亞戰爭によつても身近く感得出來たであらう。少年飛行兵こそ、將來、わが荒鷲部隊の若き中堅として實力を發揮せねばならない。（つゞく）

16-10 미나도식(만화)

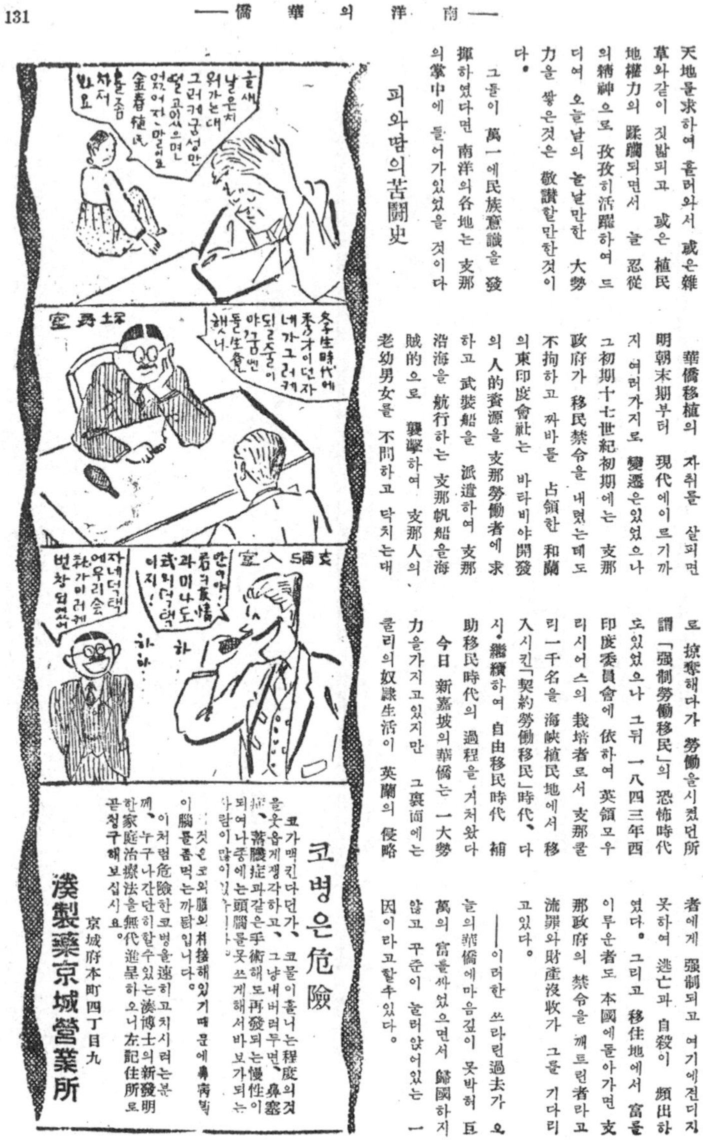

천지를求하여 흘러와서 或은雜草와같이 짓밟피고 或은 植民地權力의 蹂躪되면서 늘 忍從의精神으로 孜孜히活躍하여 드디여 오늘날의 놀날만한 大勢力을 쌓은것은 敬讚할만한것이다.

그들이 萬一에民族意識을 發揮하였다면 南洋의各地는 支那의掌中에 들어가있었을 것이다

피와땀의苦鬪史

華僑移植의 자취를 살피면 明朝末期부터 現代에이르기까지 여러가지로 變遷은있었으나 그初期十七世紀初期에는 支那政府가 移民禁令을 내렸는데도 不拘하고 짜바를 占領한 和蘭의東印度會社는 바타비야開發의人的資源을 支那勞働者에게求하고 武裝船을 派遣하여 支那沿海를 航行하는 支那帆船을海賊的으로 襲擊하여 支那人의老幼男女를 不問하고 닥치는대로 掠奪해다가 勞働을시켰던所謂「强制勞働移民」의 恐怖時代도있었으나 그뒤 一八四三年西印度委員會에 依하여 英領모우리시어스의 栽培者로서 支那쿨리一千名을 海峽植民地에서 移入시킨「契約勞働移民」時代、다시·繼續하여 自由移民時代 補助移民時代의 過程을 겪어왔다

今日 新嘉坡의華僑는 一大勢力을가지고있지만 그裏面에는 쿨리의奴隸生活이 英蘭의 侵略者에게 强制되고 여기에견디지 못하여 逃亡과 自殺이 頻出하였다. 그리고 移住地에서 富를 이루운者도 本國에돌아가면 支那政府의 禁令을 깨트린者라고 流罪와財產沒收가 그를 기다리고있다.

—이러한 쓰라린過去가 오늘의華僑에마음깊이 못박혀 巨萬의富를싸었으면서 歸國하지 않고 구준이 눌러앉어있는 一因이라고할수있다.

16-11 미나도식(만화)

17. 탈모

17-1 毛はへ藥-나이어드, 탈고, 디모 기운데가 탈무 광고이다. 설명서를 제공있다는 기사가 있다. 원망스러운 無毛症

17-2 요모도닉구(ヨウモトニシク)-坺毛에 甚한비듬에 젊은이대머리 予防에

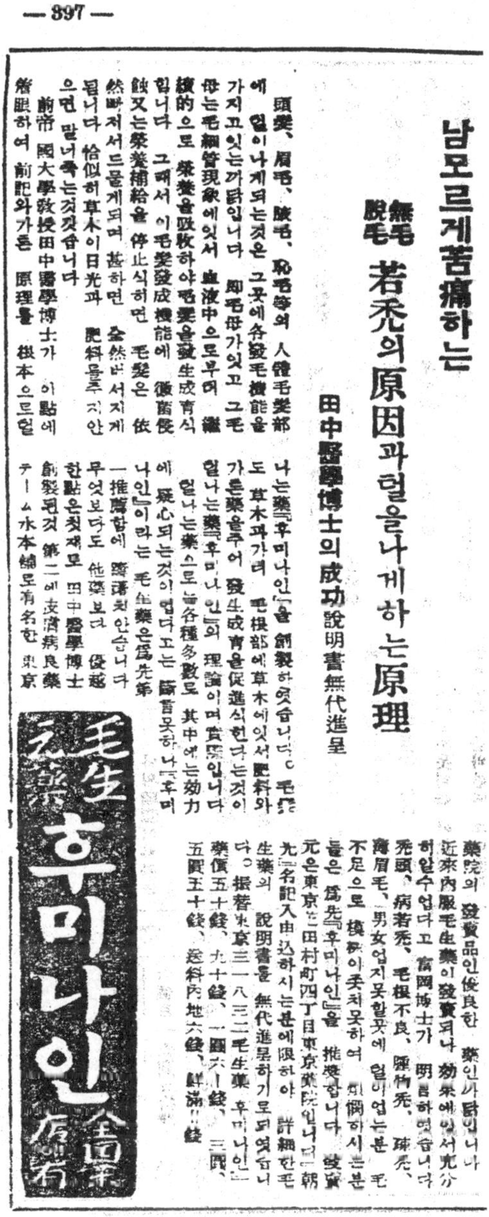

— 397 —

남모르게苦痛하는 無毛脫毛 若禿의原因과털을나게하는原理

田中醫學博士의成功 說明書無代進呈

頭髮、眉毛、腋毛、恥毛等의 人體毛髮部에 털이나게되는것은 그곳에各發毛機能을 가지고잇는까닭입니다 即毛母가잇고 그毛母는毛細管現象에잇서 血液中으로부터 滋養的으로 榮養을吸收하야毛髮을發生成育식힙니다 그때서 이毛髮發成機能에 黴菌侵蝕又는榮養補給을 停止식히면 毛髮은 依然빠저서드물게되며 甚하면 全然나서지게됩니다 恰似히草木이日光과 肥料를주지안으면 말너죽는것갓습니다

前帝國大學敎授田中醫學博士가 이點에 着眼하여 前記와가튼 原理를 根本으로털나는藥「후미나인」을 創製하엿습니다。毛髮도 草木과가티 毛根部에草木에잇서肥料와가튼藥을주어 發生成育을促進식힌다는것이 털나는藥「후미나인」의 理論이며實際입니다

털나는藥으로는各種多數로 其中에는效力에 疑心되는것이업다고는 斷言못하나「후미나인」이라는 毛生藥은爲先第一推薦함에 躊躇치안습니다 무엇보다도 他藥보다 優越한點은첫재로 田中醫學博士創製된것 第二에 支濟病良藥テーム水本舖로有名한 東京藥院의 發賣品인優良한 藥인까닭입니다 近來內服毛生藥이發賣되나 效果에잇서充分히알수업다고 富岡博士가 明言하엿습니다

禿頭、病若禿、毛根不良、圓形禿、斑禿、薄眉毛、男女업지못할곳에 털이업는분 毛不足으로 模樣이좃치못하여 苦惱하시는분들은 爲先「후미나인」을 推奬합니다 發賣元은東京市田村町四丁目東京藥院입니다 朝光誌名記入申込하시는분에限하야 詳細한毛生藥의 說明書를 無代進呈하기로되엿습니다。振替東京三一八三二毛生藥 후미나인

藥價五十錢、九十錢、一圓六十錢、三圓、五圓五十錢、送料內地六錢、鮮滿[illegible]錢

毛生之藥 후미나인

17 3 후미나인-남모르게 苦痛하는 無毛脫毛 若禿
(젊어서 대머리가 된 사람)의 原因과 털을 나게하는 原理

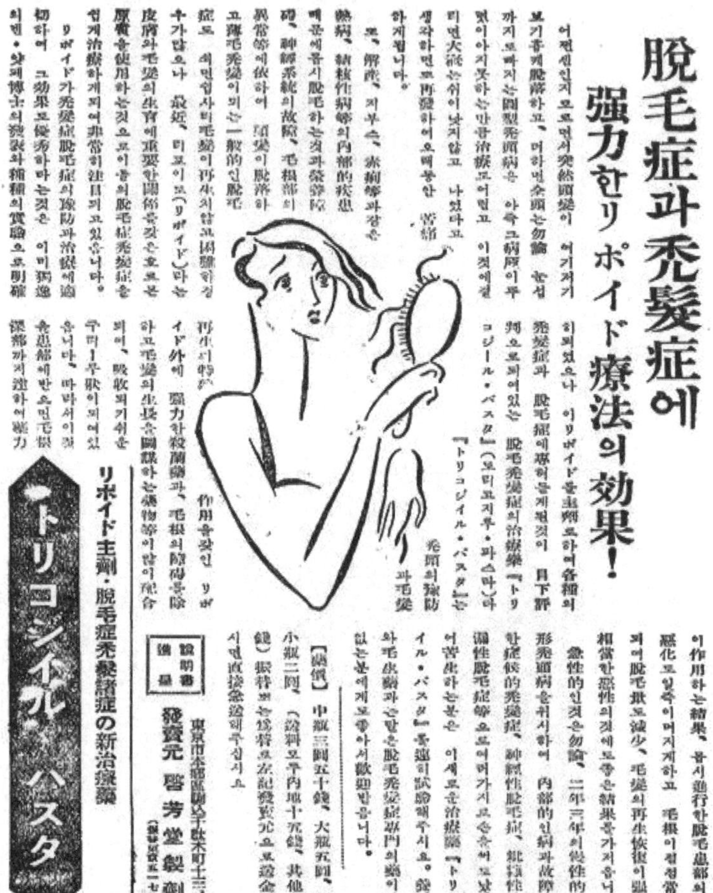

17-4 도리고지루 파스타(トリコジイル パスタ)

18. 피부병

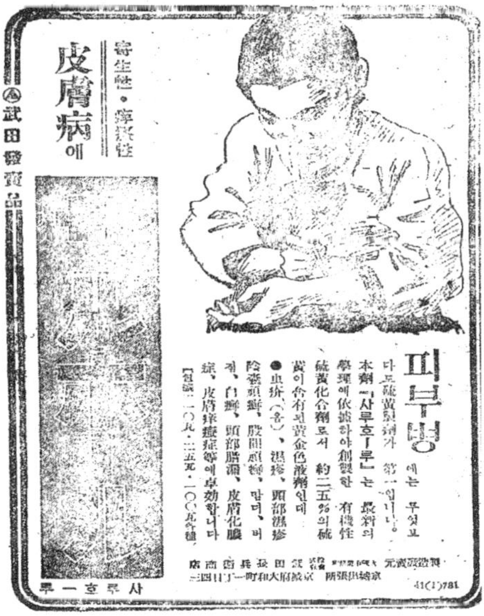

18-1 사루호-루

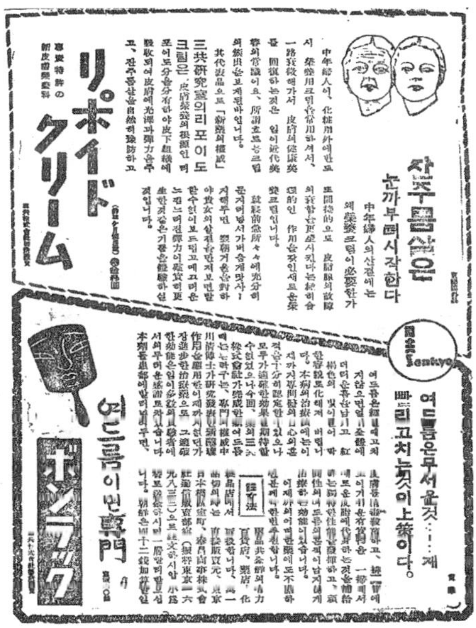

18-2 본라구(ボンラグ)-여드름 專門, 여드름은 무서운 것....
제빨리고치고는上策이다.

18-3 이오스(イ オ ス)-色白法의 굉장한進步, 黑素를 녹인 여드름을 빼는 朝夕一分間의 洗眼

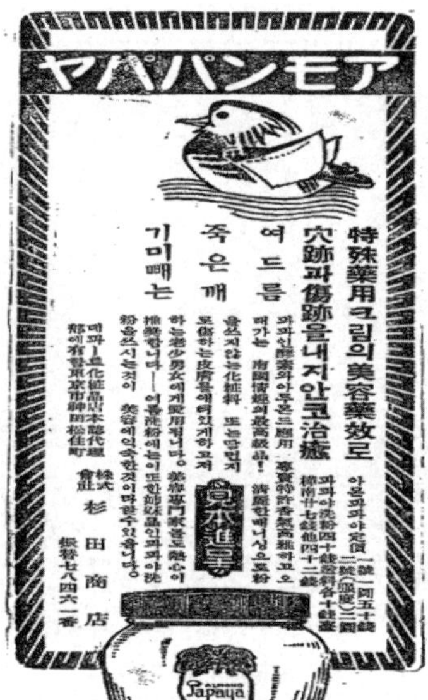

18-4 아몬파파야(アモンパパヤ)-여드름, 죽음깨 기미는 특별 양용 크림 アモンパパヤ

18 5 데-무水-皮膚病藥 데-무水, 殺菌作用, 消毒作用, 收斂作用, 滑澤作用 네가지의 효능이 있다고 선전하고 있다.

19. 화류병

19-1 바로루-림질에 바로루

淋疾
治療の基本原則
銀內服化完成으로確立된것
京都帝國大學化學研究所
創製
臨床醫界의宿望
銀コロイド內服
治淋新劑(製法特許)
パロール
文獻贈呈
大木合名會社

19-2 바루루(パロール)

19-3 바로루(パロ-ル)

19-4 바로루(パロ-ル)

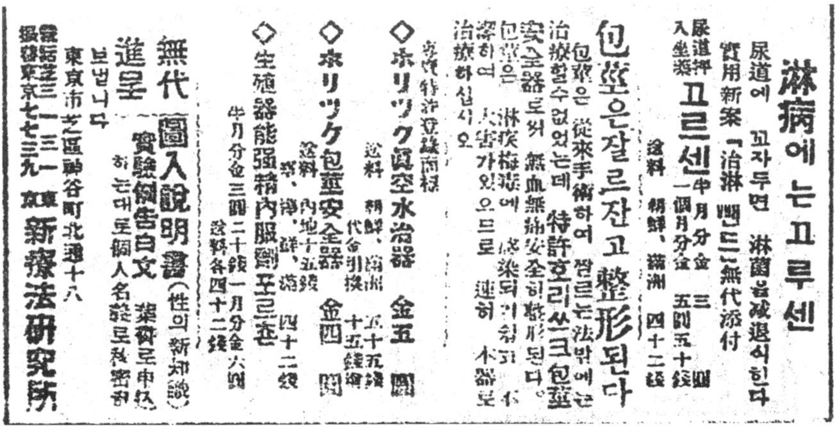

19-5 고루센(ゴルセン)–淋病엔 고루센

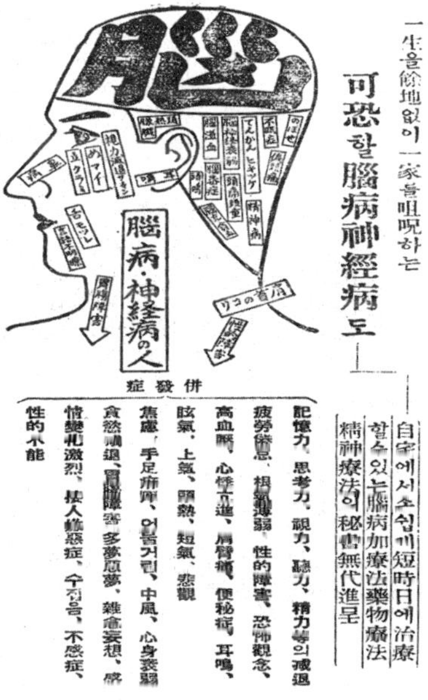

19 6 腦病

淋疾에苦惱하는분에急告……

世上에는 아모런不足도없이 남도부러워할만한夫婦가있어도 其實두사람의사히에는" 남에게이야기못할 苦惱이있어서쓸쓸한날을보내고있는사람도있고、 그날그날의가난한생활을하는사람도 두사람이 사이좋게벌어서 남이맛보지못하는幸福한날을보내는사람도있다。 如何한巨萬의富와名譽가있어도肉體와精神上에苦惱이있으면 참된幸福이라고할수없다。 男便이淋疾에걸렸을때、 그家庭에미치는悲劇은到着히말할수없다。 特히病에걸리면 일도손에잡히지않고、 社會的으로도家庭的으로도致命傷입니다。 그러무로슬퍼해도할수없고 나의不運이라고 斷念하고서로 맛없는一生보내는夫婦와、 낳는자랑스런애이즐 낳면서부터장님은만드는어버이들도적지않다。 또獨身時代에淋疾에걸려、 여러가지手當을해도났지않어 放任해둔때문에 滋味있을新家庭에風波가끄치지않고破鏡의歎에이르는實例가적지않다。 이러한괴로운胸中을생각하면 實로 同情을禁할수없다。 더구나非常時日本을 등진젊은이들이 不幸하게徵兵檢査를 앞에두고病을앓을때、 健康한몸이不合格이되여언뚱한눈물을 먹음은等等………可恐할亡國淋病이다。

淋疾과婦人病의 사람들

淋病과消渴로苦惱하는분은、 어떠가지로治療에헤매서 病을더치게하기보다 確實한醫師에게보이는것도좋다。 그러나여러가지事情으로立場上、 또는經費問題로、 오레通院할수없는사람에게는、 옛부터傳해온손쉽게고치는獨特한良法이當院에있으니、 苦惱하는분은一生의 幸福을爲하여 迷惑하지말고한번手紙로물어주시요。 여러사람들이全快하여大端히기뻐합니다。 곳아래켜드렸어이니 하로바도빨리 再生光明의기쁨의몸이되여주십시요。

大阪市旭市新森多々高井町

妙 法 院

19-7 묘법원(妙法院)-淋病에 苦惱하는분에 急告

體毒을깨끗이
排泄하는
毒掃丸
梅毒患者와 안해의奇慧!!
妻「에그머니! 무얼그만일에世上을悲觀코遺書를쓰세요」
夫「아ㅣ참으로부끄럽소! 梅毒患者인나는人生이눈물뿐이로구려 죽고십스」
妻「호호호! 念慮마세요 毒掃丸을服用하면完治될걸무얼그러서요호호호!」
드듸여醫學의勝利
梅毒의根本治療
沃素療法變質療法의結合
重症用毒掃丸適應症
梅毒性皮膚症 同內臟症 同神經痛 同루마치스 가래롯、잠창 惡性여드름 動脈硬化 甲狀腺腫 初期梅毒 慢性梅毒 潛伏梅毒 先天梅毒 冷毒 小兒胎毒
梅毒(楊梅瘡、黴毒)의病原體스피로헤ㅣ타가人體內에들어가면곳모든血管을流通하야서는細胞組織間에까지傳播하야可恐할被害를미치게한다는것이發見되얏스나그以來內服藥及注射等百般의藥劑療法이考案되얏스나一長一短이잇서서참으로根本的으로곳치게하는完全한療法은出現되지못하엿다。
그런데 只今은沃度療法의理論이確立하고 또變質療法의實驗도完了된毒掃丸만服用하면最後의一病菌까지도驅逐하며淨淸無毒의體軀로되게되엿다。
梅毒各期特效의
重症用毒掃丸
重症用毒掃丸은 沃素療法上最大限의沃素化合物과 古來로東洋諸國에서나는 變質生藥의合劑로써 그殺菌力과 排毒力과는다다른데서는絶對로볼수업는 卓越한點을가지고잇다。
藥價
重症用毒掃丸
二圓、三圓、五圓
十圓、二十圓
三十圓
普通用毒掃丸
五十錢、一圓、二圓、三圓、五圓、十圓
製劑本舖
東京市神田區花房町
山崎帝國堂
振替東京一四六七
代理店
京城 新井藥房
京城 木村藥房
平壤 森田藥房
釜山 大黑南海堂
釜山 藤田大藥房
馬山 石見屋藥房

19-8 독소환(毒掃丸)

氣分조케體毒을排泄하는
毒掃丸
독 소 환
드듸여醫學의勝利
梅毒의根本治療
沃素療法變質療法의結合
그런대 只今은沃素療法의理論이確立하고 또變質療法의實驗도完了되야서 最後의一病菌까지도驅逐하며淨淸無毒의體軀로되게되얏다。
猛威殺菌의沃素療法
最後의一菌까지도
殺滅하는…變質療法…
梅毒各期特効의
重症用毒掃丸
重症用毒掃丸
適應症
藥價
小兒用毒掃丸
三十錢・五十錢 一圓
東京市神田區花房町
製劑本舖 山崎帝國堂
振替東京一四六七
代理店
京城 新井藥房
京城 木村藥房
平壤 森田藥房
釜山 大黑南海堂
釜山 藤田大藥房
馬山 石見屋藥房

19-9 독소환(毒掃丸)

19-10 겐고-루(ケコル) 內服 淋病 ケコル 短日內服으로 快心의 全治

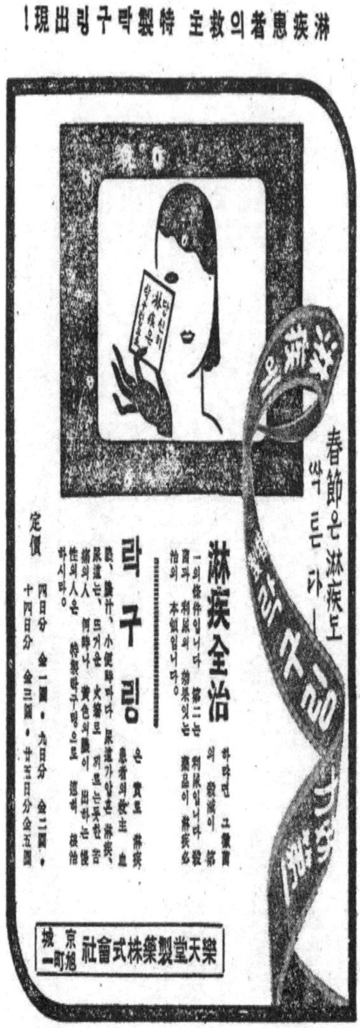

19-11 락구링 淋疾患者의 救主
特製 락구링 出現

19-12 네오아루사미노루
(ネオアルサミノール)
朝鮮三共株式會社(조선삼공주식회사)

19-13 도리아논(トリアノン)-双球菌까지라도 克服하는 스루파피리친의 新發明

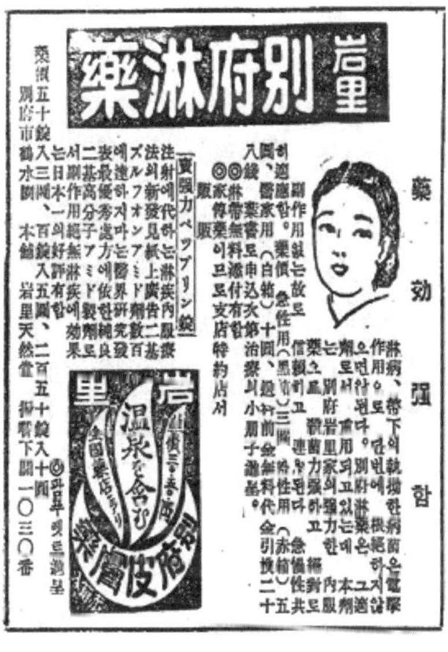

19-14 별부임약(別府林藥) 別府林藥 藥效强함

19-15 렌보긴정(レ ン ポ キ ン)-急性 慢性 化膿病에 化學療法劑

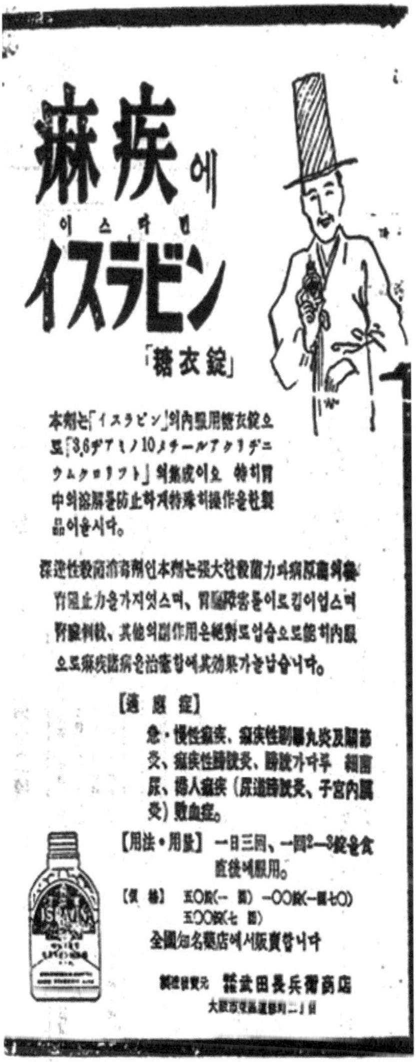

19-16 이스라빈(イスラビン)
-淋疾에 イスラビン

19-17 도약반 입약(雨后晴, 일소 작, 만화)

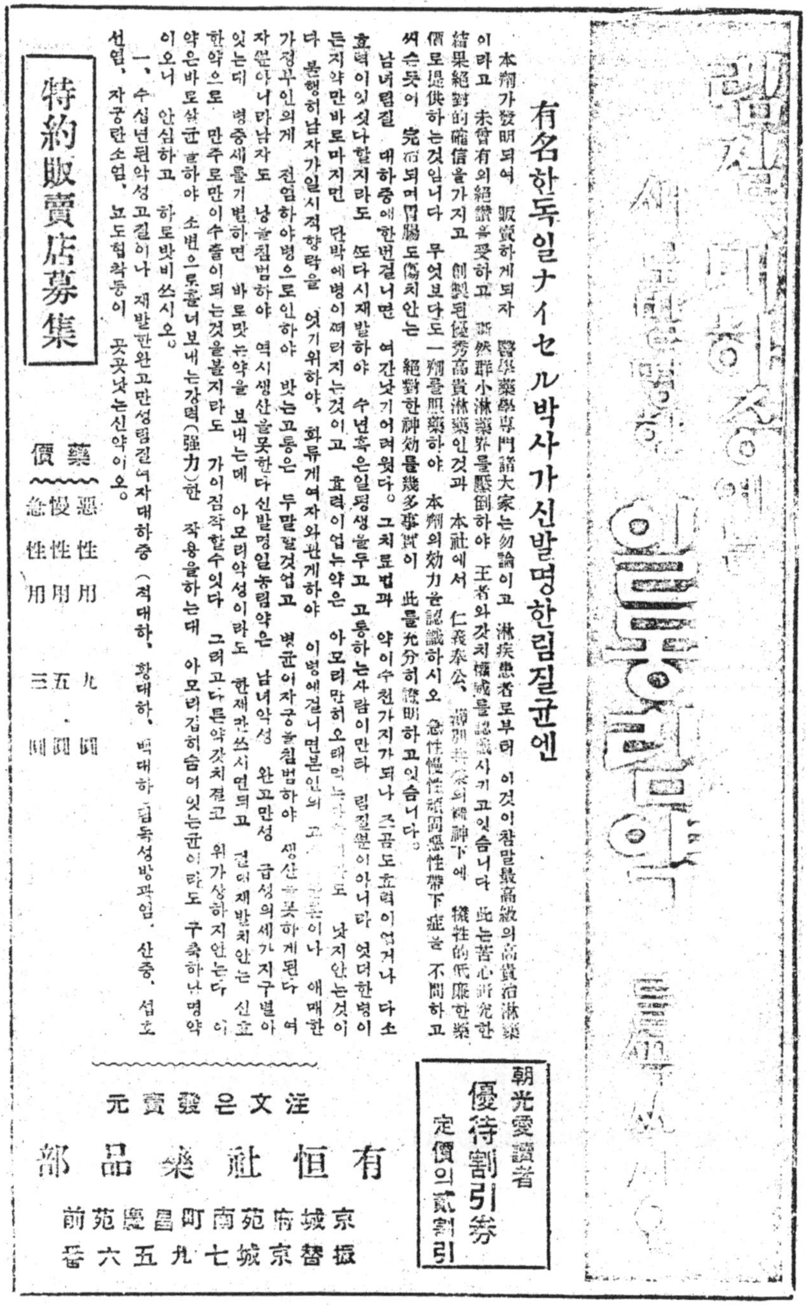
有名한독일ナイセル박사가신발명한림질균엔
本劑가發明되여 販賣하게되자 醫學藥學專門諸大家는勿論이고 淋疾患者로부터 이것이참말最高級의高貴治淋藥이라고 未曾有의絶讚을受하고 斷然群小淋藥界를壓倒하야 王者와갓치權威를認識사키고잇슴니다 此는苦心研究한結果絶對的確信을가지고 創製된優秀高貴淋藥인것과 本社에서 仁義奉公、薄利主義의精神下에 犧牲的低廉한藥價로提供하는것입니다 무엇보다도一劑를服藥하야 本劑의効力을認識하시오 急性慢性諸兩惡性帶下症을 不問하고 씨슨듯이 完治되며胃腸도傷치안는 絶對한神効를幾多事實이 此를充分히證明하고잇슴니다。
남녀림질 대하증에한번걸니면 여간낫기어려웟다。그치료법과 약이수천가지가되나 조곰도효력이업거나 다소효력이잇섯다할지라도 또다시재발하야 수년혹은일평생을두고 고통하는사람이만타 림질뿐이아니라 엇더한병이든지약만바로마지면 단박에병이떠러지는것이고 효력이업는약은 아모리만히오래먹는다하야도 낫지안는것이다 본행이남자가일시적향락을 엇기위하야、화류계여자와관계하야 이병에걸니면본인의고통이나 애매한가정부인의게 전염하야병으로인하야 밧는고통은 두말할것업고 병균이자궁을침범하야 생산을못하게된다 여자뿐아니라남자도 낭을침범하야 역시생산을못한다신발명일동림약은 남녀악성 완고만성 급성의세가지구별이잇는데 병증세를구별하면 바로맛는약을 보내는데 아모리악성이라도 한재만쓰시면되고 결코재발치안는 신효한약으로 만주로만이수출이되는것을볼지라도 가이짐작할수잇다 그러고다른약갓치쳘고 위가상하지안는다 이약은바로살균을하야 소변으로흘녀보내는강력(强力)한 작용을하는데 아모리깁히숨어잇는균이라도 구축하나니명약이오니 안심하고 하로밧비쓰시오。
一、수십년된악성고질이나 재발한완고만성림질여자대하중(적대하、황대하、백대하)급독성방광염、산중、섭호선염、자궁란소염、뇨도협착등이 곳곳낫는신약이오。
特約販賣店募集
藥價
惡性用 九圓
慢性用 五圓
急性用 三圓
朝光愛讀者
優待割引券
定價의貳割引
注文은發賣元
有恒社藥品部
京城府苑南町昌慶苑前
振替京城七九五六番

19-18 일동임약

19-19 무소린(ムソリン)-世紀醫學의 最大收穫!
淋疾 化學治療劑, 흑전약품상회(黑田藥品商會)

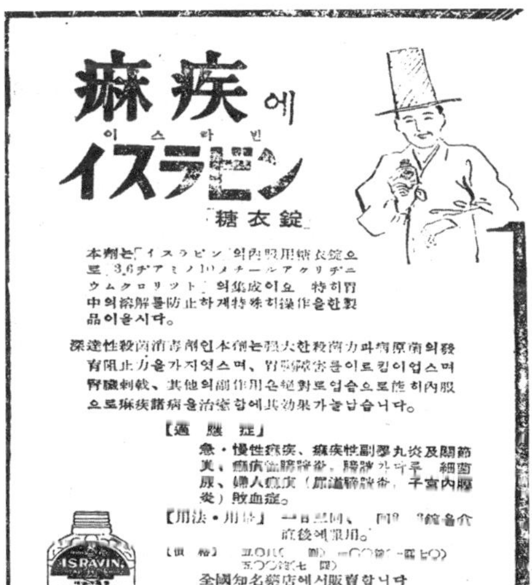

19-20 이스라빈(イスラビン) 淋疾에 イスラビン

19-21 고노바린(コノバリン)-林病을 根治하는 時代는 왔다

19-22 루-지루(ルジ-ル)-急性慢性淋病에 ルジル

慢性惡性이 훌륭하게 快癒

淋病藥熱逆療法發見

最近流行인化學藥으로낫지않는분에게

淋病菌은熱에가장弱한病菌으로四十度以上의熱로全滅되지만直接몸에高熱을넛는것은絶對不可能한일이나이번發見된藥熱逆療法은或種의黑燒劑과酒와의併用作用으로서膀胱及尿道에四十九度假量의異常한熱을이르켜서其熱로써서深部病巢內에잇는淋菌은모두尿道內로나와서尿道에서殺菌排出하게된다。이것을거듭하야殺菌하므로惡性慢性이라도大箱二箱만服用하면根本에서부터治癒된다。惡性慢性이이와가트니輕症은더욱治癒가速하다。慢性症으로淋疾나尿의混濁이아무리하여도없어지지않는분이이藥을服用하면얼마보도록速하게낫는다。

또全身에毒이퍼지서神經痛이나關節炎으로괴로운분에게第一좋다。膿이나오는분이이藥을服用하면一時는膿이많이나오지만念慮없다。많이나오면逆治된다。發賣元에서는如何한難症이라도大箱三箱子이면責任을지며낫지않는분에게는나으실때까지無料로送藥하여全快되시도록하므로病者는安心하고服用하라。近來化學藥品이流行하야數없이發賣되고있지만一長一短으로容易하게全治되지않고도리혀胃腸障害나神經을損해서괴로워하는분이많다。大體로化學藥은一時藥의反應은있지만그것은낫는것이아니고强한刺戟으로病狀을누르므로도리혀나쁜結果가된다。이것은服藥經驗者가많은줄알무로特히注意를요한다。하여튼어떤化學藥이라며라도그렇게簡單하게낫는病이아니고相當한日數를要하므로快乙燥急하게治療해서는않이된다。더구나化學藥은副作用이있고반드시오래服用하지못하게되여途中에中斷하게된다。그러나藥熱逆療法コノモト(고노모도)는副作用이絶對없고臭氣나色이좋지않고먹기쉬운粉末이고또他藥으로낫지않아困難한분으速히服用하여꼭치따반드시기뻐하신다。

男子

排膿하는분、아픈분
尿가濁한분、肛門邊에惡感
橫痃腺邊惡感、아픈분

子女

淋毒性關節炎、神經痛、류ー마치
膀胱좋지않고、小便자조미렵고
헷배부르고、아푸며、白帶下、腰痛
陰氣

그리고希望하는분은東京市下谷區御徒町三丁目柴崎製藥所(振替東京三一八五八番)으로申込二십시요慢性用大箱(十五回分)十圓、半箱六圓、急性用小箱(四回分)三圓送料內地十錢海外四十二錢입니다。

朝鮮特約店

京城鐘路四丁目	山崎仁壽堂
大邱府元町	町田回春堂
馬山府京町	石見屋藥店
元山府本町	澄田回天堂
釜山府天町	大黑南海堂
釜山府天町	藤田藥房
仁川府本町	北島藥房
大田府本町	小林藥局
光州府本町	木下藥局
平壤大和町	森田藥店
群山大和町	神村藥店
木浦大和町	木下藥局
全州大正町	上田藥局

19-23 고노모도(コ ト モ ト)-慢性惡性이 훌륭하게 快癒 淋病藥逆純治療法發見

19-24 아루바두루(アルバヅル)錠-急性淋病 慢性淋病 其他 만가지의 化膿에!

19-25 試藥進皇-淋病을 집에서 곳치는 藥을 無料로 드린다 試藥

強力한 殺菌排毒作用에 依한

短期化學內服治療法

化學內服劑의 出現

노—벨醫學賞

リンダリン錠의 發表

治療效果와 適應症

19-26 임병 린디린정 단기화하내복치료법

19-27 사투타리무(サツタリム)
-淋疾에 サツタリム 最短期間內服으로 徹底的으로 殺打林!

19-28 임질 경성도약방 임약

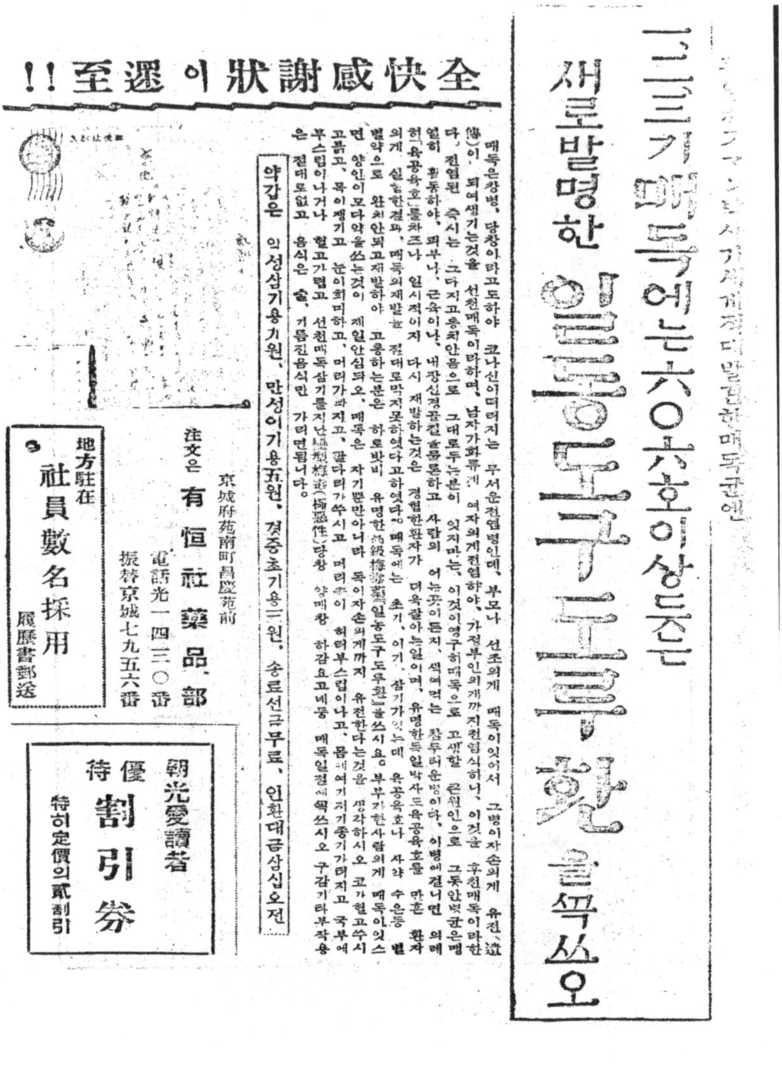

19-29 일동도루도루환
-一 二 三기 매독엔 六0六호이상을 듯는 새로 발명한 일동도루도루환을 꼭쓰오

一目으로判知하는얼골과몸의

부름과腺病

머리가흐릿하며耳鳴肩臂痛이나고
手足과關節이결리고앞은분은

腦梅毒으로天痴가된다

瘀血을빼내고無毒하게되면全治된다

적경에傷處를가지고있는분으로前記와같은症狀으로辛苦하는분은注意하잖으면回復할수없는結果를낳게됩니다 그러나以上은體外에 나타난症狀에不過합니다마는이것이 體內의血液中에 潛入하면腦梅毒을이르켜 天痴나精神病으로되여最後에는死의길을 밟게됩니다

그런데 그것을 罪의報復이니할수없다고해두고 아무罪없는愛妻의肉體를 더렵혀서마음내는 流産早産으로苦生케하고 多幸히生産을해서도 不具者나天痴가나서는 생각만해도몸서리가날일입니다 이것은自古로「自慢과 癖氣가없는者는 없다」라는말이잇는만큼梅毒에感染되여 治療는하였으나

아주 幾分그毒이남어있는분이나 自覺症狀이없기때문에感染된줄모르는분이나或은父母로부터 받은遺傳毒들이 不知不識間에體內깊이 潛在해있는동안 세月常嗜好하는酒煙草의毒과其他의原因으로 自然히 血液을濁하게해서 血行이妨害되기때문입니다 이러한原因을 古方醫學에서는 總括해서「瘀血」이라고하고 이것을排泄하는것을 治療原則으로 생각한先哲醫

ルイレキ解剖圖

聖에 依하야 各方面으로 그方法이 研究되고있었읍니다 例를들면蛭과吸角에依한 瀉血法或은破血劑와稱하는峻下劑等 어러가지로있읍니다 마는 어느거나 幾分의副作用을同伴하는 缺點있음을痛感한本研究所에서는 前警視廳吉原遊廓吉原病院에多年間奉職하시던小屋長明先生과協力하야 現代醫藥學的見地에서 古方醫學을再檢討한結果病根「瘀血」을體外로 排泄해서血行을調整하니 自然히辛苦키든症狀은全治되여반드시 無毒한健康體로될수가있다는것입니다 苦生하는분은하로바삐本療法을 試驗해보시기勸奬합니다

梅毒菌

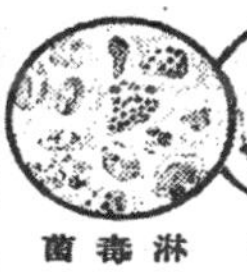

淋毒菌

無代進呈

더욱이 小屋長明先生께서 創見한「瘀血療法」의詳細를알고저 하는분은 東京市京橋區西八丁堀二ノ廿二 古醫學研究所로 葉書로申込하면 누구에게나 無料로보내드리는「瘀血療法」書라는 美本과 實驗例記錄을一讀하야주시면幸甚일까합니다

19 30 無代進皇-腦梅毒으로 天痴되다

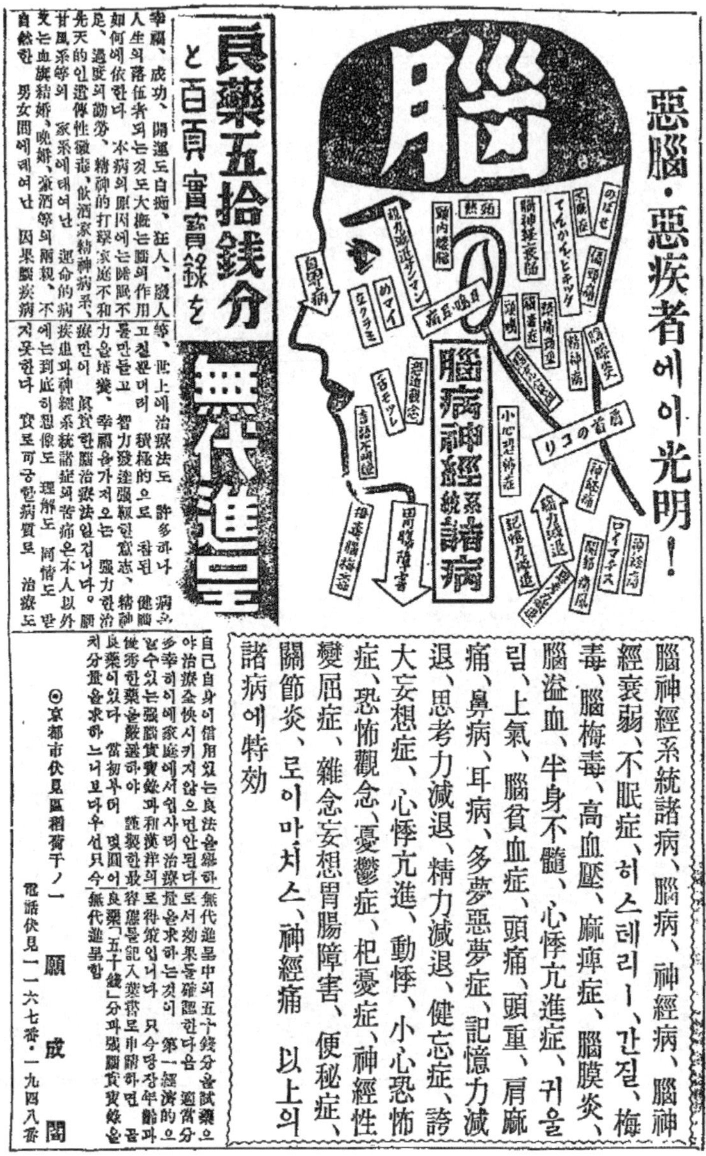

19-31 無代進皇-惡腦·惡病者에 光明!

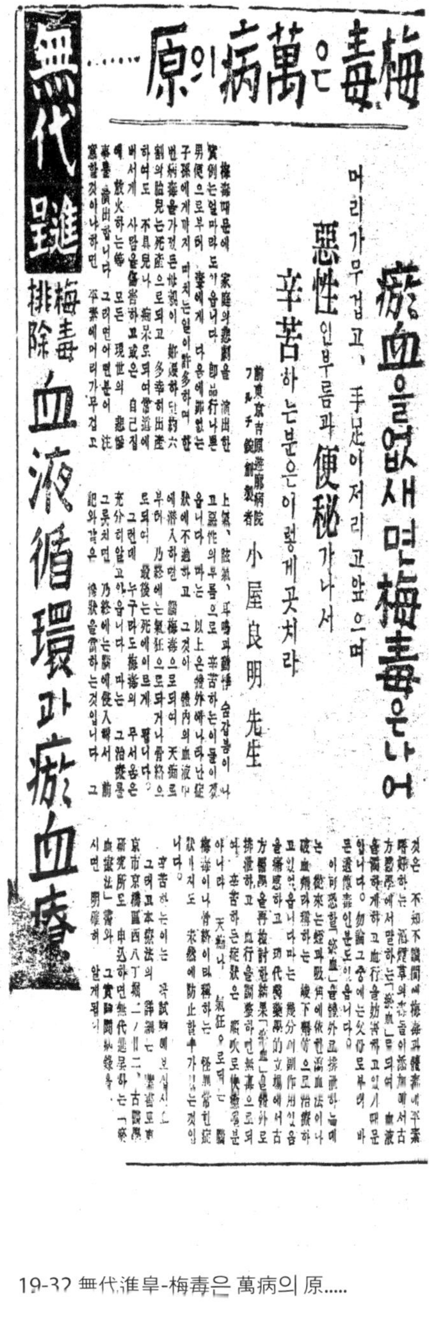

梅毒은 萬病의 原…… 無代進呈

瘀血을 없새면 梅毒은 나어

머리가 무겁고、手足이 저리고 압으며

惡性 인부름과 便秘가 나서

辛苦하는 분은 이렇게 곳처라

前東京吉原遊廓病院 フルチ館創設者 小屋良明 先生

梅毒排除 血液循環과 瘀血療

19-32 無代進呈-梅毒은 萬病의 原.....

19-33 無代進皇

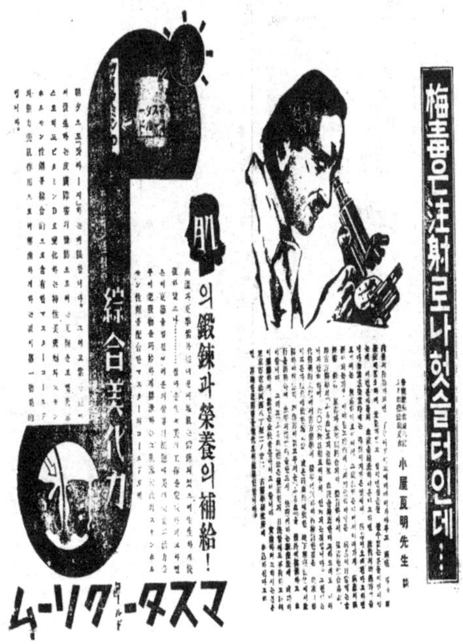

19-34 梅毒은 注射로나헛슬터인데....

梅毒은天痴나狂氣로된다

頭重、耳鳴、肩臂痛과부름은

腦梅毒의前兆입니다

「瘀血」을 업새고 無毒하게하는 新硏究

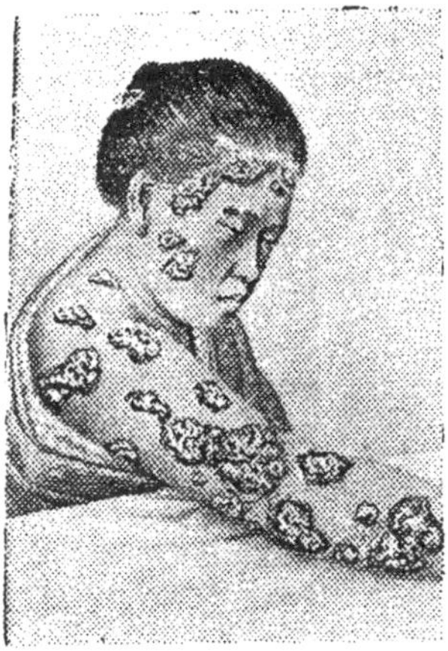

(보라 이 慘狀)

梅毒은 感染當時充分히 治療했는데도 어쩐지 몸이가볍잖고 恒常 頭痛、耳鳴 肩臂痛으로 辛苦하고 그우에 惡性인부름이생기고、手足이 저리고 차고아퍼서 무었을해도 오래 繼續할수없고 神經衰弱같이 記憶、根氣가薄弱하고 夜間에는 安眠을 이룰수 없다는분이 許多합니다 이러한분들은 젊은血氣의 過失에 因한感染毒이나 父母에서 받은 遺傳毒에서 日常嗜好하는 酒、煙草의毒같은것이 로엉켜綜合毒素 卽古方醫學에서 말하는 「瘀血」로되여 血液을濁하게하고 血行을 妨害하고있기때문입니다 이것을 氣候關係라든가 年齡關係라는程度로 簡單히생각해버려둔다면 얼마안가서 무서운腦梅毒이나 多幸히生命을 救했다해도 天痴나 狂人이되여 廢人同樣으로될뿐아니라다시 毒있는父母의 濁한血液은子孫까지 遺傳되여 아무罪없는子息에까지 害毒을미치게해서 平生不幸에울게하는實例가 往往인읍니다 이可恐할 病根「瘀血」을 從來는蛭에게 毒血을吸收시키거나 吸角으로血液을 뽑내는瀉血療法或은下劑라稱하는破血劑等으로 治療해왔읍니다마는 幾分의副作用있음을 痛感한當研究所에서는 多年間東京吉原遊廓病院 … 研究 하신 小宮 … 代 再檢討한結果穩健히 「瘀血」을體外로排泄해서血液을調整하는故로 血液은淸淨히되야 無毒한健康體로만들므로 辛苦하는症狀이 漸次낫게되는것은理致의 當然한바입니다

또本療法의 詳細한것은 葉書로東京市京橋區西八丁堀二ノ廿二 古醫學研究所로 申込하야 無代進呈하는「瘀血療法」書를一讀하야주시면 幸甚이겠읍니다

惡性梅毒으로 辛苦하든내가

朝鮮 金東[illegible]

(前略)再昨年友人에게 끌리여 色巷에 놀러갓일이잇읍니다 그때梅毒에感染되여 橫根의手術을받으면서 손이미치는데까지모든治療를하엿읍니다 그래서全快되엿다고만생각하고잇엇는데 最近全身特히등과가슴 帶에紫色의班點같은부름이나기 始作하고머리는흐릿하며 耳鳴이甚하고手足은저미고앞으며 허리는빠지는듯해서外出할수도없게되엿읍니다 腦梅毒의前兆인줄몰라唐慌해 이것저것 治療해보앗읍니다마는神痛한것이없이정말困境에빠졋을때에 不意에마침「フルチ錠」의 廣告를拜見하고卽時服用하엿드니부름도적어지고 머미도明快하게되여겨우天痴를免했다고 기뻐하고잇읍니다

詳細는東京市京橋區八丁堀二ノ廿二 古醫學研究所로申込하야 無代進呈하는「瘀血療法」書를 … 다

19-35 梅毒은 天痴나狂氣로 된다

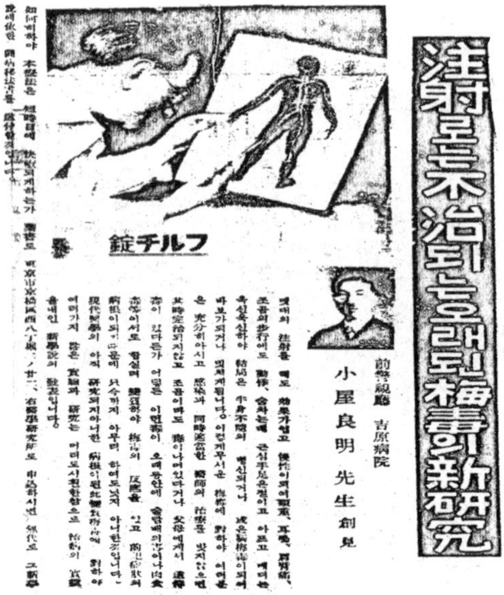

19-36 우루티(フルチ) 錠-注射로는 不治되는 오래된 梅毒의 新研究

19-37 벨츠(ベルツ)丸-內服用 ベルツ

20. 기타

20-1 설사와 복통 固腸丸(樂天堂製藥株式會社), 下痢에! 腹痛에!

20-2 지라누신-간질에 직효

간질병

까무러치는것 (腦貧血)

肢暈、어지럼症、頭痛으로呻苦하는분。머리가흐렷해서記憶力理解力이鈍한분。夜間睡眠中、又는月經時에發作하는분。어데서나卒倒해서망신을當하는분。입에거품을물고몸부림하고苦痛받는분。每日數回의痙攣頻發도는도뎀수없는분。여러가지加療도効없이점점나빠지는분。

以上의病으로呻苦하는不幸한사람을救한다

「癲病研究書」百頁美本 (無料進呈)

富吉腦藥院研究所

和歌山市公園側、片岡町大路

電話一〇八三番

20-3 간질병-까무러치는 것(뇌빈혈)

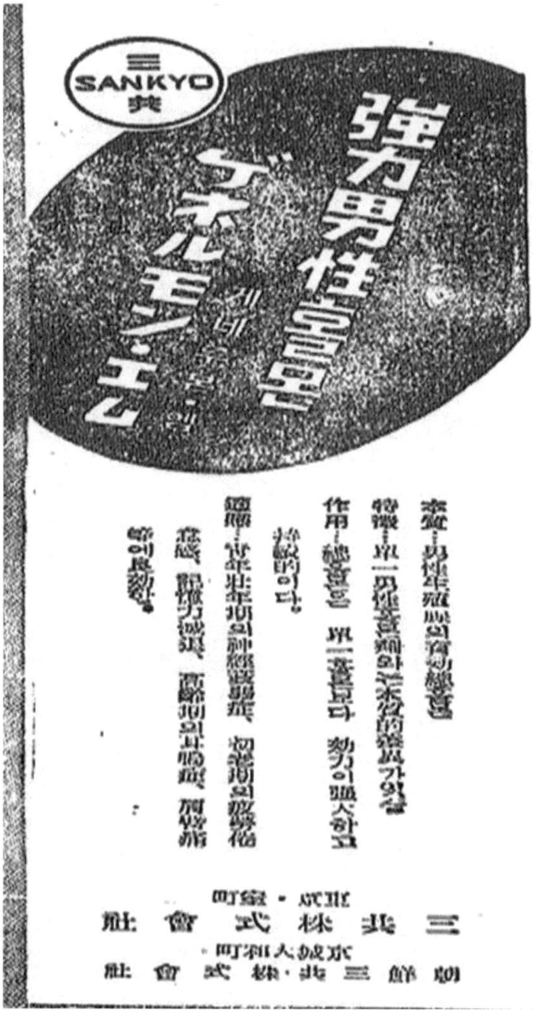

20-4 게네루몬 엠(ゲネルモン.エム)-强力男性홀몬 ゲネルモン.エム

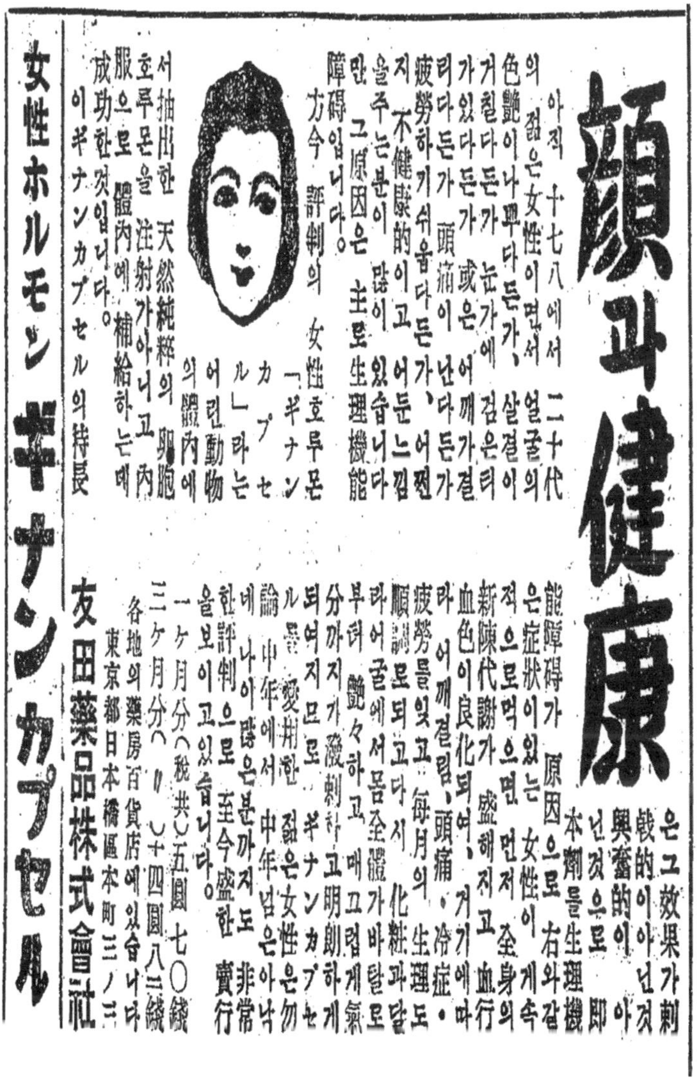

20-5 기난가부셀(ギナンカプセル)
-顔과 건강 우전약품, 女性 ホルモン(여성호르몬). ギナン·カプセル·

20-6 후루테錠(フルテ)-瘀血フルテ錠

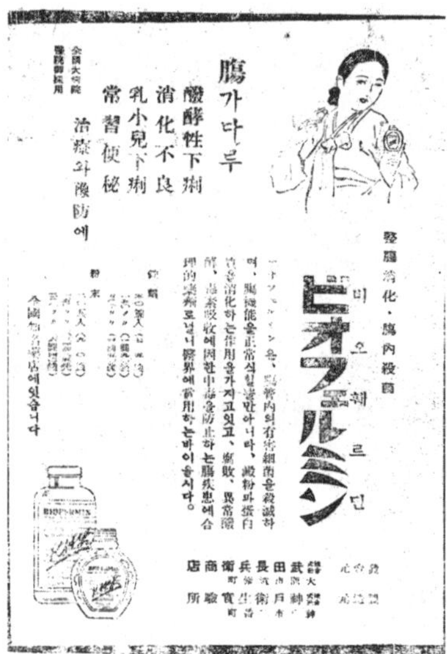

20-7 비오훼르딘(ビオフェルディン)-腸 ビオフェルディン

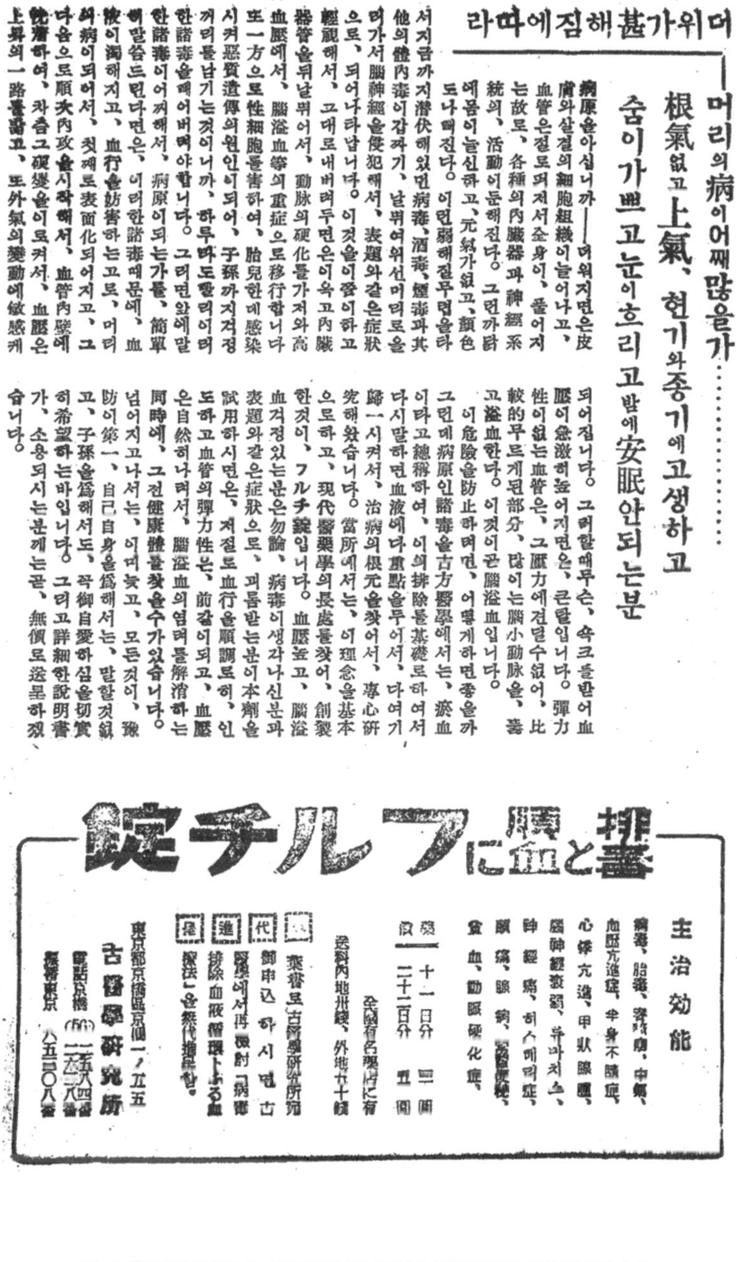

20-8 후루테錠(フルテ)-머리의 病이 어째많을까 根源없고 上氣, 현기와종기에 고생하고 숨이가쁘고 눈이흐리고 安眠안되는분

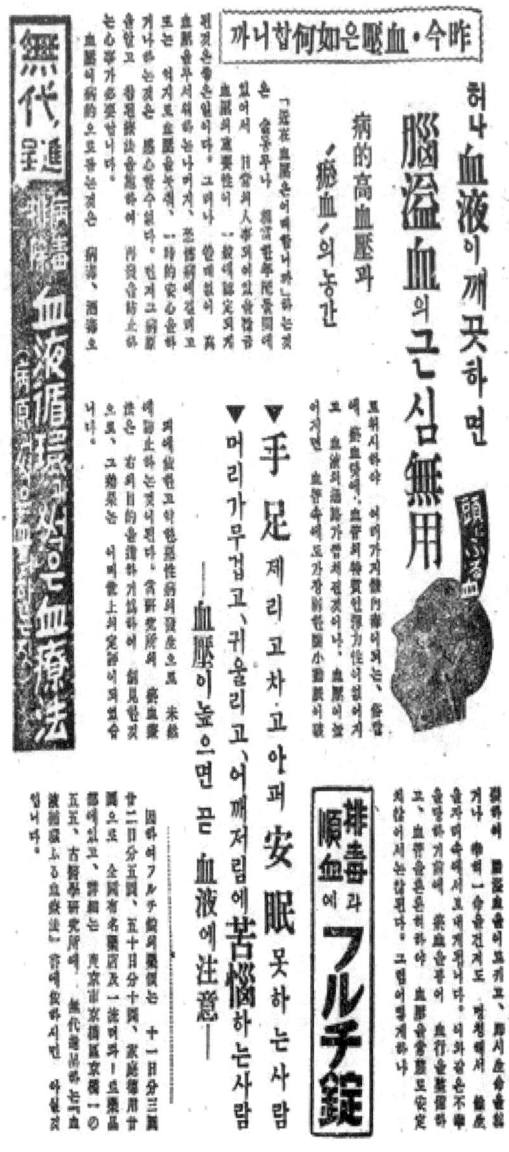

20-9 후루테錠(フルテ)-금일.
血壓은 如何합니까 허나 血液이 깨끗하면 腦溢血의 근심無用

20-10 비오후엘민(ビオフエルミン)-腸疾患に ビオフエルミン

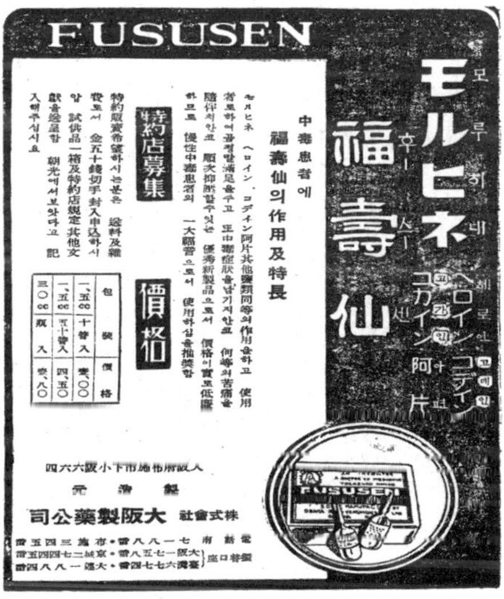

20-11 모르히네(モルピン) 후스센(福壽仙)-진통제, モルピン 福壽仙, ヘロイン コカイン 阿偏 헤로인, 몰핀, 코카인, 아편 등의 마약 중독자들을 대상으로 한 광고로 특약점 광고모집을 함께 싣고 있다.

20-12 라지온 요법(ラチオン療法)
-진통제, 中病者의 自宅治療에 光名! 純情 라디움으로 製作 된 ラチオン療法

20-13 안민정(アンミン錠)-不眠症에 アンミン錠

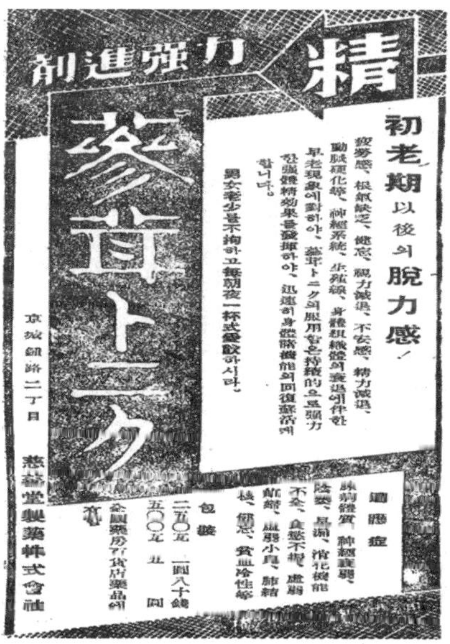

20-14 산용 도니쿠(蔘茸トニク)-건망증, 피로

20-15 베루스환(ベルツ丸)-해독, 모든 독을 뿌리빼주는

20 16 해초전(海草精)-世界的으로 淸血排毒의 二重作用의 名藥

20-17 萬人油-만병통치 외상연고

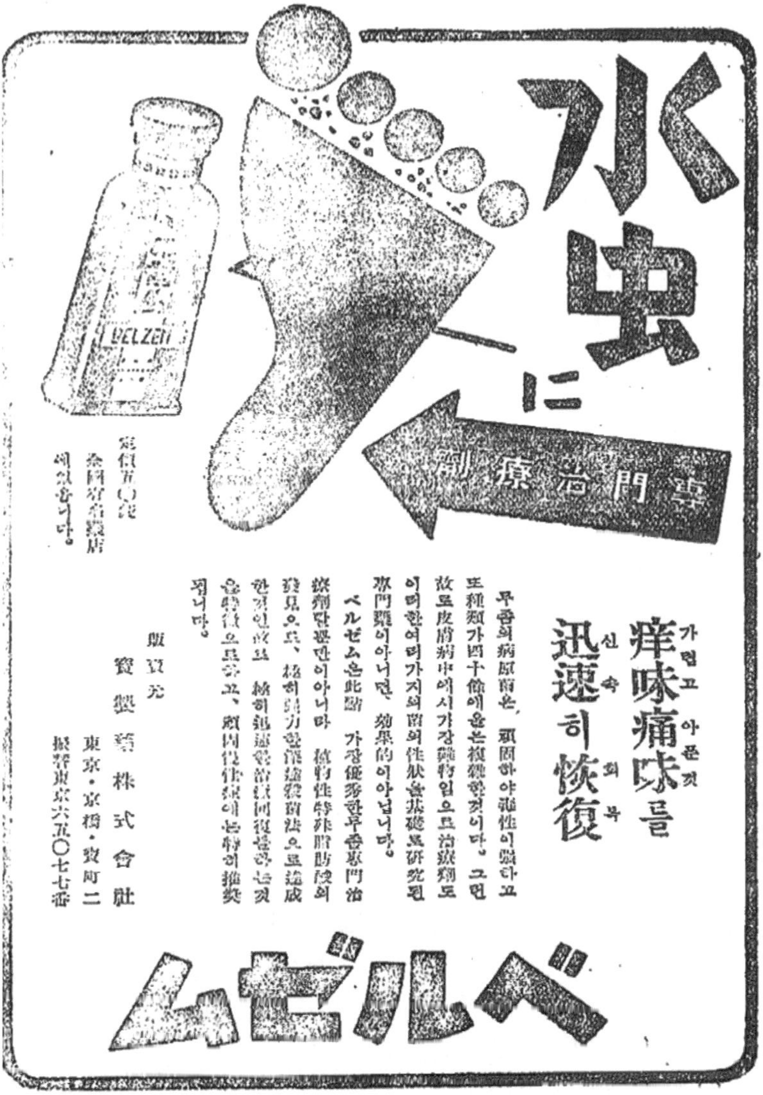

20 18 벨젠 ベルゼム-무좀, 水虫에 ベルゼム, 가렵고 아푼것을 신속회복

20-19 비오훼루민(ビオフエルミン)-장 질환에는 ビオフエルミン.
지금의 비오비타이다. ビオフェルミン(비오훼루민)은 정장제(整腸劑)의 하나
(일본 다케다(武田) 약품회사의 유산균제약이다.

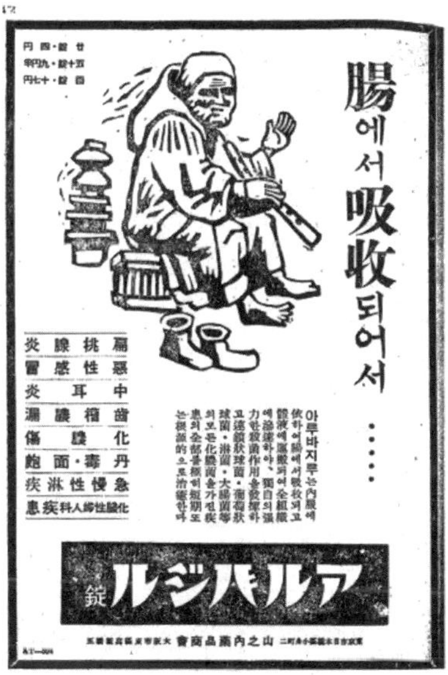

20-20 아루바지루(アルバジル)-腸에서 吸收되어서.... アルバジル錠

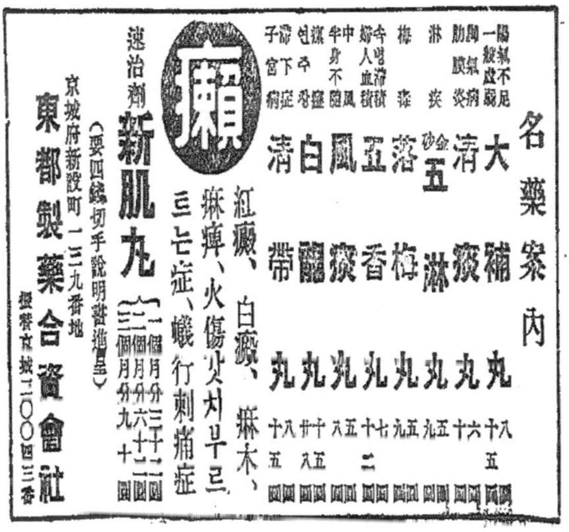

20-21 新肌丸-나병

頭重、肩臂痛、不眠은腦溢血의前兆

血壓이높고、手足이차고압흔분은

瘀血을빼내면、血壓도나리고健康해

神經衰約에걸닌것처럼 頭腦가明析치 못하고 恒常頭痛과頭重으로 苦痛하며 귀가울고 억개가묵업고 손발이저리며서 밤잠을잘일우지못하고 記憶力과判斷力이 減退하야 머리와 身體가묵직하야 무엇을할지라도 永續치못하며 血壓은높하지고 뼈마디가모다쑤시며 가삼이두군거리고 숨이몹시잡버서 저절근실되든남어지 여러가지方法을 다하여보았으나 病勢는 一進一退하야 알만하야도 시원치않어서 困難을받는분이많음니다。

이러한분에는 흔히 한번病毒에感染되야 治療는하였으나 病根이없어지지 않은분이거나 或은遺傳病毒으로 날때부터 血液中에毒素가潛在하야 게다가오래동안의 酒、煙草의毒 肉食毒에因하여서도 血壓이높하지고 婦人네들은月經不順、生産、特히 流産이나 早産等으로도 血液이 濁하여집니다。 옛적에는 이것이모다『瘀血』와 작난인줄도모르고 그대로 내버려두거나 姑息的療法을 取하거나 하였읍니다

血液循環圖

그럼으로 病勢는 漸漸惡化하야 突然腦溢血이나 心臟麻痺、狭心症等으로 生命을버리기도하고中風이나 半身不隨가되여서 廢人이되다십이하야 一生을보내게 됩니다。 古醫學研究所에서는 이러한不幸한분들을救할길이 없을가하야 여러가지로 苦心研究한結果 從來의『瘀血』療法 即거멀이에게毒血을빨게하거나 침으로피를빼는等一時的瀉血療法과는 特異한 內服藥의힘으로 病根되는『瘀血』을 治療하는藥品完成에 成功하였읍니다。

藥名은『フルチ錠』라고하는데 여러해동안의病毒으로 血液이濁하고 血壓이높고 頭重、耳鳴、肩臂痛、手足의저림、足腰의厥冷과 곳마다쑤시는데、神經痛、류마치스、便秘、貧血、不眠症갈은것은 大概『瘀血』에因한것이오니 病勢가進行하기前에하로밧비 이療法을試驗하시와 血液을곱게하야 산뜻한健康體가되여주시기 바라는바입니다。

永年의 惡性梅毒이

京城 朴 忠 勇

…再昨年동모에게 끌니워서 遊里에 발을드려놓았읍니다 其時惡性梅毒에感染되여 밧비여러가지로 治療를바덧지만은 今年봄부터全身 그中에도동뒤와가삼에 여드룸갈은게나서 恒常머리가묵어워서 疲勞하기쉽고 肢氣조차생겨서 外出하기도싫고(中略)문득『フルチ錠』의廣告를 보고疑心은하면서도 服藥하였드니 其後머리도大端히가벼워지고 부름도漸漸없어지기始作하야 至今은간간히 장사도나가게 되였읍니다。 그렇게苦痛받든 症狀도없어졌읍니다。

無代進呈

小屋長明先生이 永年苦心研究한結果斯界에 發表한『瘀血新療法』의詳細는 東京市京橋區西八十堀二ノ廿二古醫學研究所로 申込하시면 누구에게든지 無代로 보내 드립니다。

20-22 無代進皇-불안, 不安은 腦溢血의 前兆

20-23 히도노골 나병, 문등病特效治療劑

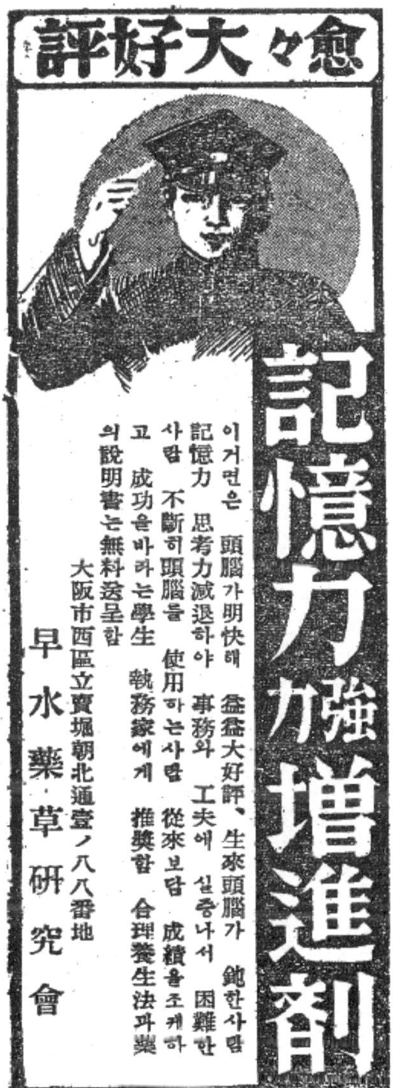

20-24 기억력증진제(記憶力 增進劑)

20-25 판제, 남경충약-해충약, バンゼ 南京蟲

20-26 북원약품(北原藥品)-ネオスエー(네오스에, 제혈제),
아루스 위장약(アルス胃腸藥), 救命環(소아용약), 北元下痢止(이질약)

20 27 혼후구(ホンフグ), にきび專門!! 여드름 전문

20-28 데루모라이쓰(テルモライス)-(습포제) 반시간이며 충분한 濕布藥

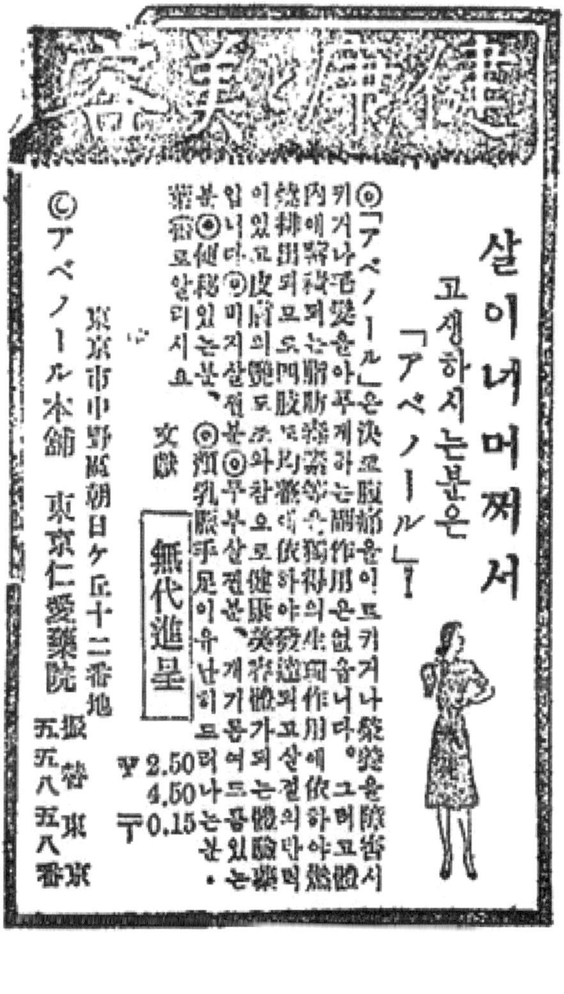

20 29 아베놀(アベノル)-다이어트약, 살이너머쩌서 고생하시는분「アベノル!」

IV 『朝光』 의약품 광고 기사목록

일러두기

1. 기사목록에서 화장품을 여드름 치료제로 선전하는 광고와 염색약 등은 목록에서 제외하였다.
2. 의약품 기사 중 지면에 혼선이 있거나 목차와 달라 확인이 필요한 부분은 비고란과 기사 박스에 표시를 해두었다.

* 약 광고목록을 입력해주신 인하대 윤진현 선생님께 감사드립니다.

4

『朝光』 의약품 광고 기사목록

발간연월	호수	통권	제목(광고)	지면수	비고
1935.10	01-01	1	아페링 정/네오톤 토닉	9-10	
1935.10	01-01	1	독소환(매독 치료제)	401	
1935.12	01-02	2	네오톤 토닉/아페링 정	5-6	
1935.12	01-02	2	미신환(부인병 치료제)	219	
1935.12	01-02	2	바로루(임질치료제)	250	
1935.12	01-02	2	이경보태환, 돈익구 : 보인당약방	364	
1935.12	01-02	2	독소환(매독 치료제)	378	
1936.01	02-01	3	동화제약 기사회생 활명수	128	
1936.01	02-01	3	임질 바로루	129	
1936.01	02-01	3	결핵치료제 케리오스	189	
1936.01	02-01	3	감기약 동화 지해로	238	영인본은 결본
1936.02	02-02	4	네오톤토닉, 노르모산 정		
1936.02	02-02	4	양명주	접는면	위장이 약하든 내가
1936.02	02-02	4	임질	327	선변
1936.02	02-02	4	미신환	면수없음	
1936.03	02-03	5	네오톤, 노르모산	접는면	

발간연월	호수	통권	제목(광고)	지면수	비고
1936.03	02-03	5	양명주,	접는면	근기와 체력을 강케
1936.03	02-03	5	미신환	면수없음	
1936.03	02-03	5	임질약	259	
1936.04	02-04	6	네오톤, 아페친정	접는면	
1936.04	02-04	6	양명주	접는면	근기와 체력을 강케
1936.04	02-04	6	보인당약방 돈익구	132	
1936.04	02-04	6	溱제약 콧병약	133	
1936.04	02-04	6	임질약	183	
1936.04	02-04	6	미신환(부인병 치료제)	319	
1936.04	02-04	6	루○ 남자에 급고	326	남성성기 개선제 하단1/2박스
1936.05	02-05	7	네오톤토닉, 아페친 정	접는면	
1936.05	02-05	7	양명주	면수없음	
1936.05	02-05	7	돈익구(보인당 약방)	136	하단1/2박스
1936.05	02-05	7	루○남자에 급고	190	하단1/2박스
1936.05	02-05	7	임질약	226	전면
1936.05	02-05	7	미신환		
1936.05	02-05	7	남성생식기약소의 건전발육 임병 고루센	403	
1936.06	02-06	8	로도 안약	면수없음	
1936.06	02-06	8	미신환		
1936.06	02-06	8	돈익구(보인당)	178	하단1/2박스
1936.06	02-06	8	독소환	289	
1936.07	02-07	9	네오톤 토닉, 다모라	접는면	
1936.07	02-07	9	양명주	접는면	
1936.07	02-07	9	미신환	267	
1936.07	02-07	9	독소환	401	
1936.08	02-08	10	네오톤토닉/다모라		
1936.08	02-08	10	매독약		
1936.08	02-08	10	미신환	299	
1936.08	02-08	10	후미나인	면수없음	
1936.09	02-09	11	네오톤 토닉, 다모라		

발간연월	호수	통권	제목(광고)	지면수	비고
1936.09	02-09	11	신요법		
1936.09	02-09	11	매독약, 피부미백		
1936.09	02-09	11	발모제 - 후미나인	87	
1936.09	02-09	11	남성생식기 치료	106	하단1/2박스
1936.09	02-09	11	미신환	127	
1936.09	02-09	11	사로메지루(진통연고)	225	하단왼쪽1/4박스
1936.09	02-09	11	하리바 간유	246	하단왼쪽1/2박스
1936.10	02-10	12	네오톤 토닉, 이스라빈(임질약)		
1936.10	02-10	12	瘀血약(고의학연구소)		
1936.10	02-10	12	남성생식기 치료	121	하단가로1/2박스
1936.10	02-10	12	후미나인(발모제)	213	세로왼쪽1/2박스
1936.10	02-10	12	미신환	227	
1936.10	02-10	12	백일해 지밋신	363	하단왼쪽1/4박스
1936.10	02-10	12	비오스성	396	하단중앙1/4박스
1936.10	02-10	12	보혈강장제		
1936.11	02-11	13	네오톤, 이스라빈 당의정	접는면	
1936.11	02-11	13	매독약, 피지제거제		
1936.11	02-11	13	보혈강장제	77	
1936.11	02-11	13	미신환	107	
1936.11	02-11	13	早○남자께 급고	223	
1936.11	02-11	13	호흡기병 보강제 하리바	258	
1936.11	02-11	13	사로미지루 연고	268	
1936.12	02-12	14	네오톤, 이스라빈 당의정	접는면	
1936.12	02-12	14	백일해 지밋신	33	하단왼쪽1/4박스
1936.12	02-12	14	호흡기보강제 하리바	37	하단왼쪽1/4박스
1936.12	02-12	14	미신환	137	
1936.12	02-12	14	强腎丸	230	
1936.12	02-12	14	폐병약 유고루(有恒社약품부)	231	
1936.12	02-12	14	보혈강장제	245	세로왼쪽1/3박스
1936.12	02-12	14	早○男子께 急告(성동원약품부)	273	하단좌측1/4박스
1936.12	02-12	14	건강증진약	354-355	
1936.12	02-12	14	후루지(이명약)	359	하단좌측1/2박스
1936.12	02-12	14	남성생식기약소의 건전발육	401	

발간연월	호수	통권	제목(광고)	지면수	비고
1937.01	03-01	15	네오톤, 이스라빈	접는면	
1937.01	03-01	15	미신환	85	
1937.01	03-01	15	早○남자께 급고	115	하단좌측1/4박스
1937.01	03-01	15	이명치료	238	하단좌측1/4박스
1937.01	03-01	15	强腎丸	260	
1937.01	03-01	15	폐병약 유고루	261	
1937.02	03-02	16	네오톤, 이스라빈	접는면	
1937.02	03-02	16	두통 불면증 등/마스타배니싱	접는면	광고목차와 상이
1937.02	03-02	16	미신환	73	
1937.02	03-02	16	早○남자께 급고	93	하단좌측1/4박스
1937.02	03-02	16	보혈강강제	203	좌측세로1/3박스
1937.02	03-02	16	남성 진공수치기	216	하단가로1/2박스
1937.02	03-02	16	미신환 유항사약품부	262	
1937.02	03-02	16	유고루 유항사약품부	263	
1937.02	03-02	16	일동도구도루환 유항사약품부	264	
1937.02	03-02	16	일동림약(임질) 유항사약품부	265	
1937.02	03-02	16	남성생식기	435	
1937.03	03-03	17	화록용정혈		
1937.03	03-03	17	네오톤, 이스라빈	접는면	
1937.03	03-03	17	코병 치료서 무료증정	48	하단가로1/2분할
1937.03	03-03	17	미신환	49	
1937.03	03-03	17	보혈강장제	55	세로좌측1/3분할
1937.03	03-03	17	남선생식기 건전발육	150	하단가로1/2박스
1937.03	03-03	17	송도교(폐병치료)	218	하단1/2박스
1937.03	03-03	17	동경신요법연구소(생식기)	401	
1937.04	03-04	18	화록용정혈		
1937.04	03-04	18	유한양행, 아페링 정	접는면	
1937.04	03-04	18	매독약, 마스타 콜드크림	접는면	
1937.04	03-04	18	미신환	41	
1937.04	03-04	18	早○남자께 급고	217	하단좌측1/4박스
1937.04	03-04	18	금률박사 발견의 신요법	218	
1937.04	03-04	18	강신환(유항사약품부)	226	
1937.04	03-04	18	유고루(유항사약품부)	227	

발간연월	호수	통권	제목(광고)	지면수	비고
1937.04	03-04	18	일동림약	244	
1937.04	03-04	18	일동도구도루환(매독)	245	
1937.04	03-04	18	신경통 약 증정(하래의원약품부)	310	하단좌측3/8박스
1937.04	03-04	18	임질약 증정(하래의원약품부)	315	하단좌측1/4박스
1937.04	03-04	18	폐병 늑막 全治法	349	세루좌측1/2박스
1937.04	03-04	18	보혈강장제	397	
1937.05	03-05	19	화록용정혈		
1937.05	03-05	19	유한양행, 아페링 정	접는면	
1937.05	03-05	19	백보환, 마스타 바니싱크림	접는면	
1937.05	03-05	19	하래의원약품부(신경통)	39	하단좌측1/4박스
1937.05	03-05	19	인축무해 맹독까스(イマツ제)	83	살충제
1937.05	03-05	19	광명원(신경쇠약과 정력증진)	162	좌측세로3/5박스
1937.05	03-05	19	송도교정(폐병약)	181	하단가로1/2박스
1937.05	03-05	19	하리바(호흡기병 치료)	193	세로좌측1/2박스
1937.05	03-05	19	보혈강장제	203	세루좌측1/3박스
1937.05	03-05	19	천식, 신경통, 중풍, 고혈압 약	204	
1937.05	03-05	19	지밋신(감기약)	215	세로좌측1/2박스
1937.05	03-05	19	(위장약) 전국 효과 수기	238-239	근원상
1937.05	03-05	19	유고루(폐병, 유항사약품부)	250	
1937.05	03-05	19	하래의원약품부(임질약 무료제공)	265	하단좌측1/4박스
1937.05	03-05	19	폐병약	379	세로좌측1/2박스
1937.06	03-06	20	화록용정혈		
1937.06	03-06	20	네오톤, 미오 훼르딘	접는면	
1937.06	03-06	20	백보환, 마스타 바니싱크림	접는면	
1937.06	03-06	20	미신환	43	
1937.06	03-06	20	독까스(살충제)	83	
1937.06	03-06	20	하래의원약품부(임질약 무료증정)	162	하단좌측1/4박스
1937.06	03-06	20	(근육강화제) 전국사용후기	226-227	
1937.06	03-06	20	보혈강장제	254	세로좌측1/2박스
1937.06	03-06	20	폐병약	295	세로좌측1/2박스
1937.06	03-06	20	생식기 기능증대	329	
1937.07	03-07	21	화록용정혈		
1937.07	03-07	21	양명주, 포리디민	접는면	

발간연월	호수	통권	제목(광고)	지면수	비고
1937.07	03-07	21	백보환, 마스타 바니싱 크림	접는면	
1937.07	03-07	21	구심(심장약)		
1937.07	03-07	21	신경통약	93	
1937.07	03-07	21	미신환	111	
1937.07	03-07	21	살충제	171	
1937.07	03-07	21	임질약	198	
1937.07	03-07	21	근막염, 폐염 등 염증약	230	
1937.07	03-07	21	생식기기능장애(동경신치료법연구소)	234	
1937.07	03-07	21	보형강장제	286	세로좌측1/3박스
1937.07	03-07	21	네오톤	383	
1937.08	03-08	22	キツコ-コウマン(?)	접는면	
1937.08	03-08	22	양명주, 포리타민	접는면	
1937.08	03-08	22	백보환, フルチ정	접는면	
1937.08	03-08	22	코병약(도꾸도루 선생?)	79	하단가로1/2박스
1937.08	03-08	22	폐병치료법	152	
1937.08	03-08	22	궁내선진당 약국(부인병약 통신판매)	99	
1937.08	03-08	22	천식, 신경통, 중풍, 고혈압 치료법	157	
1937.08	03-08	22	난소병 치료법	189	하단가로1/2박스
1937.08	03-08	22	뇌병 신경병	218	
1937.08	03-08	22	근막염, 뇌치료	220-221	
1937.08	03-08	22	생식기병	222	
1937.08	03-08	22	유고루(유항사약품부)	227	
1937.08	03-08	22	보혈강장제	246	세로좌측1/3박스
1937.08	03-08	22	위장약	364	하단좌측2/6박스
1937.08	03-08	22	네오톤	371	
1937.09	03-09	23	중장탕		
1937.09	03-09	23	미신환	57	
1937.09	03-09	23	보혈강장제	124	좌측세로1/3박스
1937.09	03-09	23	생식기 쇠약·발육부진	221	
1937.09	03-09	23	錠わかもと(영양제)	224-225	
1937.09	03-09	23	『폐병치료의 원리』	301	좌측세로1/2박스
1937.09	03-09	23	보혈강장제	357	좌측세로1/3박스
1937.09	03-09	23	네오톤	377	

발간연월	호수	통권	제목(광고)	지면수	비고
1937.10	03-10	24	양명주, 포리타민	접는면	
1937.10	03-10	24	백보환, フルチ정	접는면	
1937.10	03-10	24	중장탕		
1937.10	03-10	24	미신환	51	
1937.10	03-10	24	호르몬제 万基	59	하단좌측1/4박스
1937.10	03-10	24	심장약 구심	65	
1937.10	03-10	24	판토크린(화록용정혈)	88	하단우측1/4박스
1937.10	03-10	24	신기환	98	하단가로1/3박스
1937.10	03-10	24	와까모도(위산과다증)		지면 혼선
1937.10	03-10	24	삼선고(치중영약)	120	하단좌측1/4박스
1937.10	03-10	24	보혈강장제	207	세로좌측1/3박스
1937.10	03-10	24	생식기 쇠약	218	
1937.10	03-10	24	錠わかもと	222-223	
1937.10	03-10	24	양명주(자식을 낳게 됨)	323	하단좌측1/6박스
1937.11	03-11	25	네오톤(유한양행)		
1937.11	03-11	25	양명주, 포리타민	접는면	
1937.11	03-11	25	백보환, フルチ정	접는면	
1937.11	03-11	25	구심(심장약)		
1937.11	03-11	25	중장탕 : 총후여성의 무기는 건강		
1937.11	03-11	25	해초정(淸血排毒)	35	대포 포신에 제목
1937.11	03-11	25	보혈강장제	113	좌측세로1/3박스
1937.11	03-11	25	만기(황한법 호르몬제)	195	
1937.11	03-11	25	판토크린	197	하단좌측1/4박스
1937.11	03-11	25	미신환	201	하단좌측1/4박스
1937.11	03-11	25	생식기 쇠약 치료	218	
1937.11	03-11	25	錠劑わかもと	220-221	
1937.11	03-11	25	림질에 바로루	273	
1937.11	03-11	25	양명주	319	하단가로1/6박스
1937.11	03-11	25	병약자의 복음	333	좌측세로1/2박스
1937.11	03-11	25	삼선고(치중영약)	339	하단좌측1/6박스
1937.11	03-11	25	코-축농증과 비염	363	하단가로1/2박스
1937.11	03-11	25	차력호골환	365	
1937.12	03-12	26	네오톤(유한양행)		

발간연월	호수	통권	제목(광고)	지면수	비고
1937.12	03-12	26	양명주, 포리타민	접는면	
1937.12	03-12	26	백보환, フルチ정		
1937.12	03-12	26	중장탕		
1937.12	03-12	26	해초정(청혈배독)	65	
1937.12	03-12	26	만기(호르몬제)	99	
1937.12	03-12	26	미신환	125	
1937.12	03-12	26	모발생성의 원리(대머리치료)	133	좌측세로3/5박스
1937.12	03-12	26	폐병근막전결법	203	좌측세로1/2박스
1937.12	03-12	26	생식기 쇠약	218	
1937.12	03-12	26	유고루(폐병약)	223	
1937.12	03-12	26	錠劑わかもと	228-229	
1937.12	03-12	26	비염치료법	241	
1937.12	03-12	26	불임치료법	251	
1937.12	03-12	26	바로루(림질약)	311	
1937.12	03-12	26	유한양행(씨유싸이드)	323	하단가로1/2박스
1937.12	03-12	26	차력호골환	359	
1938.01	04-01	27	네오톤(유한양행)		
1938.01	04-01	27	양명주, 포리타민		
1938.01	04-01	27	백보환, フルチ정		
1938.01	04-01	27	중장탕		
1938.01	04-01	27	미신환	45	
1938.01	04-01	27	미신환	87	
1938.01	04-01	27	정혈배독 해초정	127	
1938.01	04-01	27	하리바(간유)	151	좌측세로1/2박스
1938.01	04-01	27	불임치료법	153	
1938.01	04-01	27	바로루(림질)	167	
1938.01	04-01	27	생식기 쇠약	218	
1938.01	04-01	27	錠劑わかもと	224-225	
1938.01	04-01	27	폐병근막전쾌법	227	좌측세로1/2박스
1938.01	04-01	27	보혈강장제	301	
1938.02	04-02	28	네오톤(유한양행)		
1938.02	04-02	28	양명주, 포리타민		
1938.02	04-02	28	백보환, ふろ혈요법		

발간연월	호수	통권	제목(광고)	지면수	비고
1938.02	04-02	28	하리바	51	
1938.02	04-02	28	지밋신	65	
1938.02	04-02	28	미신환	67	
1938.02	04-02	28	폐병근만전쾌법	155	좌측세로1/2박스
1938.02	04-02	28	만기(호르본제)	191	하단좌측1/4박스
1938.02	04-02	28	바로루(림질)	193	
1938.02	04-02	28	코나뿐 사람에게(가정요법)	217	좌측세로1/2박스
1938.02	04-02	28	남성생식기약소-ホリツク	218	
1938.02	04-02	28	정제 와까모도	222-223	
1938.03	04-03	29	네오톤(유한양행)		
1938.03	04-03	29	양명주, 포리타민	접는면	
1938.03	04-03	29	백보환, フルチ錠	접는면	
1938.03	04-03	29	미신환	77	
1938.03	04-03	29	폐병 근막 전쾌법 <폐병치료의 원리>	83	좌측세로1/2박스
1938.03	04-03	29	비병과 그 요법	91	좌측세로1/2박스
1938.03	04-03	29	바로루(림질)	147	
1938.03	04-03	29	リカ·オソイナサ요법(일본이화학공업 주)	159	병약자의 복음 좌측세로1/2박스
1938.03	04-03	29	후스센	161	모르핀, 아편, 헤로인, 코카인, 역할
1938.03	04-03	29	耳 요법	165	하단가로1/3박스
1938.03	04-03	29	하리바	196	좌측세로1/2박스
1938.03	04-03	29	남성생식기 약소 ホリツク치료기	218	
1938.03	04-03	29	錠劑わかもと	220-221	
1938.03	04-03	29	해초정	275	
1938.04	04-04	30	진노(チンノ-)(두통약)(신정약방)		
1938.04	04-04	30	양명주, 포리타민	접는 면	
1938.04	04-04	30	백보환, 뇌매독 치료법	접는 면	
1938.04	04-04	30	은립십보단(米田勇약방)	41	
1938.04	04-04	30	リカ·オソイナサ요법(일본이화학공업 주)		좌측세로1/2박스
1938.04	04-04	30	미신환		
1938.04	04-04	30	남성생식기 약소 ホリツク치료기	218	좌측세로1/2박스
1938.04	04-04	30	錠劑わかもと	220-221	

발간연월	호수	통권	제목(광고)	지면수	비고
1938.04	04-04	30	노신(두통약)	241	
1938.04	04-04	30	하리바(一粒肝油)	247	
1938.04	04-04	30	바로루(림질)	251	하단세로1/2박스
1938.04	04-04	30	락구링(임질)	303	
1938.04	04-04	30	폐병 근막 전쾌법	351	좌측세로1/2박스
1938.04	04-04	30	네오톤(유한양행)	389	
1938.05	04-05	31	네오톤(유한양행)		
1938.05	04-05	31	양명주, 포리타민	접는 면	
1938.05	04-05	31	백보환, 뇌매독 치료법	접는 면	
1938.05	04-05	31	중장탕(살결이 윤택해짐)		
1938.05	04-05	31	スペルマ요법기(남성생식기약소)		
1938.05	04-05	31	강장제 ゼオトニワ	47	
1938.05	04-05	31	하리바(간유)	51	좌측하단1/2박스
1938.05	04-05	31	미신환	95	
1938.05	04-05	31	광고 "폐병 근막 全快法	103	
1938.05	04-05	31	에비오스 정	151	좌측세로1/2박스
1938.05	04-05	31	림질에 바로루	165	
1938.05	04-05	31	림질전치 락구링	183	
1938.05	04-05	31	코 나쁜 사람이 대희 ミナト식 치료	217	하단좌측1/6박스
1938.05	04-05	31	錠劑わかもと	228-229	
1938.05	04-05	31	남성생식기 약소 ホリツク치료기	250	
1938.05	04-05	31	ノ-シン(노신)(두통약)	309	
1938.05	04-05	31	전승환	329	좌측세로1/2박스
1938.06	04-06	32	네오톤(유한양행)		
1938.06	04-06	32	양명주, 포리타민	접는 면	
1938.06	04-06	32	백보환, フルチ錠	접는 면	
1938.06	04-06	32	중장탕		
1938.06	04-06	32	미신환	149	
1938.06	04-06	32	하리바(결핵약)	155	좌측세로1/2박스
1938.06	04-06	32	전승환	159	좌측세로1/2박스
1938.06	04-06	32	해초정	189	
1938.06	04-06	32	비병과 그 요법	211	좌측세로1/2박스
1938.06	04-06	32	남성생식기 약소 ホリツク치료기	227	

발간연월	호수	통권	제목(광고)	지면수	비고
1938.06	04-06	32	바로루(림질)	303	
1938.06	04-06	32	락구링(임질치료)	317	
1938.06	04-06	32	폐병정복약 アリデニ	331	
1938.06	04-06	32	비오토니구(Biotonic, 보혈강장제)	337	
1938.06	04-06	32	진노(チンノ-)(두통약)(신정약방)	345	
1938.06	04-06	32	아이후(만성비장병)	371	
1938.07	04-07	33	네오톤(유한양행)	접는 면	
1938.07	04-07	33	양명주, 포리타민	접는 면	
1938.07	04-07	33	백보환, 瘀血療法(고의학연구소)		
1938.07	04-07	33	スペルマ요법기(남성생식기약소)	1	
1938.07	04-07	33	바로루(임질)	43	
1938.07	04-07	33	락구링(임질전치)	61	
1938.07	04-07	33	하리바(결핵치료의 삼원칙)	73	좌측세로1/2박스
1938.07	04-07	33	비오도니구(Biotonic)(보혈강장제)	113	
1938.07	04-07	33	미신환		
1938.07	04-07	33	에비오스 정(치병영양강장제)	147	좌측세로1/2박스
1938.07	04-07	33	ノ-シン(노신)(두통약)	173	
1938.07	04-07	33	べにも(중풍치료제)	179	좌측세로3/5박스
1938.07	04-07	33	파로깅(點耳劑)	198	하단가로1/3박스
1938.07	04-07	33	남자생식기 약소 にホリツク	218	
1938.07	04-07	33	錠劑わかもと	220-221	
1938.07	04-07	33	폐병근막전쾌법	293	좌측세로1/2박스
1938.07	04-07	33	전승환	363	좌측세로1/2박스
1938.07	04-07	33	아이후(비장병 치료제)		
1938.08	04-08	34	네오톤(유한양행)	접는 면	
1938.08	04-08	34	양명주, 포리타민	접는 면	
1938.08	04-08	34	백보환, 瘀血療法(고의학연구소)	접는 면	
1938.08	04-08	34	바로루(임질)	33	
1938.08	04-08	34	비오도니구(Biotonic)	41	
1938.08	04-08	34	하리바	49	좌측세로1/2박스
1938.08	04-08	34	미신환	71	
1938.08	04-08	34	비병과 그 요법	89	좌측세로1/2박스
1938.08	04-08	34	노-신(두통약)	91	

발간연월	호수	통권	제목(광고)	지면수	비고
1938.08	04-08	34	폐병근막 전쾌법	101	좌측세로1/2박스
1938.08	04-08	34	アリヂン(천일약방)	103	
1938.08	04-08	34	락구링(임질)	167	
1938.08	04-08	34	전승환	173	좌측세로1/2박스
1938.08	04-08	34	에비오스 정(비타민)	189	좌측세로1/2박스
1938.08	04-08	34	錠劑わかもと	220-221	
1938.08	04-08	34	파로깅(점이제)	271	하단가로1/3박스
1938.08	04-08	34	べにも(중풍치료제)	314	좌측세로1/2박스
1938.08	04-08	34	아이후	365	
1938.09	04-09	35	네오톤(유한양행)		
1938.09	04-09	35	양명주, 포리타민	접는 면	
1938.09	04-09	35	백보환, 현대조선여류문학선집	접는 면	
1938.09	04-09	35	固腸丸	43	장방센터1/4박스
1938.09	04-09	35	미신환	65	
1938.09	04-09	35	노신	91	
1938.09	04-09	35	비병과 그 요법	97	좌측세로1/2박스
1938.09	04-09	35	비오토니구(Biotonic)	161	
1938.09	04-09	35	남자생식기 약소 にホリツク	218	
1938.09	04-09	35	에비오스 정	221	좌측세로1/2박스
1938.09	04-09	35	전승환	239	좌측세로1/2박스
1938.09	04-09	35	べにも(중풍치료제)	285	좌측세로3/5박스
1938.09	04-09	35	하리바(간유)	315	좌측세로1/2박스
1938.09	04-09	35	만성비장병 치료약 아이후	353	이하 10권 말미
1938.10	04-10	36	백보환, 近眼치료(진촌이화학연구소)		
1938.10	04-10	36	중장탕	1면	
1938.10	04-10	36	전승환	29	
1938.10	04-10	36	노신	39	
1938.10	04-10	36	べにも(베니모, 중풍치료제)	85	좌측세로3/5박스
1938.10	04-10	36	미나도식 치료실험(비병)	89	좌측세로1/2박스
1938.10	04-10	36	폐병근막 전쾌법	105	좌측세로1/2박스
1938.10	04-10	36	바로루(림질)	111	하단가로1/2박스
1938.10	04-10	36	비오도니구	149	
1938.10	04-10	36	남자생식기 약소 にホリツク	227	

발간연월	호수	통권	제목(광고)	지면수	비고
1938.11	04-11	37	네오톤		
1938.11	04-11	37	백보환, 보통문관 강의	접는 면	
1938.11	04-11	37	백보환, 보통문관 강의	접는 면	연속게재
1938.11	04-11	37	혈요법(일본고의학연구소)		
1938.11	04-11	37	비오토니구	39	
1938.11	04-11	37	노신	49	
1938.11	04-11	37	비병과 그 요법	135	좌측세로1/2박스
1938.11	04-11	37	폐병 근막 전쾌법	203	좌측세로1/2박스
1938.11	04-11	37	藥學講座: 헤-훼劑菌는 왜 胃腸, 結核, 姙産婦, 虛弱兒等에게 널리 效果가 있는가	224-225	의학박사 강부탁야
1938.11	04-11	37	남성색식기 약소 にホリツク	226	
1938.11	04-11	37	전승환(비장, 폐, 근막)	271	좌측세로1/2박스
1938.11	04-11	37	만성비장병	359	
1938.12	04-12	38	네오톤		
1938.12	04-12	38	양면주, 포리타민	접는 면	
1938.12	04-12	38	백보환, 보통문관 강의	접는 면	
1938.12	04-12	38	중장탕	1	
1938.12	04-12	38	전승환	43	
1938.12	04-12	38	미신환	45	
1938.12	04-12	38	노신	61	
1938.12	04-12	38	乳の出る藥	187	하단좌측2/15박스
1938.12	04-12	38	하리바(결핵과 저항력)	189	좌측세로1/2박스
1938.12	04-12	38	남자생식기 약소 にホリツク	218	
1938.12	04-12	38	헤-훼菌의 功防戰: 白血球의 식菌力을 昂揚, 胃腸을 强化하야 疲勞를 防止	220-221	의학박사 강부탁야
1938.12	04-12	38	비오도니구	311	
1939.01	05-01	39	포리타민	접는 면	
1939.01	05-01	39	히에구스리(임질, 매독)	접는 면	가짜조심
1939.01	05-01	39	양명주		
1939.01	05-01	39	정력환		
1939.01	05-01	39	중장탕		
1939.01	05-01	39	비오도니구	27	
1939.01	05-01	39	하리바(결핵)	35	좌측세로1/2박스
1939.01	05-01	39	미신환	55	

발간연월	호수	통권	제목(광고)	지면수	비고
1939.01	05-01	39	노신	71	
1939.01	05-01	39	백보환	77	
1939.01	05-01	39	ラチオソ요법	115	
1939.01	05-01	39	지밋신	121	좌측세로1/2박스
1939.01	05-01	39	후미나인	137	좌측세로2/3박스
1939.01	05-01	39	바로루(임질)	139	
1939.01	05-01	39	정력강진제 蔘茸トニク	175	하단가로1/2박스
1939.01	05-01	39	錠劑わかもと	220-221	
1939.01	05-01	39	남성생식기 약소 ホリツク치료기	227	
1939.01	05-01	39	활명수	253	
1939.01	05-01	39	아이후	380	
1939.02	05-02	40	양명주, 보혈강장제 포리타민		접는 면
1939.02	05-02	40	히에구스리, 고의학연구소		접는 면
1939.02	05-02	40	데-린(두통약)		
1939.02	05-02	40	중장탕		
1939.02	05-02	40	후미나인, 데무	29	
1939.02	05-02	40	비오도니구	31	좌측세로3/5박스
1939.02	05-02	40	지밋신	111	
1939.02	05-02	40	미신환	113	좌측세로1/2박스
1939.02	05-02	40	노신	143	
1939.02	05-02	40	マツダ진공관	147	하단가로1/2박스
1939.02	05-02	40	ラチオソ요법	149	
1939.02	05-02	40	효수탕 비약요법(위암)	177	
1939.02	05-02	40	바로루(임질)	185	
1939.02	05-02	40	하리바	203	좌측세로1/2박스
1939.02	05-02	40	남성생식기 약소 ホリツク치료기	218	
1939.02	05-02	40	錠劑わかもと	220-221	
1939.02	05-02	40	전승환	287	좌측세로1/2박스
1939.02	05-02	40	비병과 그 요법	341	
1939.02	05-02	40	아이후	365	
1939.03	05-03	41	네오톤	접는 면	
1939.03	05-03	41	양명주, 포리타민	접는 면	
1939.03	05-03	41	백보환, 정력환	접는 면	

발간연월	호수	통권	제목(광고)	지면수	비고
1939.03	05-03	41	비오토니구	29	
1939.03	05-03	41	노신(두통약)	47	
1939.03	05-03	41	인단	61	하단가로1/2박스
1939.03	05-03	41	전승환	95	좌측세로1/2박스
1939.03	05-03	41	공안과의원(공병우)	105	하단좌측1/8박스
1939.03	05-03	41	ラチオン요법	107	
1939.03	05-03	41	미신환	157	
1939.03	05-03	41	동경진공요법연구소	165	좌측세로1/2박스
1939.03	05-03	41	인단	193	하단가로1/2박스
1939.03	05-03	41	ホリツク치료법	218	
1939.03	05-03	41	錠劑わかもと	222-223	
1939.03	05-03	41	풍산원(종합제약)	226	
1939.03	05-03	41	바로루(임질)	255	
1939.03	05-03	41	후미나인	297	좌측세로1/2박스
1939.03	05-03	41	蔘茸トニク(자양강장제)	323	하단가로1/2박스
1939.03	05-03	41	マツダ진공관	361	하단가로1/2박스
1939.03	05-03	41	아이후	363	
1939.04	05-04	42	양명주, 포리타민	접는면	
1939.04	05-04	42	중장탕		
1939.04	05-04	42	바로루(임질)	27	
1939.04	05-04	42	다이나-믹스	49	좌측세로1/2박스
1939.04	05-04	42	ラチオン요법	63	
1939.04	05-04	42	일립간유ハリバ	107	좌측세로1/2박스
1939.04	05-04	42	マツダ진공관	109	좌측세로1/2박스
1939.04	05-04	42	비오토니구	115	
1939.04	05-04	42	노신	135	
1939.04	05-04	42	전승환	143	좌측세로1/2박스
1939.04	05-04	42	비병과 그 요법	179	좌측세로1/2박스
1939.04	05-04	42	외용 ビノサン(비병)	224	
1939.04	05-04	42	남자색식기약소 ホリツワ	227	
1939.04	05-04	42	후미나인	257	좌측세로3/5박스
1939.04	05-04	42	미신환	259	
1939.04	05-04	42	십보단(위군대를 높이 든 병사)	283	

발간연월	호수	통권	제목(광고)	지면수	비고
1939.04	05-04	42	인단(防共용기)	365	하단가로1/2박스
1939.04	05-04	42	지밋신	367	좌측세로1/2박스
1939.05	05-05	43	네오톤		
1939.05	05-05	43	양명주, 포리타민	접는면	
1939.05	05-05	43	테린(두통약)		
1939.05	05-05	43	중장탕		
1939.05	05-05	43	바로루(임질)	31	
1939.05	05-05	43	カラニウム(호흡기)	57	
1939.05	05-05	43	비오토니구	65	
1939.05	05-05	43	マツダ진공관	79	하단가로1/2박스
1939.05	05-05	43	인단(방공용기, 나찌기호)	103	좌측세로1/2박스
1939.05	05-05	43	노신	189	
1939.05	05-05	43	인단	203	좌측세로1/2박스
1939.05	05-05	43	남자생식기약소 ホリツワ	218	
1939.05	05-05	43	비병의 가정요법	227	
1939.05	05-05	43	미신환	239	
1939.05	05-05	43	蔘茸トニク(자양강장제)	315	하단가로1/2박스
1939.05	05-05	43	살타림(임질약)	317	
1939.05	05-05	43	전승환	329	
1939.05	05-05	43	동경진공요법연구소	333	좌측세로1/2박스
1939.05	05-05	43	아이후	371	
1939.06	05-06	44	네오톤	접는면	
1939.06	05-06	44	양명주, 포리타민	접는면	
1939.06	05-06	44	중장탕(여성신체의 고장을 고친다, 和漢藥)		
1939.06	05-06	44	데-무 水(피부병)	23	좌측세로3/5박스
1939.06	05-06	44	요모도　구(비듬, 대머리)	25	
1939.06	05-06	44	요모도　구(비듬, 대머리)	25	
1939.06	05-06	44	바로루(임질)	37	
1939.06	05-06	44	マツダ진공관	43	하단가로1/2박스
1939.06	05-06	44	살타림(임질약)	45	
1939.06	05-06	44	남자성기성장법(동경진공요법연구소)	51	좌측세로1/2박스
1939.06	05-06	44	백보환	53	

발간연월	호수	통권	제목(광고)	지면수	비고
1939.06	05-06	44	미신환	129	
1939.06	05-06	44	비오토니구	155	
1939.06	05-06	44	정제 와까모도	222-223	
1939.06	05-06	44	남자생식기약소 ホリツワ	227	
1939.06	05-06	44	라디온 요법	305	
1939.06	05-06	44	전승환	345	좌측세로1/2박스
1939.06	05-06	44	아이후	365	
1939.07	05-07	45	네오톤	접는 면	
1939.07	05-07	45	양명주, 포리타민	접는 면	
1939.07	05-07	45	중장탕		
1939.07	05-07	45	요모도닛구(양모료)	29	
1939.07	05-07	45	데무수(피부병약)	41	좌측세로1/2박스
1939.07	05-07	45	에비오스정	45	좌측세로1/2박스
1939.07	05-07	45	바로루(임질약)	47	
1939.07	05-07	45	マツダ진공관	55	하단가로1/2박스
1939.07	05-07	45	인단	85	좌측세로1/2박스
1939.07	05-07	45	노신	143	
1939.07	05-07	45	전승환	171	좌측세로1/2박스
1939.07	05-07	45	미신환	177	
1939.07	05-07	45	인단(나치 표시, 방공의 강화에)	191	
1939.07	05-07	45	ビノサン요법	213	
1939.07	05-07	45	하리바(결핵 신효)	217	좌측세로1/2박스
1939.07	05-07	45	미소실	218	
1939.07	05-07	45	ヘルオス정(임질약)	221	
1939.07	05-07	45	錠劑 わかもと	222-223	
1939.07	05-07	45	백보환	225	
1939.07	05-07	45	남성생식기약소 にホリツク	227	
1939.07	05-07	45	비오토니구	259	
1939.07	05-07	45	고노모도(임질약)	285	
1939.07	05-07	45	ラチオン요법	297	
1939.07	05-07	45	아이후	359	
1939.08	05-08	46	네오톤		
1939.08	05-08	46	양명수, 나모라	접는면	

발간연월	호수	통권	제목(광고)	지면수	비고
1939.08	05-08	46	중장탕		
1939.08	05-08	46	요모도늿구(양모료)	61	
1939.08	05-08	46	蔘茸トニク(자선당제약주식회사) 자양강장제	87	하단가로1/2박스
1939.08	05-08	46	바로루(임질)	89	
1939.08	05-08	46	殺打淋 + ヘルオス錠	127	
1939.08	05-08	46	파피로긴(독일식 점이요법)	157	하단좌측4/9박스
1939.08	05-08	46	노신	173	
1939.08	05-08	46	비오토니구	201	
1939.08	05-08	46	미소실	218	
1939.08	05-08	46	錠劑 わかもと	224-225	
1939.08	05-08	46	ホリツク요법기	227	
1939.08	05-08	46	ラチオン요법	239	
1939.08	05-08	46	전승환	261	좌측세로1/2박스
1939.08	05-08	46	백보환	263	
1939.08	05-08	46	미신환	343	
1939.08	05-08	46	아이후	359	
1939.09	05-09	47	네오톤		
1939.09	05-09	47	중장탕		
1939.09	05-09	47	요모도늿구(두피건강)	59	
1939.09	05-09	47	인단	75	하단가로1/2분할
1939.09	05-09	47	濕布にエキホス	77	
1939.09	05-09	47	바로루	79	
1939.09	05-09	47	노신	117	
1939.09	05-09	47	하리바(결핵치료제)	135	좌측세로1/2박스
1939.09	05-09	47	고노모도(임병약열역요법)	143	
1939.09	05-09	47	에비오스 정	149	좌측세로1/2박스
1939.09	05-09	47	비오토니구	151	
1939.09	05-09	47	미신환	161	
1939.09	05-09	47	殺打淋	195	
1939.09	05-09	47	인단	217	좌측세로1/2박스
1939.09	05-09	47	ホリツク요법	218	
1939.09	05-09	47	정제 와까모도	222-223	

발간연월	호수	통권	제목(광고)	지면수	비고
1939.09	05-09	47	蔘茸トニク	243	좌측중심4/5박스
1939.09	05-09	47	濕布にエキホス	269	좌측하단1/6박스
1939.09	05-09	47	다이나믹스(여드름치료제)	283	좌측세로1/2박스
1939.09	05-09	47	데무수(피부병치료제)	293	좌측세로3/5박스
1939.09	05-09	47	파피로긴(귓병 치료제)	317	좌측상단1/4박스
1939.09	05-09	47	아이후	351	
1939.10	05-10	48	양명주, 포리타민	접는면	
1939.10	05-10	48	네오톤, 아이후	접는면	
1939.10	05-10	48	중장탕		
1939.10	05-10	48	요모도늿구(두피치료)	27	
1939.10	05-10	48	다이나믹스	31	좌측세로1/2박스
1939.10	05-10	48	바로루	33	
1939.10	05-10	48	미신환	47	
1939.10	05-10	48	인단	67	하단가로1/2박스
1939.10	05-10	48	노신	69	
1939.10	05-10	48	マツク진공관	77	하단가로1/2박스
1939.10	05-10	48	전승환	93	좌측세로1/2박스
1939.10	05-10	48	인단	165	좌측세로1/2박스
1939.10	05-10	48	제다스도구라	219	
1939.10	05-10	48	미소실	220	
1939.10	05-10	48	차력호골환	221	
1939.10	05-10	48	錠劑わかもと	222-223	
1939.10	05-10	48	호릭구 치료기	227	
1939.10	05-10	48	비오토니구	245	
1939.10	05-10	48	데무수(피부병)	249	
1939.10	05-10	48	蔘茸トニク	283	좌측정렬3/4박스
1939.10	05-10	48	파피로기(귓병치료)	289	하단좌측1/3박스
1939.10	05-10	48	약염역료법 고노모도	291	
1939.10	05-10	48	산타림	329	
1939.11	05-11	49	네오톤		
1939.11	05-11	49	마스타 크림		접는 면
1939.11	05-11	49	양명주, 포리타민		접는 면
1939.11	05-11	49	중장탕		

발간연월	호수	통권	제목(광고)	지면수	비고
1939.11	05-11	49	콧병의 지식		
1939.11	05-11	49	요모도닉	33	
1939.11	05-11	49	전승환	37	좌측세로1/2박스
1939.11	05-11	49	바로루	71	
1939.11	05-11	49	인단	93	좌측세로1/2박스
1939.11	05-11	49	하리바	103	좌측세로1/2분할
1939.11	05-11	49	인단	141	좌측세로1/2박스
1939.11	05-11	49	에비오스 정	159	좌측세로1/2박스
1939.11	05-11	49	미신환	175	
1939.11	05-11	49	노신	197	
1939.11	05-11	49	백보환	218	
1939.11	05-11	49	미소실	219	
1939.11	05-11	49	錠劑わかもと	220-221	
1939.11	05-11	49	호릭구요법기	227	
1939.11	05-11	49	고노모도	333	
1939.11	05-11	49	비오토니구	349	
1939.11	05-11	49	殺打淋	353	
1939.11	05-11	49	아이후	357	
1939.12	05-12	50	양명주		
1939.12	05-12	50	비병 미나도식		
1939.12	05-12	50	중장탕		
1939.12	05-12	50	요모도닉	35	
1939.12	05-12	50	인단	47	좌측세로1/2박스
1939.12	05-12	50	蔘茸トニク(조선에서 도라가서, 고천등미)	55	하단가로1/2박스
1939.12	05-12	50	바로루	57	
1939.12	05-12	50	殺打淋	141	
1939.12	05-12	50	인단	145	좌측세로1/2박스
1939.12	05-12	50	동경진공요법연구소	151	좌측세로2/3박스
1939.12	05-12	50	전승환	205	좌측세로1/2박스
1939.12	05-12	50	미소실	219	
1939.12	05-12	50	錠劑わかもと	220-221	
1939.12	05-12	50	호릭구치료기	227	

발간연월	호수	통권	제목(광고)	지면수	비고
1939.12	05-12	50	비오토니구	243	
1939.12	05-12	50	노신	287	
1939.12	05-12	50	미신환	301	
1939.12	05-12	50	고노모도(임질약)	327	
1939.12	05-12	50	백보환	345	
1939.12	05-12	50	아이후	359	
1940.01	06-01	51	네오톤		
1940.01	06-01	51	비병에 미나도식		
1940.01	06-01	51	중장탕		
1940.01	06-01	51	요모도닉	33	
1940.01	06-01	51	바로루	45	
1940.01	06-01	51	인단	55	좌측세로1/2박스
1940.01	06-01	51	파라미드(임질약)	65	
1940.01	06-01	51	전승환	67	
1940.01	06-01	51	미신환	69	좌측세로1/2박스
1940.01	06-01	51	비오토니구	87	
1940.01	06-01	51	고노모도(임질)	131	
1940.01	06-01	51	인단	149	
1940.01	06-01	51	하리바	153	좌측세로1/2박스
1940.01	06-01	51	백보환	199	
1940.01	06-01	51	錠劑わかもと	220-221	
1940.01	06-01	51	호릭구 치료기	227	
1940.01	06-01	51	소생록(간질, 기절)	291	좌측세로1/2분할
1940.01	06-01	51	殺打淋(임질)	293	
1940.01	06-01	51	에비오스정	313	좌측세로1/2박스
1940.01	06-01	51	노신	381	
1940.01	06-01	51	아이후	393	
1940.02	06-02	52	양명주, 포리타민	접는면	
1940.02	06-02	52	비병에 미나도식		
1940.02	06-02	52	중장탕		
1940.02	06-02	52	蔘茸トニク(조선에서 도라가서, 고천등미)	59	하단가로1/2박스
1940.02	06-02	52	바로루(임질)	61	

발간연월	호수	통권	제목(광고)	지면수	비고
1940.02	06-02	52	인단	87	좌측세로1/2박스
1940.02	06-02	52	전승환	95	좌측세로2/5박스
1940.02	06-02	52	노신	107	
1940.02	06-02	52	비오토니구	123	
1940.02	06-02	52	미신환	135	
1940.02	06-02	52	미소실	219	
1940.02	06-02	52	錠劑わかもと	220-221	
1940.02	06-02	52	호릭구치료기	227	
1940.02	06-02	52	하리바	231	좌측세로1/2박스
1940.02	06-02	52	フープ진공요법	251	좌측세로3/5박스
1940.02	06-02	52	인단	259	좌측세로1/2박스
1940.02	06-02	52	殺打淋	299	
1940.02	06-02	52	아이후	357	
1940.03	06-03	53	양명주, 伊豆椿ポマート(유실, 목차)	접는면	
1940.03	06-03	53	중장탕		
1940.03	06-03	53	비병에 미나도식(유실, 목차)		
1940.03	06-03	53	요모도닉(두피질환)	39	
1940.03	06-03	53	바로루(임질)	47	
1940.03	06-03	53	포리타민	81	
1940.03	06-03	53	비오토니구	101	
1940.03	06-03	53	미신환	121	
1940.03	06-03	53	蔘茸トニク	131	하단가로1/2박스
1940.03	06-03	53	뇨의 병과 성병	139	좌측세로1/2분할
1940.03	06-03	53	フープ진공요법	153	좌측세로1/2박스
1940.03	06-03	53	노신	163	
1940.03	06-03	53	미소실	219	
1940.03	06-03	53	호릭구 치료기	227	
1940.03	06-03	53	아이후(유실, 목차)	367	
1940.03	06-03	53	인단(유실, 목차)	368	
1940.04	06-04	54	네오톤		
1940.04	06-04	54	양명주, 伊豆椿ポマート	접는면	
1940.04	06-04	54	비병에 미나도식		
1940.04	06-04	54	중장탕		

발간연월	호수	통권	제목(광고)	지면수	비고
1940.04	06-04	54	요모도닉(두피치료)	27	
1940.04	06-04	54	바로루	41	
1940.04	06-04	54	蔘茸トニク	53	하단가로1/2박스
1940.04	06-04	54	광고: 노신	55	
1940.04	06-04	54	전승환	87	좌측세로1/2박스
1940.04	06-04	54	フースーヒン錠	99	
1940.04	06-04	54	포리타민	117	
1940.04	06-04	54	하리바	173	좌측세로1/2박스
1940.04	06-04	54	미꾸로제	181	
1940.04	06-04	54	殺打淋	195	
1940.04	06-04	54	미신환	218	
1940.04	06-04	54	미소실	219	
1940.04	06-04	54	錠劑わかもと	220-221	
1940.04	06-04	54	호릭구요법기	227	
1940.04	06-04	54	フープ진공요법	279	좌측세로2/5박스
1940.04	06-04	54	백보환	311	
1940.04	06-04	54	아이후	323	
1940.04	06-04	54	인단	324	
1940.05	06-05	55	네오톤		
1940.05	06-05	55	비병에 미나도식		
1940.05	06-05	55	중장탕		
1940.05	06-05	55	요모도닉	53	
1940.05	06-05	55	바로루(임질)	59	
1940.05	06-05	55	蔘茸トニク	111	
1940.05	06-05	55	포리타민	113	
1940.05	06-05	55	전승환	119	
1940.05	06-05	55	대학약워(남자의 기쁨)	120	
1940.05	06-05	55	선동원약품부(남자급고)	129	하단좌측1/4박스
1940.05	06-05	55	아몬파파야(주근깨, 여드름)	149	좌측세로1/2박스
1940.05	06-05	55	미신환	195	
1940.05	06-05	55	노신	209	
1940.05	06-05	55	호릭구 요법기	218	
1940.05	06-05	55	錠劑わかもと	222-223	

발간연월	호수	통권	제목(광고)	지면수	비고
1940.05	06-05	55	미꾸로제	265	
1940.05	06-05	55	귓병(성북약원)	279	하단좌측1/3박스
1940.05	06-05	55	비오토니구	281	
1940.05	06-05	55	백보환	287	
1940.05	06-05	55	殺打淋	299	
1940.05	06-05	55	아이후	327	
1940.05	06-05	55	인단	328	
1940.06	06-06	56	네오톤		
1940.06	06-06	56	양명주, 伊豆椿ポマード	접는면	
1940.06	06-06	56	비병에 미나도식	2면	
1940.06	06-06	56	중장탕		
1940.06	06-06	56	요모도닉	27	
1940.06	06-06	56	전승환	37	좌측세로2/5박스
1940.06	06-06	56	바로루(임질)	39	
1940.06	06-06	56	포리타민	65	
1940.06	06-06	56	뇨병과 성병	71	좌측세로1/2분할
1940.06	06-06	56	노신	89	
1940.06	06-06	56	蔘茸トニク	95	하단가로1/2분할
1940.06	06-06	56	비오토니구	97	
1940.06	06-06	56	다이레구도(결핵)	123	좌측세로1/2박스
1940.06	06-06	56	리기신(중풍, 뇌질환)	125	
1940.06	06-06	56	殺打淋	157	
1940.06	06-06	56	백보환	163	
1940.06	06-06	56	아몬파파야	196-197	하단1/2연속박스
1940.06	06-06	56	호릭구 요법기	218	
1940.06	06-06	56	미소실	219	
1940.06	06-06	56	린다린(リンダリン)정	220-221	
1940.06	06-06	56	아사히비-루	223	
1940.06	06-06	56	정제 와까모도	224-225	
1940.06	06-06	56	미꾸로제	227	
1940.06	06-06	56	아이후	313	
1940.06	06-06	56	인단	314	
1940.07	06-07	57	네오톤		

발간연월	호수	통권	제목(광고)	지면수	비고
1940.07	06-07	57	양명주, 伊豆椿ポマード	접는면	
1940.07	06-07	57	콧병 미나도식		
1940.07	06-07	57	중장탕		
1940.07	06-07	57	요모도닉	33	
1940.07	06-07	57	전승환	35	좌측세로2/5박스
1940.07	06-07	57	대학약원(남자의 기쁨)	39	하단좌측1/6박스
1940.07	06-07	57	바로루	41	
1940.07	06-07	57	비구라	55	
1940.07	06-07	57	동경무선기술학교, 신성명학과 이름 짓는 법, 근안(난시자기요법)	101	
1940.07	06-07	57	미신환	109	
1940.07	06-07	57	리기신(リキシン)	139	
1940.07	06-07	57	포리타민	183	
1940.07	06-07	57	포리타민	183	
1940.07	06-07	57	호릭구 요법기	218	
1940.07	06-07	57	미소실	219	
1940.07	06-07	57	정제 와까모도	220-221	
1940.07	06-07	57	린다린 정	224-225	
1940.07	06-07	57	미꾸로제	227	
1940.07	06-07	57	蔘茸トニク	249	하단가로1/2박스
1940.07	06-07	57	바비로긴(バビロキン, 귓병)	257	하단좌측1/4박스
1940.07	06-07	57	이마즈(イマヅ) 살충제	259	
1940.07	06-07	57	비오토니구	267	
1940.07	06-07	57	아몬파파야(기미, 주근깨)	281	좌측세로1/2분할
1940.07	06-07	57	백보환	319	
1940.07	06-07	57	아이후	323	
1940.07	06-07	57	인단	324	
1940.08	06-08	58	네오톤, 올기몬(호르몬제)		
1940.08	06-08	58	양명주, 伊豆椿ポマード	접는면	
1940.08	06-08	58	콧병 미나도식		
1940.08	06-08	58	중장탕		
1940.08	06-08	58	요우모토닉구	25	
1940.08	06-08	58	바토루	31	

발간연월	호수	통권	제목(광고)	지면수	비고
1940.08	06-08	58	노신	49	
1940.08	06-08	58	전승환	53	
1940.08	06-08	58	동경무선기술학교, 신성명학과 이름 짓는법, 근안(난시자기치료)	63	
1940.08	06-08	58	蔘茸トニク	111	하단가로1/2박스
1940.08	06-08	58	포리타민	153	
1940.08	06-08	58	비구라	201	
1940.08	06-08	58	리기신	207	
1940.08	06-08	58	호릭구 요법기	218	
1940.08	06-08	58	미소실	219	
1940.08	06-08	58	정제 와까모도	220-221	
1940.08	06-08	58	린다린 정	224-225	
1940.08	06-08	58	미꾸로제	227	
1940.08	06-08	58	대학약원(남자의 欣告)	233	하단좌측1/6박스
1940.08	06-08	58	바비로긴(귓병)	235	하단좌측1/3박스
1940.08	06-08	58	비오토니구	253	
1940.08	06-08	58	아몬파파야	278-279	하단1/2분할연속
1940.08	06-08	58	백보환	313	
1940.08	06-08	58	殺打淋	317	
1940.08	06-08	58	아이후	319	
1940.08	06-08	58	인단	320	
1940.09	06-09	59	네오톤, 올기몬(호르몬제)		
1940.09	06-09	59	양명주, 伊豆椿ポマード	접는면	
1940.09	06-09	59	콧병 미나도식		
1940.09	06-09	59	중장탕		
1940.09	06-09	59	요모토닉구	29	
1940.09	06-09	59	전승환	31	좌측세로1/2박스
1940.09	06-09	59	바로루	33	
1940.09	06-09	59	뇨의 병, 성병	65	좌측세로1/2분할
1940.09	06-09	59	노신	75	
1940.09	06-09	59	포레온	87	
1940.09	06-09	59	미신환	99	
1940.09	06-09	59	포리타민	127	

발간연월	호수	통권	제목(광고)	지면수	비고
1940.09	06-09	59	동경무선기술학교, 신성명학, 근안	163	
1940.09	06-09	59	강력 ベツブリン錠(岩里別府淋藥)	167	
1940.09	06-09	59	비구라	217	
1940.09	06-09	59	호릭구 요법기	218	
1940.09	06-09	59	미소실	219	
1940.09	06-09	59	정제 와까모도	220-221	
1940.09	06-09	59	린다린 정	224-225	
1940.09	06-09	59	미꾸로제	227	
1940.09	06-09	59	蔘茸トニク	239	하단좌측1/2박스
1940.09	06-09	59	비오토니구	243	
1940.09	06-09	59	백보환	253	
1940.09	06-09	59	성동원약품부(남자들 급고)	257	하단좌측1/4박스
1940.09	06-09	59	殺打淋	271	
1940.09	06-09	59	아이후	273	
1940.09	06-09	59	인단	274	
1940.10	06-10	60	네오톤, 올기몬(호르몬제)		
1940.10	06-10	60	양명주, 伊豆椿ポマード	접는면	
1940.10	06-10	60	콧병 미나도식		
1940.10	06-10	60	리부론돈(임질)		
1940.10	06-10	60	중장탕		
1940.10	06-10	60	요우모토닉구	29	
1940.10	06-10	60	오오곤리온(비타민)	37	
1940.10	06-10	60	성동원약품부(남자들 급고)	43	하단좌측1/2박스
1940.10	06-10	60	바로루	47	
1940.10	06-10	60	포레온 정	55	
1940.10	06-10	60	비구라	65	
1940.10	06-10	60	강력 ベツブリン錠(岩里別府淋藥)	73	
1940.10	06-10	60	노신	75	
1940.10	06-10	60	센고투(임질)	101	
1940.10	06-10	60	바비로긴(귓병)	111	
1940.10	06-10	60	蔘茸トニク	121	하단좌측1/2박스
1940.10	06-10	60	포리타민	135	
1940.10	06-10	60	전승환	171	

발간연월	호수	통권	제목(광고)	지면수	비고
1940.10	06-10	60	호릭구 요법기	176	
1940.10	06-10	60	정제 와까모도	178-179	
1940.10	06-10	60	蔘茸강장수	번호없음	
1940.10	06-10	60	エージー정(에지정, 임질)	번호없음	
1940.10	06-10	60	린다린 정	182-183	
1940.10	06-10	60	미꾸로제	185	
1940.10	06-10	60	비오토니구	189	
1940.10	06-10	60	히도노골(문둥병)	207	좌측세로1/2박스
1940.10	06-10	60	미신환	217	
1940.10	06-10	60	殺打淋	225	
1940.10	06-10	60	백보환	249	
1940.10	06-10	60	동경무선기술학교, 신성명학, 근안	273	
1940.10	06-10	60	아이후	335	
1940.10	06-10	60	인단	336	
1940.11	06-11	61	네오톤, 올기몬(호르몬제)		
1940.11	06-11	61	양명주, 노루모산	접는면	
1940.11	06-11	61	리부론돈(임질)		
1940.11	06-11	61	중장탕		
1940.11	06-11	61	콧병 미나도식		
1940.11	06-11	61	중풍, 고혈압	27	
1940.11	06-11	61	백보환	33	
1940.11	06-11	61	고노바린(임질)	39	
1940.11	06-11	61	신기환(나병)	73	하단가로1/2박스
1940.11	06-11	61	포레온 정	75	
1940.11	06-11	61	전승환	79	
1940.11	06-11	61	殺打淋	83	
1940.11	06-11	61	혈액순환과 어혈요법	101	
1940.11	06-11	61	네오 아루사미노루	105	좌측세로1/2박스
1940.11	06-11	61	바로루	107	
1940.11	06-11	61	理研 비타민 球	123	
1940.11	06-11	61	호릭구 요법기	128	
1940.11	06-11	61	정제 와까모도	130-131	강부탁
1940.11	06-11	61	린다린 정	134-135	

발간연월	호수	통권	제목(광고)	지면수	비고
1940.11	06-11	61	MICROSE(미꾸로제)	137	
1940.11	06-11	61	동경무선기술학교, 신성명학, 근안	141	
1940.11	06-11	61	노바폰 정	149	
1940.11	06-11	61	바비로긴(귓병)	161	
1940.11	06-11	61	오리자닌(비타민 B)	189	좌측세로1/2박스
1940.11	06-11	61	蔘茸トニク	195	하단가로1/2박스
1940.11	06-11	61	킨다오구킨구스	197	
1940.11	06-11	61	겐고루	217	
1940.11	06-11	61	비노산	221	
1940.11	06-11	61	비오토니구	225	
1940.11	06-11	61	미신환	229	
1940.11	06-11	61	비구라	235	
1940.11	06-11	61	노신	239	
1940.11	06-11	61	명약 금강탕	245	좌측세로1/2박스
1940.11	06-11	61	포리타민	263	
1940.11	06-11	61	せきづる病	275	하단좌측1/4박스
1940.11	06-11	61	히도노골(나병)	283	좌측세로1/2박스
1940.11	06-11	61	나력, 임파선결핵	285	좌측세로4/7분할
1940.11	06-11	61	아이후	303	
1940.11	06-11	61	인단	304	
1940.12	06-12	62	네오톤, 올기몬(호르몬제)		
1940.12	06-12	62	양명주, 노루모산	접는면	
1940.12	06-12	62	리부론돈(임질)		
1940.12	06-12	62	콧병 미나도식		
1940.12	06-12	62	중장탕		
1940.12	06-12	62	요우모토닉구	27	
1940.12	06-12	62	비구라	31	
1940.12	06-12	62	헤미나루	37	
1940.12	06-12	62	비오토니구	39	
1940.12	06-12	62	포리타민	87	
1940.12	06-12	62	백보환	95	
1940.12	06-12	62	기せきづる병	115	1940.12
1940.12	06-12	62	노신	117	1940.12

발간연월	호수	통권	제목(광고)	지면수	비고
1940.12	06-12	62	후루지 정	129	
1940.12	06-12	62	理硏 비타민 구	135	
1940.12	06-12	62	고노바린	137	하단가로1/3박스
1940.12	06-12	62	바로루	151	
1940.12	06-12	62	동경무선기술학교, 신성명학, 근안	171	
1940.12	06-12	62	정제 와까모도	186-187	강부 탁
1940.12	06-12	62	린다린 정	190-191	
1940.12	06-12	62	미꾸로제(microse)	193	
1940.12	06-12	62	殺打淋	303	
1940.12	06-12	62	삼성치질환, 삼용보익환(삼성제약회)	213	좌측세로4/7박스
1940.12	06-12	62	킹구 오부 킹구쓰(회춘제)	225	
1940.12	06-12	62	겐고루(임질)	227	
1940.12	06-12	62	귓병	237	하단좌측1/2박스
1940.12	06-12	62	신기환(나병)	249	하단가로2/5박스
1940.12	06-12	62	연수환	251	하단가로4/7박스
1940.12	06-12	62	비노산	269	
1940.12	06-12	62	전승환	279	좌측세로1/2박스
1940.12	06-12	62	뇨병, 성병	299	좌측세로1/2박스
1940.12	06-12	62	아이후	313	
1940.12	06-12	62	인단	314	
1941.01	07-01	63	네오톤		
1941.01	07-01	63	제쓰도 구리무, 소보린	접는면	
1941.01	07-01	63	ハチマコロン,		
1941.01	07-01	63	콧병 미나도식		
1941.01	07-01	63	고노바린		
1941.01	07-01	63	삼성치질환, 삼용보익환(삼성제약회사)	25	좌측세로3/5박스
1941.01	07-01	63	연수환	29	하단좌측2/3박스
1941.01	07-01	63	蔘茸강장수	31	
1941.01	07-01	63	살타림	45	
1941.01	07-01	63	미신환	67	
1941.01	07-01	63	노바폰 정	77	
1941.01	07-01	63	겐고루	79	
1941.01	07-01	63	성동원 약품부	81	하단좌측1/4박스

발간연월	호수	통권	제목(광고)	지면수	비고
1941.01	07-01	63	蔘茸トニク	85	하단좌측4/9박스
1941.01	07-01	63	후미나인, 데무수	105	좌측세로5/9박스
1941.01	07-01	63	중풍, 고혈압	107	
1941.01	07-01	63	가제노고(아동감기)	109	하단좌측2/3박스
1941.01	07-01	63	킹구 오부 킹구즈(King of Kings)	111	
1941.01	07-01	63	암리 별부임약	133	하단좌측1/3박스
1941.01	07-01	63	전승환	143	좌측세로7/3박스
1941.01	07-01	63	와세돈 구	173	
1941.01	07-01	63	호릭구 요법기	176	
1941.01	07-01	63	미꾸로제	177	
1941.01	07-01	63	뇨병, 성병	195	
1941.01	07-01	63	네오 빈발산	197	
1941.01	07-01	63	금강탕(폐병, 근막)	215	
1941.01	07-01	63	귓병	223	하단좌측1/3박스
1941.01	07-01	63	아몬파파야	264-265	하단1/2박스양면
1941.01	07-01	63	백보환	267	
1941.01	07-01	63	비오토니구	273	
1941.01	07-01	63	비노산	301	
1941.01	07-01	63	비구라	307	
1941.01	07-01	63	나력, 임파선결핵	311	
1941.01	07-01	63	신기환	331	
1941.01	07-01	63	理研비타민	341	
1941.01	07-01	63	후루지 정	347	
1941.01	07-01	63	노신	351	
1941.01	07-01	63	오오곤리온	357	
1941.01	07-01	63	포리타민	361	
1941.01	07-01	63	히스타멘트	365	
1941.01	07-01	63	히도노골	375	좌측세로1/2박스
1941.01	07-01	63	아이후	378	
1941.01	07-01	63	인단	379	
1941.02	07-02	64	네오톤		
1941.02	07-02	64	제쓰노 구리뉴, 소보린	접는면	
1941.02	07-02	64	증잔탄		

발간연월	호수	통권	제목(광고)	지면수	비고
1941.02	07-02	64	헤미나루(철분제)	45	
1941.02	07-02	64	고노바린	55	
1941.02	07-02	64	히도노골	61	좌측세로1/2박스
1941.02	07-02	64	암리 별부임약	65	하단좌측1/3박스
1941.02	07-02	64	성동원 약품부	91	
1941.02	07-02	64	전승환	103	좌측세로1/2박스
1941.02	07-02	64	백보환	107	
1941.02	07-02	64	가제노고	109	하단좌측1/2박스
1941.02	07-02	64	삼성치질환, 삼용보익환	125	좌측세로4/7박스
1941.02	07-02	64	연수환	127	하단가로2/3박스
1941.02	07-02	64	킹오브킹스	133	
1941.02	07-02	64	비구라	153	
1941.02	07-02	64	비노산	161	
1941.02	07-02	64	미꾸로제	181	
1941.02	07-02	64	호릭구 요법기	184	
1941.02	07-02	64	린다린 정	190-191	
1941.02	07-02	64	와까모도 정	194-195	
1941.02	07-02	64	미신환	201	
1941.02	07-02	64	오오곤리온	219	
1941.02	07-02	64	히스타멘트	225	
1941.02	07-02	64	포리타민	233	
1941.02	07-02	64	노신	241	
1941.02	07-02	64	비오토니구	281	
1941.02	07-02	64	와다가루쉼 정	285	
1941.02	07-02	64	理硏비타민	345	
1941.02	07-02	64	겐고루	353	
1941.02	07-02	64	후루지 정	365	
1941.02	07-02	64	신기환	385	하단가로1/2박스
1941.02	07-02	64	귓병	395	
1941.02	07-02	64	아이후	401	
1941.02	07-02	64	인단	402	
1941.03	07-03	65	네오톤		
1941.03	07-03	65	제쓰도 구리무, 소보린	접는면	

발간연월	호수	통권	제목(광고)	지면수	비고
1941.03	07-03	65	큇병 미나도식		
1941.03	07-03	65	중장탕	4면	
1941.03	07-03	65	백보환		
1941.03	07-03	65	蔘茸トニク	31	좌측세로1/2박스
1941.03	07-03	65	미나도식(만화 필승의 비결, 高晴)	33	좌측세로1/2박스
1941.03	07-03	65	고노바린(ゴノバリン, 임질)	43	
1941.03	07-03	65	延壽丸	73	하단가로2/3박스
1941.03	07-03	65	비구라	97	
1941.03	07-03	65	비오토니구	103	
1941.03	07-03	65	바비로긴(귓병)	107	
1941.03	07-03	65	비오후엘민(소화)	109	좌측세로4/9박스
1941.03	07-03	65	만인유(만병통치연고)	117	
1941.03	07-03	65	자요법의 공개(뇨병, 성병 자가치료법)	133	좌측세로1/2분할
1941.03	07-03	65	와다가루쉼 정	155	좌측세로1/2박스
1941.03	07-03	65	비노산(비병)	161	
1941.03	07-03	65	성동원약품부(남자들에게 급고)	163	하단좌측1/4박스
1941.03	07-03	65	원성각(뇌병)	179	
1941.03	07-03	65	쥬쥬 크림(피부)	181	좌측세로1/2분할
1941.03	07-03	65	히도노골	183	좌측세로1/2박스
1941.03	07-03	65	아몬파파야	196-197	하단가로1/2연속
1941.03	07-03	65	네오 아루사미노루	199	좌측세로1/2박스
1941.03	07-03	65	후루지 정	201	
1941.03	07-03	65	理研 비타민 球	207	
1941.03	07-03	65	오오곤레온	219	
1941.03	07-03	65	리부론돈(즈르폰 아미드제, 임질)	삽입	
1941.03	07-03	65	セバジルバスタ 화장품?	삽입	
1941.03	07-03	65	호릭구요법기	230	
1941.03	07-03	65	와까모도 정	236-237	강부탁
1941.03	07-03	65	린다린 정	240-241	
1941.03	07-03	65	미꾸로제	247	
1941.03	07-03	65	가제노고(아동 감기)	251	하단좌측2/3박스
1941.03	07-03	65	노바폰 정(감기)	255	
1941.03	07-03	65	미신환	279	

발간연월	호수	통권	제목(광고)	지면수	비고
1941.03	07-03	65	노신	303	
1941.03	07-03	65	신기환(나병)		
1941.03	07-03	65	전승환	377	좌측세로2/5박스
1941.03	07-03	65	후미나인, 데무수	379	좌측세로1/2박스
1941.03	07-03	65	아이후	383	
1941.03	07-03	65	인단	384	
1941.04	07-04	66	네오톤(유실, 광고목차에 의함)		
1941.04	07-04	66	제쓰도 구리무, 소보린		
1941.04	07-04	66	콧병 미나도식		
1941.04	07-04	66	중장탕	4면	
1941.04	07-04	66	백보환		
1941.04	07-04	66	蔘茸강장수		
1941.04	07-04	66	뉴-톤(ニコートン)		
1941.04	07-04	66	고노바린(임질)		
1941.04	07-04	66	네오아루사미노루	48	좌측세로1/2박스
1941.04	07-04	66	殺打淋	49	
1941.04	07-04	66	도약방 임약	55	좌측세로1/2박스
1941.04	07-04	66	신기환(나병)	63	하단가로1/3박스
1941.04	07-04	66	바비로긴	65	하단좌측1/3박스
1941.04	07-04	66	비오토니구	81	
1941.04	07-04	66	가제노고(아동감기)	83	좌측세로2/3박스
1941.04	07-04	66	나력, 임파선 결핵	87	좌측세로1/2분할
1941.04	07-04	66	노바폰 정(감기)	91	좌측세로1/2박스
1941.04	07-04	66	와가다루쉼 정	93	좌측세로1/2박스
1941.04	07-04	66	전승환	95	
1941.04	07-04	66	곤리온	101	
1941.04	07-04	66	노신	125	
1941.04	07-04	66	아루바지루 정	129	
1941.04	07-04	66	호릭구 요법기	144	
1941.04	07-04	66	와까모도 정	150-151	강부탁
1941.04	07-04	66	린다린 정	154-155	
1941.04	07-04	66	비구라	183	
1941.04	07-04	66	만인유(만병통치 외상연고)	195	

발간연월	호수	통권	제목(광고)	지면수	비고
1941.04	07-04	66	후루지 정	199	
1941.04	07-04	66	비타스 정	221	
1941.04	07-04	66	아몬파파야	232-233	하단1/2박스연속
1941.04	07-04	66	비오후엘민(장질환제)	253	
1941.04	07-04	66	미신환	267	
1941.04	07-04	66	연수환	311	
1941.04	07-04	66	다이레구도(결핵)	335	
1941.04	07-04	66	메구미노다마	341	
1941.04	07-04	66	비노산	347	
1941.04	07-04	66	蔘茸トニク	371	좌측세로1/2박스
1941.04	07-04	66	아이후	397	
1941.04	07-04	66	인단	398	
1941.05	07-05	67	네오톤		
1941.05	07-05	67	반도의 봄, 비오훼루민		
1941.05	07-05	67	콧병 미나도식		
1941.05	07-05	67	중장탕		
1941.05	07-05	67	뉴톤(ニコートン, 보혈강장)		
1941.05	07-05	67	백보환		
1941.05	07-05	67	고노바린(ゴノバリン, 임질)		
1941.05	07-05	67	신기환(나병)	27	하단가로2/5박스
1941.05	07-05	67	다이레구도(グイレクト, 결핵)	39	
1941.05	07-05	67	岩里 別府淋藥	45	하단좌측1/3박스
1941.05	07-05	67	경성 都藥房淋藥	47	좌측세로1/2박스
1941.05	07-05	67	蔘茸トニク	53	좌측세로1/2박스
1941.05	07-05	67	귓병	55	하단좌측1/2박스
1941.05	07-05	67	미나도식	59	좌측세로1/2박스
1941.05	07-05	67	게네루몬 엠(강력남성)	63	좌측세로1/2박스
1941.05	07-05	67	동성원 약품부(남성급고)	61	하단우측1/4박스
1941.05	07-05	67	펠멜	79	좌측세로1/2박스
1941.05	07-05	67	호릭구 요빕기	80	
1941.05	07-05	67	린다린 성	96	
1941.05	07-05	67	파몬조카메라, 피그마, 여성질환자가 치료	97	

발간연월	호수	통권	제목(광고)	지면수	비고
1941.05	07-05	67	연수환	103	하단좌측2/3박스
1941.05	07-05	67	殺打淋	105	
1941.05	07-05	67	비오토니구	117	
1941.05	07-05	67	후루지 정	135	
1941.05	07-05	67	히스타민트	141	
1941.05	07-05	67	베루쓰 환	145	
1941.05	07-05	67	비구라	163	
1941.05	07-05	67	비노산	169	
1941.05	07-05	67	네오 간유	186-187	하단1/2분할연속
1941.05	07-05	67	렌포킨 정	189	하단가로1/2박스
1941.05	07-05	67	스마이루(안약)	193	
1941.05	07-05	67	노신	237	
1941.05	07-05	67	뇨병, 성병 자가치료법	247	좌측세로4/7분할
1941.05	07-05	67	무소린 정	255	
1941.05	07-05	67	노바폰 정	257	좌측세로1/2분할
1941.05	07-05	67	와다가루쉼	269	
1941.05	07-05	67	히도노골	271	
1941.05	07-05	67	야끼구라민(중풍)	273	
1941.05	07-05	67	三省調血精	287	
1941.05	07-05	67	동경무선기술학교, 성명학, 근안	295	
1941.05	07-05	67	비병(먹는약)	313	
1941.05	07-05	67	아루바지루 정	317	
1941.05	07-05	67	오오고리온	331	
1941.05	07-05	67	전승환	347	좌측세로1/2박스
1941.05	07-05	67	후미나인, 데무수	349	좌측세로4/7박스
1941.05	07-05	67	원성각(뇌치료법)	363	
1941.05	07-05	67	도리아논	369	
1941.05	07-05	67	아지노모도	373	
1941.05	07-05	67	루시루(임질)	379	
1941.05	07-05	67	미신환	383	
1941.05	07-05	67	만인유	391	
1941.05	07-05	67	아이후	409	
1941.05	07-05	67	인단	410	

발간연월	호수	통권	제목(광고)	지면수	비고
1941.06	07-06	68	네오톤		
1941.06	07-06	68	반도의 봄, 비오훼루민	접는면	
1941.06	07-06	68	콧병 미나도식		
1941.06	07-06	68	중장탕		
1941.06	07-06	68	뉴톤(ニユートン, 보혈강장)		
1941.06	07-06	68	고노바린(ゴノバリン, 임질)		
1941.06	07-06	68	백보환		
1941.06	07-06	68	安川고로다인	29	좌측세로1/2박스
1941.06	07-06	68	도약방 임약	35	좌측세로1/2박스
1941.06	07-06	68	溱제약	45	좌측세로1/2박스
1941.06	07-06	68	다이레구도	47	
1941.06	07-06	68	귓병 자가치료	53	
1941.06	07-06	68	蔘茸トニク	57	좌측세로4/7박스
1941.06	07-06	68	비오토니구	81	
1941.06	07-06	68	만인유	91	
1941.06	07-06	68	나력과 임파선 결핵	95	좌측세로1/2분할
1941.06	07-06	68	태평사 약품부(비병)	97	하단좌측1/4박스
1941.06	07-06	68	와다가루쉼(安産)	107	좌측세로1/2박스
1941.06	07-06	68	전승환	113	좌측세로1/2박스
1941.06	07-06	68	알바실(화농)	133	
1941.06	07-06	68	호릭구 요법기	144	
1941.06	07-06	68	와까모도 정	150-151	
1941.06	07-06	68	여성질환자가치료, Xtable, 피그마	161	
1941.06	07-06	68	미신환	173	
1941.06	07-06	68	비구라	179	
1941.06	07-06	68	메구미노다마	185	
1941.06	07-06	68	월성각(뇌병)	197	
1941.06	07-06	68	동경무선기술학교, 신성명학, 근안	203	
1941.06	07-06	68	岩里 別府淋藥	216	하단우측1/3박스
1941.06	07-06	68	노신	217	
1941.06	07-06	68	무소린	225	
1941.06	07-06	68	理研 비타민 球	231	
1941.06	07-06	68	레네긴 정	255	하단가로1/2박스

발간연월	호수	통권	제목(광고)	지면수	비고
1941.06	07-06	68	메구미 액	257	하단좌측1/4박스
1941.06	07-06	68	삼성조혈정	263	하단좌측1/3박스
1941.06	07-06	68	야키쿠타민 정	267	
1941.06	07-06	68	아몬파파야	270-271	하단1/2박스양면
1941.06	07-06	68	도리아논	274	
1941.06	07-06	68	루실	283	
1941.06	07-06	68	후루지 정	293	
1941.06	07-06	68	베루쓰	297	
1941.06	07-06	68	레포스 킹	316	하단우측1/12박스
1941.06	07-06	68	게네루몬 엠	325	좌측세로1/2박스
1941.06	07-06	68	호후밍(결핵)	345	하단가로1/2박스
1941.06	07-06	68	노바폰 정	351	좌측세로1/2분할
1941.06	07-06	68	구로바	355	좌측세로1/2박스
1941.06	07-06	68	레포스 킹	356	우측세로3/20박스
1941.06	07-06	68	신기환(나병)	366	
1941.06	07-06	68	성동원 약품부(남자급고)	369	하단좌측1/5박스
1941.06	07-06	68	연수환	385	하단좌측2/3박스
1941.06	07-06	68	비노산	387	
1941.06	07-06	68	네오 肝精	396-397	하단2/1박스양면
1941.06	07-06	68	부루도 제	405	
1941.06	07-06	68	인단	406	
1941.07	07-07	69	네오톤, コフシロップ		
1941.07	07-07	69	도리아논, 비오췌루민	접는면	
1941.07	07-07	69	콧병 미나도식		
1941.07	07-07	69	중장탕		
1941.07	07-07	69	뉴톤(ニコートン, 보혈강장)		
1941.07	07-07	69	백보환		
1941.07	07-07	69	고노바린(ゴノバリン, 임질)		
1941.07	07-07	69	광고: 다이레구도	33	
1941.07	07-07	69	蔘茸도니구	37	좌측세로3/5박스
1941.07	07-07	69	삼성조혈정	41	하단좌측1/2박스
1941.07	07-07	69	도약방 임약	43	좌측세로1/2박스
1941.07	07-07	69	야키쿠라민	47	

발간연월	호수	통권	제목(광고)	지면수	비고
1941.07	07-07	69	구로바	56	좌측세로1/2박스
1941.07	07-07	69	동경무선기술학교, 신성명학, 근안	69	
1941.07	07-07	69	렌포킨 정	115	하단가로1/2박스
1941.07	07-07	69	비오토니구	125	
1941.07	07-07	69	후루지 정(만병통치약)	137	
1941.07	07-07	69	호릭구 요법기	144	
1941.07	07-07	69	와까모도 정	150-151	
1941.07	07-07	69	여성질환자가치료, Xtable, 피그마	161	
1941.07	07-07	69	만인유	169	
1941.07	07-07	69	성동원 약품부(남자급고)	171	하단좌측1/4박스
1941.07	07-07	69	벨제무(무좀약)	177	
1941.07	07-07	69	알바실 정	181	
1941.07	07-07	69	비병 태평사 약품부	184	
1941.07	07-07	69	폐병치료의 원리(공덕산 덕림사)	185	하단우측1/4박스
1941.07	07-07	69	岩里 別府淋藥	194	하단우측1/3박스
1941.07	07-07	69	뇨병, 성병	205	좌측세로1/2박스
1941.07	07-07	69	베루쓰 환	211	
1941.07	07-07	69	레포스 킹	233	하단우측1/12박스
1941.07	07-07	69	후미나인, 데무수	237	좌측세로3/5박스
1941.07	07-07	69	신기환	241	하단가로1/3박스
1941.07	07-07	69	전승환	243	좌측세로1/2박스
1941.07	07-07	69	호후민	251	하단가로1/2박스
1941.07	07-07	69	메구미노다마	253	
1941.07	07-07	69	와다가루쉼 정	265	
1941.07	07-07	69	무소린 정	269	
1941.07	07-07	69	루실 정	279	
1941.07	07-07	69	묘법원(임질)	289	
1941.07	07-07	69	가정요법(옥동자득남)	295	
1941.07	07-07	69	레포스 킹	301	하단우측1/12박스
1941.07	07-07	69	노신	305	
1941.07	07-07	69	비노산	309	
1941.07	07-07	69	히도노골(나병)	315	좌측세로1/2박스
1941.07	07-07	69	노바본	319	좌측세로1/2분할

발간연월	호수	통권	제목(광고)	지면수	비고
1941.07	07-07	69	아몬파파야	322-323	하단1/2박스양면
1941.07	07-07	69	연수환	324	하단가로3/5박스
1941.07	07-07	69	야쯔메호루겐 구	329	
1941.07	07-07	69	安川 고로다인	331	좌측세로1/2박스
1941.07	07-07	69	네오 간정	340-341	하단1/2박스양면
1941.07	07-07	69	원성각(뇌)	347	
1941.07	07-07	69	미신환	357	
1941.07	07-07	69	비구라	363	
1941.07	07-07	69	이연 비타민 구	369	
1941.07	07-07	69	리포이도 구리무, 본락구	375	
1941.07	07-07	69	다이나 미구스	393	하단가로1/2분할
1941.07	07-07	69	오리자닌	397	좌측세로1/2박스
1941.07	07-07	69	부루도 제	401	
1941.07	07-07	69	인단	402	
1941.08	07-08	70	네오톤, コフシロップ		
1941.08	07-08	70	도리아논, 비오훼루민	접는면	
1941.08	07-08	70	콧병 미나도식		
1941.08	07-08	70	중장탕		
1941.08	07-08	70	백보환		
1941.08	07-08	70	노신		
1941.08	07-08	70	비구라		
1941.08	07-08	70	와다가루쉼	21	좌측세로1/2박스
1941.08	07-08	70	후루지 정	23	
1941.08	07-08	70	蔘茸トニク	27	좌측세로1/2박스
1941.08	07-08	70	도약방 임약	29	좌측세로1/2박스
1941.08	07-08	70	히도노골(나병)	35	
1941.08	07-08	70	레포스 킹	36	
1941.08	07-08	70	황금인 모기약	41	하단가로1/2박스
1941.08	07-08	70	세쓰누 호르겐 구	47	좌측세로1/2박스
1941.08	07-08	70	전승환	51	좌측세로1/2박스
1941.08	07-08	70	레포스 킹	55	좌측세로1/12박스
1941.08	07-08	70	암리 별부임약	73	중앙좌측1/3박스
1941.08	07-08	70	미신환	75	

발간연월	호수	통권	제목(광고)	지면수	비고
1941.08	07-08	70	비구라	78	
1941.08	07-08	70	여성위생보전, 피그마	80	
1941.08	07-08	70	와까모도 정	84-85	
1941.08	07-08	70	호릭구 요법기	89	
1941.08	07-08	70	동경무선기술학교, 신싱명힉, 근인	99	
1941.08	07-08	70	만인유	100	
1941.08	07-08	70	비노산	139	
1941.08	07-08	70	원성각(뇌병)	140	
1941.08	07-08	70	성동원 약품부	155	하단좌측1/2박스
1941.08	07-08	70	신기환(나병)	160	하단가로1/3박스
1941.08	07-08	70	비오토니구	168	
1941.08	07-08	70	스마이루(안약)	179	
1941.08	07-08	70	비병(먹는약, 태평사 약품부)	183	상단좌측1/5박스
1941.08	07-08	70	삼성조혈정	185	
1941.08	07-08	70	무소린	197	
1941.08	07-08	70	데무수	207	좌측세로1/2박스
1941.08	07-08	70	렌포킨 정	210	하단가로1/2박스
1941.08	07-08	70	네오 간정	214-215	하단1/2박스양면
1941.08	07-08	70	노바폰 정	217	좌측세로1/2분할
1941.08	07-08	70	오리자닌	221	좌측세로1/2박스
1941.08	07-08	70	포르지용	229	
1941.08	07-08	70	연수환	232	하단가로2/3박스
1941.08	07-08	70	단정チック	235	좌측세로3/7박스
1941.08	07-08	70	아몬파파야	236-237	하단1/2박스양면
1941.08	07-08	70	미나도식	241	좌측세로1/2박스
1941.08	07-08	70	난소질환	247	상단좌측1/4박스
1941.08	07-08	70	액취 치료	247	하단좌측1/4박스
1941.08	07-08	70	안천고로다인	253	좌측세로1/2박스
1941.08	07-08	70	ブルトービ(판독불가, 복자의서)	257	
1941.08	07-08	70	인단	258	
1941.09	07-09	71	네오톤, コフシロップ		
1941.09	07-09	71	도리아논, 사루호루	섭는 번	
1941.09	07-09	71	곳병 비나도식		

발간연월	호수	통권	제목(광고)	지면수	비고
1941.09	07-09	71	중장탕		
1941.09	07-09	71	백보환		
1941.09	07-09	71	비오토니구		
1941.09	07-09	71	비노산		
1941.09	07-09	71	만인유		
1941.09	07-09	71	비구라		
1941.09	07-09	71	노신		
1941.09	07-09	71	비병	27	하단좌측1/4박스
1941.09	07-09	71	다이레구도	33	
1941.09	07-09	71	뉴-톤	50	
1941.09	07-09	71	무소린	51	
1941.09	07-09	71	미신환	63	
1941.09	07-09	71	蔘茸トニク	65	좌측세로5/9박스
1941.09	07-09	71	도약방 임약	81	좌측세로1/2박스
1941.09	07-09	71	삼향단	83	좌측세로1/2박스
1941.09	07-09	71	세쓰메 호루겐	87	
1941.09	07-09	71	벨젬(무좀약)	88	
1941.09	07-09	71	렌보긴 정	103	하단가로1/2박스
1941.09	07-09	71	네오 肝精	106-107	
1941.09	07-09	71	와다가루쉼 정	119	좌측세로1/2박스
1941.09	07-09	71	레포스 킹	126	하단우측1/12박스
1941.09	07-09	71	황금문 모기약	127	하단가로1/2박스
1941.09	07-09	71	성동원 약품부	131	하단좌측1/4박스
1941.09	07-09	71	와까모도 정	132-133	
1941.09	07-09	71	메구미노다마(惠乃玉)	134-135	
1941.09	07-09	71	호릭구 요법기	137	
1941.09	07-09	71	구로바	141	좌측세로1/2분할
1941.09	07-09	71	노바폰	143	좌측세로1/2분할
1941.09	07-09	71	후루지 정	145	
1941.09	07-09	71	이연 비타민	153	
1941.09	07-09	71	히도노골	159	좌측세로1/2박스
1941.09	07-09	71	삼성조혈정	164	하단우측1/2박스
1941.09	07-09	71	암리 별부임약	166	하단우측1/3박스

발간연월	호수	통권	제목(광고)	지면수	비고
1941.09	07-09	71	다모라(암내치료)	167	
1941.09	07-09	71	아몬파파아	170-171	하단1/2박스양면
1941.09	07-09	71	게네루몬 엠	179	
1941.09	07-09	71	연수환	184	하단가로3/5박스
1941.09	07-09	71	신기환	195	하단가루1/3박스
1941.09	07-09	71	여성난소질환	197	상단좌측1/4박스
1941.09	07-09	71	辨天治療院(겻내)	197	하단좌측1/4박스
1941.09	07-09	71	전승환	202	좌측세로1/2박스
1941.09	07-09	71	베루쓰 환	211	
1941.09	07-09	71	동경무선기술학교, 신성명학, 근안	212	
1941.09	07-09	71	후미나인, 데무수	237	좌측세로1/2박스
1941.09	07-09	71	레포스 킹	242	하단우측1/7박스
1941.09	07-09	71	후루돈	247	
1941.09	07-09	71	인단	248	
1941.10	07-10	72	네오톤, コフシロップ		
1941.10	07-10	72	도리아논, 사루호루	접는면	
1941.10	07-10	72	콧병 미나도식		
1941.10	07-10	72	중장탕		
1941.10	07-10	72	무소린		
1941.10	07-10	72	비오토니구		
1941.10	07-10	72	레포스 킹	27	우측세로1/7박스
1941.10	07-10	72	다끼지아스다 제	43	좌측세로1/2박스
1941.10	07-10	72	네오 肝精	46-47	하단가로1/2박스
1941.10	07-10	72	비노산	55	
1941.10	07-10	72	도약방 임약(雨后晴, 일소 작, 만화)	63	좌측세로1/2박스
1941.10	07-10	72	난소질환	65	상단좌측1/4박스
1941.10	07-10	72	겻내 치료(辨天治療院)	65	하단좌측1/4박스
1941.10	07-10	72	암리 별부임약	67	하단좌측1/3박스
1941.10	07-10	72	富士위장약	71	좌측세로1/2박스
1941.10	07-10	72	이오스 정	73	
1941.10	07-10	72	베루쓰 환	77	
1941.10	07-10	72	후루지 정	79	
1941.10	07-10	72	구로바	87	

발간연월	호수	통권	제목(광고)	지면수	비고
1941.10	07-10	72	뉴톤	88	좌측세로1/2박스
1941.10	07-10	72	蔘茸トニク	96	
1941.10	07-10	72	히도노골	101	좌측세로1/2박스
1941.10	07-10	72	비병	110	하단좌측1/5박스
1941.10	07-10	72	렌포킨 정	116	하단가로1/2박스
1941.10	07-10	72	야쓰메호르겐	127	
1941.10	07-10	72	여성질환자가치료, 피구마	128	
1941.10	07-10	72	스마이루	129	
1941.10	07-10	72	와까모도 정	134-135	
1941.10	07-10	72	호릭구 치료기	137	
1941.10	07-10	72	아몬파파야	142-143	하단1/2박스양면
1941.10	07-10	72	뇨병, 성병	144	우측세로5/9박스
1941.10	07-10	72	원성각	145	
1941.10	07-10	72	노바폰 정	147	좌측세로1/2박스
1941.10	07-10	72	위장건강 자력건강기	148	하단가로1/2박스
1941.10	07-10	72	노신	149	
1941.10	07-10	72	와다가루쉼 정	153	좌측세로1/2박스
1941.10	07-10	72	エーデ(비타민 A, D)	154-155	하단1/2박스양면
1941.10	07-10	72	연수환	161	하단가로4/7박스
1941.10	07-10	72	주제약 경성영업소(코병)	165	좌측세로1/2박스
1941.10	07-10	72	전승환	171	좌측세로1/2박스
1941.10	07-10	72	데무수	177	좌측세로1/2박스
1941.10	07-10	72	삼성조혈정	178	하단우측1/2박스
1941.10	07-10	72	신기환	179	하단가로1/3박스
1941.10	07-10	72	리포이도 크림, 폰라쓰구	180	
1941.10	07-10	72	벨젬	187	
1941.10	07-10	72	비구라	190	
1941.10	07-10	72	미신환	199	
1941.10	07-10	72	惠乃玉	202	
1941.10	07-10	72	동경무선기술학교, 신성명학, 근안	205	
1941.10	07-10	72	하리바	207	상단가로3/4분할
1941.10	07-10	72	백보환	208	
1941.10	07-10	72	후루돈	210	

발간연월	호수	통권	제목(광고)	지면수	비고
1941.10	07-10	72	인단	210	
1941.11	07-11	73	네오톤, コフシロップ		
1941.11	07-11	73	도리아논, 노루모 산		
1941.11	07-11	73	콧병 미나도식		
1941.11	07-11	73	중장딩		
1941.11	07-11	73	노신		
1941.11	07-11	73	무소린		
1941.11	07-11	73	비구라		
1941.11	07-11	73	우테나 바니싱 구	27	
1941.11	07-11	73	스마이루	47	
1941.11	07-11	73	베루쓰 환	55	
1941.11	07-11	73	연수환	63	좌측세로3/5박스
1941.11	07-11	73	도약방 임약(雨后晴, 一笑 작 만화)	77	좌측세로1/2박스
1941.11	07-11	73	뉴톤	83	좌측세로1/박스
1941.11	07-11	73	세쓰메 호르겐 구	88	
1941.11	07-11	73	비오토니구	89	
1941.11	07-11	73	원성각(뇌병)	91	
1941.11	07-11	73	오리자닌	99	
1941.11	07-11	73	エーデー	100-101	하단1/2박스양면
1941.11	07-11	73	레포스 킹	104	하단우측1/6박스
1941.11	07-11	73	聖德乃道本部	105	
1941.11	07-11	73	미신환	106	
1941.11	07-11	73	네오 간정	110-111	하단1/2박스양면
1941.11	07-11	73	삼성조혈정	115	
1941.11	07-11	73	레포스 킹	117	하단좌측1/7박스
1941.11	07-11	73	富士위장약	121	좌측세로1/2박스
1941.11	07-11	73	암리 별부임약	127	하단좌측1/4박스
1941.11	07-11	73	성동원 약품부	131	하단좌측1/4박스
1941.11	07-11	73	콧병 가성치료빕	132	우측세로1/2박스
1941.11	07-11	73	포리타민	134	
1941.11	07-11	73	동경무선기술학교, 신성명학, 근안	135	
1941.11	07-11	73	비노산	137	
1941.11	07-11	73	노비폰 정	141	

발간연월	호수	통권	제목(광고)	지면수	비고
1941.11	07-11	73	신기환	146	하단가로1/3박스
1941.11	07-11	73	구로바	151	좌측세로1/2박스
1941.11	07-11	73	후미나인, 데무수	153	좌측세로3/5박스
1941.11	07-11	73	蔘茸トニク	159	좌측세로3/5박스
1941.11	07-11	73	여성자가치료, 피구마	160	
1941.11	07-11	73	와까모도 정	166-167	
1941.11	07-11	73	호릭구 요법기	169	
1941.11	07-11	73	전승환	171	좌측세로1/2박스
1941.11	07-11	73	히도노골	173	좌측세로1/2박스
1941.11	07-11	73	와다가루쉼 정	179	좌측세로1/2박스
1941.11	07-11	73	나력, 임파선결핵	187	좌측세로1/2분할
1941.11	07-11	73	렌포킨 정	193	하단가로1/2박스
1941.11	07-11	73	아몬파파야	200-201	하단1/2박스양면
1941.11	07-11	73	메구미노다마(惠乃玉)	203	
1941.11	07-11	73	후루지 정	207	
1941.11	07-11	73	하리바	211	
1941.11	07-11	73	백보환	212	
1941.12	07-12	74	네오톤, コフシロップ		
1941.12	07-12	74	도리아논, 노르모 산		
1941.12	07-12	74	부루도 제(영양제)		
1941.12	07-12	74	인단		
1941.12	07-12	74	콧병 미나도식		
1941.12	07-12	74	중장탕		
1941.12	07-12	74	메구미노다마(惠乃玉)	35	
1941.12	07-12	74	노신	36	
1941.12	07-12	74	아몬파파야	42-43	하단1/2박스양면
1941.12	07-12	74	렌포킨 정	51	하단가로1/2박스
1941.12	07-12	74	삼성조혈정	65	하단가로1/2박스
1941.12	07-12	74	묘법원(임질)	67	하단좌측1/4박스
1941.12	07-12	74	도약방 임약(雨后晴, 一笑 작 만화)	69	좌측세로1/2박스
1941.12	07-12	74	신기환	70	하단가로1/3박스
1941.12	07-12	74	동경무선기술학교, 신성명학, 근안	71	
1941.12	07-12	74	뉴톤	75	좌측세로1/2박스

발간연월	호수	통권	제목(광고)	지면수	비고
1941.12	07-12	74	富士위장약	77	좌측세로1/2박스
1941.12	07-12	74	세쓰메 호루겐 구	84	
1941.12	07-12	74	蔘茸トニク	86	
1941.12	07-12	74	구로바	91	좌측세로1/2박스
1941.12	07-12	74	와다가루쉼 성	93	좌측세로1/2박스
1941.12	07-12	74	콧병 가정치료법	95	좌측세로1/2박스
1941.12	07-12	74	위생예방구(영정당 약국 총본점)	103	하단좌측1/3박스
1941.12	07-12	74	비오토니구	104	
1941.12	07-12	74	호릭구 요법기	105	
1941.12	07-12	74	만인유	107	
1941.12	07-12	74	미신환	129	
1941.12	07-12	74	비노산	135	
1941.12	07-12	74	理研 호루몬	136	
1941.12	07-12	74	비구라	139	
1941.12	07-12	74	성동원 약품부(남사급고)	141	하단좌측1/4박스
1941.12	07-12	74	연수환	143	좌측세로3/5박스
1941.12	07-12	74	노바폰 정	147	
1941.12	07-12	74	베루쓰 환	157	
1941.12	07-12	74	레포츠 킹	162	하단우측1/7박스
1941.12	07-12	74	후루지 정	169	
1941.12	07-12	74	데무수	173	좌측세로1/2박스
1941.12	07-12	74	레포츠 킹	175	좌측세로1/8박스
1941.12	07-12	74	富吉뇌약원연구소	179	좌측세로1/2분할
1941.12	07-12	74	히도노골	181	좌측세로1/2분할
1941.12	07-12	74	포리타민	183	
1941.12	07-12	74	네오 간정	186-189	하단1/2박스양면
1941.12	07-12	74	전승환	189	좌측세로1/2박스
1941.12	07-12	74	エーデー(비타민 A, D)	200-201	하단1/2박스양면
1941.12	07-12	74	무소린	203	
1941.12	07-12	74	암리 별부임약	205	하단좌측1/5박스
1941.12	07-12	74	인단	212	
1942.01	08-01	75	도리아논, 포리타민		
1942.01	08-01	75	콧병 비나도식		

발간연월	호수	통권	제목(광고)	지면수	비고
1942.01	08-01	75	중장탕		
1942.01	08-01	75	蔘茸トニク		
1942.01	08-01	75	聖德乃道本部		
1942.01	08-01	75	무소린		
1942.01	08-01	75	비구라		
1942.01	08-01	75	富士위장약	41	좌측세로1/2박스
1942.01	08-01	75	뉴톤	43	
1942.01	08-01	75	동경무선기술학교, 신성명학, 근안	45	
1942.01	08-01	75	비노산	46	
1942.01	08-01	75	蔘茸トニク	51	좌측세로3/5박스
1942.01	08-01	75	トリミド	52	하단가로1/2박스
1942.01	08-01	75	다이레구도	53	
1942.01	08-01	75	구로바	57	좌측세로1/2박스
1942.01	08-01	75	연수환	74	좌측세로3/5박스
1942.01	08-01	75	大脇本家(임병)	81	하단좌측1/6박스
1942.01	08-01	75	삼성조혈정	89	하단가로1/2박스
1942.01	08-01	75	렌포킨 정	93	하단가로1/2박스
1942.01	08-01	75	묘법원(임질)	95	하단좌측1/4박스
1942.01	08-01	75	만인유	96	
1942.01	08-01	75	와까모도 정	100-101	
1942.01	08-01	75	스마이루	104	
1942.01	08-01	75	후루지 정	117	
1942.01	08-01	75	성동원 약품부	132	상단우측1/3박스
1942.01	08-01	75	암리 별부임약	132	하단우측1/3박스
1942.01	08-01	75	위생예방구(영정당 약국 총본점)	135	상단좌측1/3박스
1942.01	08-01	75	도약방 임약(雨后晴, 一笑 작 만화)	139	좌측세로1/2박스
1942.01	08-01	75	게네루몬 엠(남성호르몬)	147	좌측세로1/2박스
1942.01	08-01	75	콧병 자가치료법	149	좌측세로1/2박스
1942.01	08-01	75	피구마	150	하단가로1/2박스
1942.01	08-01	75	노바폰 정	155	좌측세로1/2박스
1942.01	08-01	75	와다가루쉼	157	좌측세로1/2박스
1942.01	08-01	75	히도노골	159	좌측세로1/2박스
1942.01	08-01	75	신기환	160	하단가로1/3박스

발간연월	호수	통권	제목(광고)	지면수	비고
1942.01	08-01	75	베루쓰 정	161	
1942.01	08-01	75	후미나인, 데무수	165	좌측세로1/2박스
1942.01	08-01	75	비오토니구	169	
1942.01	08-01	75	아몬파파야	172-173	하단1/2박스양면
1942.01	08-01	75	네오 간정	174-175	하단1/2박스양면
1942.01	08-01	75	安藤文子(모발) 신요법	180	하단우측1/6박스
1942.01	08-01	75	미신환	181	
1942.01	08-01	75	사쓰메 호루겐 구	182	
1942.01	08-01	75	이오스 구리무	183	
1942.01	08-01	75	뇨병, 성병 자가치료법	191	좌측세로1/2박스
1942.01	08-01	75	エーデ(비타민 A, D)	202-203	하단1/2박스양면
1942.01	08-01	75	하리바	211	
1942.01	08-01	75	인단	212	
1942.02	08-02	76	네오톤, コフシロップ		
1942.02	08-02	76	곳병 미나도식		
1942.02	08-02	76	중장탕		
1942.02	08-02	76	만인유		
1942.02	08-02	76	베루쓰 환		
1942.02	08-02	76	뉴톤	35	
1942.02	08-02	76	게네루몬 엠	37	좌측세로1/2박스
1942.02	08-02	76	理研 호루몬 정	39	
1942.02	08-02	76	비오토니구	40	
1942.02	08-02	76	원성각(뇌병)	41	
1942.02	08-02	76	富士위장약	49	좌측세로1/2박스
1942.02	08-02	76	사쓰메 호루몬 구	51	
1942.02	08-02	76	동경무선기술학교, 신성명학, 근안	52	
1942.02	08-02	76	화신	56	하단좌측1/4박스
1942.02	08-02	76	노바폰 정	57	우측세로1/2박스
1942.02	08-02	76	미신환	58	
1942.02	08-02	76	구로바	63	좌측세로1/2박스
1942.02	08-02	76	와다가루쉼	64	우측세로1/2박스
1942.02	08-02	76	자력건강기	66	하단가로1/2박스
1942.02	08-02	76	비구라	70	

발간연월	호수	통권	제목(광고)	지면수	비고
1942.02	08-02	76	비노산	71	
1942.02	08-02	76	와까모도 정	76-77	
1942.02	08-02	76	호릭구 요법기	81	
1942.02	08-02	76	암리 별부임약	83	하단좌측1/4박스
1942.02	08-02	76	도약방 임약(雨后晴, 일소 작, 만화)	85	좌측세로1/2박스
1942.02	08-02	76	蔘茸トニク	87	좌측세로4/7박스
1942.02	08-02	76	연수환	92	우측세로2/3박스
1942.02	08-02	76	렌포킨 정	99	하단가로1/2박스
1942.02	08-02	76	위생예방구	109	하단좌측1/3박스
1942.02	08-02	76	네오 간정	112-113	하단1/2박스양면
1942.02	08-02	76	나력, 임파선 결핵	131	좌측세로1/2박스
1942.02	08-02	76	トリミド	133	
1942.02	08-02	76	トリミド	157	하단좌측1/18박스
1942.02	08-02	76	히도노골	161	좌측세로1/2박스
1942.02	08-02	76	데무수	163	좌측세로1/2박스
1942.02	08-02	76	묘법원	164	하단우측1/4박스
1942.02	08-02	76	신기환	166	하단가로1/2박스
1942.02	08-02	76	노신	167	
1942.02	08-02	76	삼성조혈정	176	하단가로1/2박스
1942.02	08-02	76	후루지 정	183	
1942.02	08-02	76	레포스 킹	186	하단우측1/7박스
1942.02	08-02	76	폐병치료의 정도	187	
1942.02	08-02	76	エーデ(비타민 A, D)	192-193	하단1/2박스양면
1942.02	08-02	76	미나도식	195	좌측세로1/2박스
1942.02	08-02	76	레포스 킹	204	상단좌측1/12박스
1942.02	08-02	76	하리바	205	
1942.02	08-02	76	백보환	206	
1942.02	08-02	76	무소린	207	
1942.02	08-02	76	인단	210	
1942.03	08-03	77	네오톤, コフシロップ		
1942.03	08-03	77	에스디몬, 메다보린 정		
1942.03	08-03	77	콧병 미나도식		
1942.03	08-03	77	중장탕		

발간연월	호수	통권	제목(광고)	지면수	비고
1942.03	08-03	77	蔘茸강장수		
1942.03	08-03	77	화신		
1942.03	08-03	77	미신환		
1942.03	08-03	77	비구라		
1942.03	08-03	77	피피로깅		
1942.03	08-03	77	富士위장약	33	좌측세로1/2박스
1942.03	08-03	77	도약방 임약(雨后晴, 일소 작, 만화)	35	좌측세로1/2박스
1942.03	08-03	77	지라누신(간질)	37	좌측세로1/2박스
1942.03	08-03	77	구로바	39	좌측세로1/2원형
1942.03	08-03	77	뽄라쓰구	41	좌측세로1/2박스
1942.03	08-03	77	임병 치료	45	
1942.03	08-03	77	海淋散	49	
1942.03	08-03	77	다이레구도	61	
1942.03	08-03	77	안민 정(불면증 치료)	69	하단좌측1/4박스
1942.03	08-03	77	肥胖病	71	하단좌측1/4박스
1942.03	08-03	77	자력건강기	73	하단가로1/2박스
1942.03	08-03	77	사쓰메 호루몬 구	77	
1942.03	08-03	77	삼성조혈정	80	하단가로1/2박스
1942.03	08-03	77	만인유(만화)	81	
1942.03	08-03	77	네오 간정	86-87	하단1/2박스양면
1942.03	08-03	77	ムダ毛, 건강과 자태미	91	하단좌측1/3박스
1942.03	08-03	77	부인미보산, 피구마	93	좌측세로1/2박스
1942.03	08-03	77	이연 비타스 정	96	
1942.03	08-03	77	와까모도 정	100-101	
1942.03	08-03	77	호릭구 요법기	105	
1942.03	08-03	77	폐병치료의 정도	106	
1942.03	08-03	77	惠乃玉	115	좌측세로1/2박스
1942.03	08-03	77	연수환	119	좌측세로2/3박스
1942.03	08-03	77	오리자닌	123	좌측세로1/2박스
1942.03	08-03	77	신기환	124	하단가로1/3박스
1942.03	08-03	77	도리고지루 파스타	125	
1942.03	08-03	77	비노산	126	
1942.03	08-03	77	미나도식	131	좌측세로1/2박스

발간연월	호수	통권	제목(광고)	지면수	비고
1942.03	08-03	77	묘법원(임질)	137	하단좌측1/4박스
1942.03	08-03	77	pelmel	139	좌측세로1/2박스
1942.03	08-03	77	베루쓰 환	143	
1942.03	08-03	77	위생예방구(영정당 약국)	151	하단좌측1/3박스
1942.03	08-03	77	린다린 정	153	하단좌측1/4박스
1942.03	08-03	77	노바폰 정	155	좌측세로1/2박스
1942.03	08-03	77	후루지 정	157	
1942.03	08-03	77	후미나인, 데무수	167	좌측세로1/2박스
1942.03	08-03	77	무소린 정	171	
1942.03	08-03	77	포르종	175	
1942.03	08-03	77	오일승(방사선)	178	하단중앙1/8박스
1942.03	08-03	77	安藤文子 신요법(모발)	178	하단좌측1/6박스
1942.03	08-03	77	렌포킨 정	187	하단가로1/2박스
1942.03	08-03	77	레포스 킹	189	좌측세로1/6박스
1942.03	08-03	77	비오토니구	190	우측세로1/2박스
1942.03	08-03	77	후스반	190	좌측세로1/2박스
1942.03	08-03	77	원성각(뇌병)	191	
1942.03	08-03	77	히도노골	194	우측세로1/2박스
1942.03	08-03	77	히스타멘트	201	
1942.03	08-03	77	エーデー	202-203	하단1/2박스양면
1942.03	08-03	77	하리바	207	
1942.03	08-03	77	노신	208	
1942.03	08-03	77	데루모라이쓰	209	
1942.03	08-03	77	인단	210	
1942.04	08-04	78	네오톤, コフシロ		
1942.04	08-04	78	도리아논, 메다보린 정	접는면	
1942.04	08-04	78	콧병 미나도식		
1942.04	08-04	78	伊豆椿ポマード		
1942.04	08-04	78	중장탕		
1942.04	08-04	78	미신환		
1942.04	08-04	78	파피로깅		
1942.04	08-04	78	아베놀(肥胖病)	23	하단좌측1/4박스
1942.04	08-04	78	도약방 임약(만화 <우후청> 일소작	25	좌측세로1/2박스

발간연월	호수	통권	제목(광고)	지면수	비고
1942.04	08-04	78	자력건강기	27	하단가로1/2박스
1942.04	08-04	78	미나도 식(만화)	29	좌측세로1/2박스
1942.04	08-04	78	안민 정	31	상단좌측1/4박스
1942.04	08-04	78	묘법원	31	하단좌측1/4박스
1942.04	08-04	78	지라누신	33	좌측세로1/2박스
1942.04	08-04	78	삼성조혈정	34	하단가로1/2박스
1942.04	08-04	78	전쾌법(임질)	35	하단중간1/4박스
1942.04	08-04	78	폐병 치료	41	좌측세로1/2박스
1942.04	08-04	78	胃の睛 錠	47	좌측세로1/2박스
1942.04	08-04	78	聖德乃道本部(폐병치료)	50	
1942.04	08-04	78	도리고지루 파스타(탈모치료)	51	하단좌측1/4박스
1942.04	08-04	78	아스돌(겨드랑이 냄새)	55	하단가로1/2박스
1942.04	08-04	78	蔘茸トニク	57	좌측세로1/2박스
1942.04	08-04	78	오리자닌	59	하단우측1/15박스
1942.04	08-04	78	도리미조(임질약)	65	
1942.04	08-04	78	비오토니구, 후스판	66	
1942.04	08-04	78	베루스 환	71	
1942.04	08-04	78	린다린 정	74	하단좌측1/5박스
1942.04	08-04	78	이연 비타민 정	75	
1942.04	08-04	78	신기환	85	하단가로1/3박스
1942.04	08-04	78	비노산	87	
1942.04	08-04	78	와까모도 정	94-95	
1942.04	08-04	78	히스타멘트	96	
1942.04	08-04	78	호릭구 요법기	97	
1942.04	08-04	78	사쓰메 호루몬 구	98	
1942.04	08-04	78	원성각	99	
1942.04	08-04	78	후루지 정	105	
1942.04	08-04	78	와까모도 정	94-95	
1942.04	08-04	78	히스타벤트	96	
1942.04	08-04	78	호릭구 요법기	97	
1942.04	08-04	78	사쓰메 호루몬 구	98	
1942.04	08-04	78	원성각	99	
1942.04	08-04	78	후루지 정	105	

발간연월	호수	통권	제목(광고)	지면수	비고
1942.04	08-04	78	도리미조(임질약)	109	하단좌측1/15박스
1942.04	08-04	78	피구마	110	우측세로1/2박스
1942.04	08-04	78	노바폰 정	112	우측세로1/2박스
1942.04	08-04	78	와다가루쉼 정	114	우측세로1/2박스
1942.04	08-04	78	스타우도 정	116	우측세로1/2박스
1942.04	08-04	78	레포스 킹	120	하단우측1/8박스
1942.04	08-04	78	비구라	123	
1942.04	08-04	78	암리 별부임약	125	
1942.04	08-04	78	데무수	127	
1942.04	08-04	78	히도노골	129	
1942.04	08-04	78	ニキビを	140	좌측세로1/2박스
1942.04	08-04	78	렌포킨 정	141	하단가로1/2박스
1942.04	08-04	78	뇨병, 성병	145	좌측세로1/2박스
1942.04	08-04	78	레포스 킹	161	하단좌측3/20박스
1942.04	08-04	78	연수환	169	좌측세로2/3박스
1942.04	08-04	78	무소린	170	
1942.04	08-04	78	산와민	179	
1942.04	08-04	78	폰라쓰구	187	좌측세로1/2박스
1942.04	08-04	78	네오 간정	190-191	하단1/2박스양면
1942.04	08-04	78	구로바	193	좌측세로1/2원형
1942.04	08-04	78	도리미조	209	좌측세로2/3박스
1942.04	08-04	78	데루모라이쓰	213	
1942.04	08-04	78	인단	214	
1942.05	08-05	79	네오톤, コフシロ		
1942.05	08-05	79	도리아논, 메다보린 정	접는면	
1942.05	08-05	79	콧병 미나도식		
1942.05	08-05	79	伊豆椿ポマード		
1942.05	08-05	79	중장탕		
1942.05	08-05	79	비오토니구		
1942.05	08-05	79	파피로깅		
1942.05	08-05	79	스타우도 정	29	
1942.05	08-05	79	노바폰 정	33	좌측세로1/2박스
1942.05	08-05	79	비구라	38	

발간연월	호수	통권	제목(광고)	지면수	비고
1942.05	08-05	79	도약방 임약(우후청, 일소 작 만화)	43	좌측세로1/2박스
1942.05	08-05	79	폐병 치료	49	좌측세로1/2박스
1942.05	08-05	79	와다가루쉼 정	59	좌측세로1/2박스
1942.05	08-05	79	후루지 정	61	
1942.05	08-05	79	胃の晴 정	77	좌측세로1/2타원
1942.05	08-05	79	연수환	81	
1942.05	08-05	79	비노산	85	
1942.05	08-05	79	미나도식(만화, 토인)	93	좌측세로1/2박스
1942.05	08-05	79	삼성조혈정	95	하단가로1/2박스
1942.05	08-05	79	구로바	97	좌측세로1/2圓角
1942.05	08-05	79	도리미조	103	
1942.05	08-05	79	무소린 정	104	
1942.05	08-05	79	암리 별부임약	107	하단좌측1/3박스
1942.05	08-05	79	다이레구도(결핵)	111	
1942.05	08-05	79	와까모도 정	118-119	
1942.05	08-05	79	양명주	120	상단가로1/2박스
1942.05	08-05	79	모라 정(변비치료)	120	하단가로1/2박스
1942.05	08-05	79	호릭구 요법기	121	
1942.05	08-05	79	신기환	132	하단가로1/2박스
1942.05	08-05	79	아베놀	135	하단좌측1/4박스
1942.05	08-05	79	오리자닌	145	좌측세로1/2박스
1942.05	08-05	79	pelmel	149	좌측세로1/2박스
1942.05	08-05	79	네오 간정	154	하단1/2박스양면
1942.05	08-05	79	산와민	165	
1942.05	08-05	79	스마이루	166	
1942.05	08-05	79	하도무기 세분, 메구미 액	169	하단좌측1/2박스
1942.05	08-05	79	후미나인, 데무수	171	좌측세로1/2박스
1942.05	08-05	79	원성각	182	
1942.05	08-05	79	자력건강기	191	하단기로1/2박스
1942.05	08-05	79	렌포킨	194	
1942.05	08-05	79	사쓰메 호르겐 구	195	
1942.05	08-05	79	전쾌법	199	하단좌측1/4박스
1942.05	08-05	79	蔘茸トニク	201	

발간연월	호수	통권	제목(광고)	지면수	비고
1942.05	08-05	79	도리미조	204	하단우측1/15박스
1942.05	08-05	79	레포스 킹	205	하단좌측1/7박스
1942.05	08-05	79	아스돌	207	하단좌측1/4박스
1942.05	08-05	79	위생예방구	208	하단우측1/3박스
1942.05	08-05	79	귀선당	209	
1942.05	08-05	79	도리미조	215	하단좌측1/15박스
1942.05	08-05	79	나력, 임파선결핵	217	좌측세로1/2분할
1942.05	08-05	79	히도노골	219	좌측세로1/2분할
1942.05	08-05	79	백보환	221	
1942.05	08-05	79	노신	222	
1942.05	08-05	79	미신환	223	
1942.05	08-05	79	하리바	224	
1942.05	08-05	79	데루모라이쓰	225	
1942.05	08-05	79	인단	226	
1942.06	08-06	80	네오톤, コフシロ		
1942.06	08-06	80	도리아논, 메다보린 정	접는면	
1942.06	08-06	80	콧병 미나도식		
1942.06	08-06	80	伊豆椿ポマード		
1942.06	08-06	80	중장탕		
1942.06	08-06	80	단고조란, 나공		
1942.06	08-06	80	미신환		
1942.06	08-06	80	원성각		
1942.06	08-06	80	파피로깅		
1942.06	08-06	80	스타우도 정	27	좌측세로1/2박스
1942.06	08-06	80	만인유	45	
1942.06	08-06	80	徵兵制と學徒の手記	46-51	
1942.06	08-06	80	전쾌법	62	우측세로1/2박스
1942.06	08-06	80	오리자닌	67	좌측세로1/2박스
1942.06	08-06	80	丹頂チック	69	
1942.06	08-06	80	후루지 정	71	
1942.06	08-06	80	사쓰메 호루겐 구	74	
1942.06	08-06	80	지라누신(간질)	83	좌측세로1/2박스
1942.06	08-06	80	구로바	85	좌측세로1/2원각

발간연월	호수	통권	제목(광고)	지면수	비고
1942.06	08-06	80	암리 별부임약	102	하단좌측1/4박스
1942.06	08-06	80	연수환	105	좌측세로2/3박스
1942.06	08-06	80	삼성조혈정	108	하단가로1/2박스
1942.06	08-06	80	미나도식	117	좌측세로1/2박스
1942.06	08-06	80	肥胖病	118	하단우측1/4박스
1942.06	08-06	80	아스돌(腋臭)	119	하단좌측1/4박스
1942.06	08-06	80	레포스 킹	120	우측세로1/6박스
1942.06	08-06	80	와다가루쉼 정	121	
1942.06	08-06	80	데무수	123	좌측세로1/2박스
1942.06	08-06	80	레포스 킹	130	하단우측1/8박스
1942.06	08-06	80	와까모도 정	134-135	
1942.06	08-06	80	모라	136	
1942.06	08-06	80	호릭구 요법기	137	
1942.06	08-06	80	무소린	143	
1942.06	08-06	80	비구라	152	
1942.06	08-06	80	자력건강기	157	하단가로1/2박스
1942.06	08-06	80	蔘茸トニク	159	하단가로1/2박스
1942.06	08-06	80	ニキビを	161	좌측세로1/2박스
1942.06	08-06	80	노신	169	
1942.06	08-06	80	위생예방구(영정당약국)	171	하단좌측1/3박스
1942.06	08-06	80	폰스라구	179	좌측세로1/2박스
1942.06	08-06	80	산와민	181	
1942.06	08-06	80	네오 간정	190-191	하단1/2박스양면
1942.06	08-06	80	렌포킨	193	하단가로1/2박스
1942.06	08-06	80	도약방 임약(우후청, 일소 작 만화)	197	좌측세로1/2박스
1942.06	08-06	80	로이후지쓰(신경통)	204	하단우측1/6박스
1942.06	08-06	80	히도노골	217	
1942.06	08-06	80	비노산	218	
1942.06	08-06	80	하리바	223	
1942.06	08-06	80	백보환	224	
1942.06	08-06	80	데루모라이쓰	225	
1942.06	08-06	80	인단	226	
1942.07	08-07	81	네오톤, デーユーサイド		

발간연월	호수	통권	제목(광고)	지면수	비고
1942.07	08-07	81	도리아논, 메타보린 정		
1942.07	08-07	81	콧병 미나도식		
1942.07	08-07	81	伊豆椿ポマード		
1942.07	08-07	81	중장탕		
1942.07	08-07	81	蔘茸강장수		
1942.07	08-07	81	화신		
1942.07	08-07	81	노신		
1942.07	08-07	81	파피로깅		
1942.07	08-07	81	胃の晴 錠	27	
1942.07	08-07	81	구로바	33	
1942.07	08-07	81	레포스 킹	38	
1942.07	08-07	81	이연 비타스 정	63	
1942.07	08-07	81	연수환	67	
1942.07	08-07	81	콧병 미나도식	71	
1942.07	08-07	81	오리자닌	79	
1942.07	08-07	81	단고조란	82	
1942.07	08-07	81	스타우도(소화위장약)	89	
1942.07	08-07	81	삼성조혈정	90	
1942.07	08-07	81	pelmel	93	
1942.07	08-07	81	후루지 정	95	
1942.07	08-07	81	비구라	96	
1942.07	08-07	81	폰라쓰구	99	
1942.07	08-07	81	암리 별부임약	101	
1942.07	08-07	81	미신환	117	
1942.07	08-07	81	아스돌	119	
1942.07	08-07	81	아베놀(건강미용, 체중조절약)	121	
1942.07	08-07	81	リヤパパ クリーム	123	
1942.07	08-07	81	레포스 킹	127	
1942.07	08-07	81	도약방 임약(雨后晴, 일소 작, 만화)	129	
1942.07	08-07	81	데루모라이쓰	130-131	
1942.07	08-07	81	와까모도	142-143	
1942.07	08-07	81	양명주	144	상단가로1/2박스
1942.07	08-07	81	모라 정	144	하단가로1/2박스

발간연월	호수	통권	제목(광고)	지면수	비고
1942.07	08-07	81	호릭구 요법기	145	
1942.07	08-07	81	네오 후기돌(겻내)	153	하단좌측1/4박스
1942.07	08-07	81	사쓰메호루몬 구	155	
1942.07	08-07	81	エーデー	158-159	하단1/2박스양면
1942.07	08-07	81	와다가루쉼 정	161	좌측세로1/2박스
1942.07	08-07	81	위생예방구	163	하단좌측1/3박스
1942.07	08-07	81	자력건강기	166	하단가로1/2박스
1942.07	08-07	81	렌포킨 정	167	하단가로1/2박스
1942.07	08-07	81	히도노골	168	우측세로1/2박스
1942.07	08-07	81	지꾸비바스다	172	
1942.07	08-07	81	무소린 정	173	
1942.07	08-07	81	신기환	181	하단가로1/3박스
1942.07	08-07	81	뇨병, 성병	183	좌측세로1/2분할
1942.07	08-07	81	원성각	186	
1942.07	08-07	81	네오 조라민	187	
1942.07	08-07	81	蔘茸トニク	207	하단가로1/2박스
1942.07	08-07	81	비노산	212	
1942.07	08-07	81	금학 포마드	215	
1942.07	08-07	81	만인유	216	
1942.07	08-07	81	비오토니구. 세조논	220	
1942.07	08-07	81	하리바	223	
1942.07	08-07	81	백보환	224	
1942.07	08-07	81	네오 간정	225	
1942.07	08-07	81	인단	226	
1942.08	08-08	82	네오톤, デーユーサイド		
1942.08	08-08	82	도리아논, 오이베스친 정	접는면	
1942.08	08-08	82	콧병 미나도식		
1942.08	08-08	82	중장탕		
1942.08	08-08	82	다고조란, 나공		蔘茸강장수
1942.08	08-08	82	원선각		
1942.08	08-08	82	귀선당		
1942.08	08-08	82	파피로깅		
1942.08	08-08	82	다끼지아스나-제	61	

발간연월	호수	통권	제목(광고)	지면수	비고
1942.08	08-08	82	ベリゼム(무좀치료제)	69	
1942.08	08-08	82	구로바	79	좌측세로1/2박스
1942.08	08-08	82	펠멜(pelmel)	81	좌측세로1/2박스
1942.08	08-08	82	후루지 錠	83	
1942.08	08-08	82	지라누신(간질)	85	좌측세로1/2박스
1942.08	08-08	82	스타우도(소화위장약)	89	좌측세로1/2박스
1942.08	08-08	82	암리 별부임약	93	상단좌측1/4박스
1942.08	08-08	82	아스돌 本舖(겻내)	93	하단좌측1/4박스
1942.08	08-08	82	에스디몬	103	좌측세로1/2박스
1942.08	08-08	82	아베놀(체중조절약)	104	하단우측1/3박스
1942.08	08-08	82	비노산	105	
1942.08	08-08	82	蔘茸トニク	113	
1942.08	08-08	82	신기환	124	하단가로1/3박스
1942.08	08-08	82	무소린 정	126	
1942.08	08-08	82	와까모도 정	134-135	
1942.08	08-08	82	양명주	136	
1942.08	08-08	82	모라 정	136	상단가로1/2박스
1942.08	08-08	82	호릭구 요법기	137	하단가로1/2박스
1942.08	08-08	82	만인유	138	
1942.08	08-08	82	비오토니구, 네오 세조닌	139	
1942.08	08-08	82	산와민	143	
1942.08	08-08	82	나력, 임파선결핵	153	좌측세로1/2분할
1942.08	08-08	82	도약방 임약(雨后晴, 일소 작, 만화)	161	좌측세로1/2박스
1942.08	08-08	82	이연 호루몬 錠	167	
1942.08	08-08	82	미신환	172	
1942.08	08-08	82	와다가루쉼 정	179	
1942.08	08-08	82	삼성조혈정	189	하단가로1/2박스
1942.08	08-08	82	비구라	193	
1942.08	08-08	82	데루모라이쓰	198-199	하단1/2박스양면
1942.08	08-08	82	노신	204	
1942.08	08-08	82	하리바	207	
1942.08	08-08	82	백보환	208	
1942.08	08-08	82	네오 간정	209	

발간연월	호수	통권	제목(광고)	지면수	비고
1942.08	08-08	82	인단	210	
1942.09	08-09	83	네오톤, デーユーサイド		
1942.09	08-09	83	도리아논, 오이베스친 정		
1942.09	08-09	83	콧병 미나도식		
1942.09	08-09	83	伊豆椿ポマード		
1942.09	08-09	83	중장탕		
1942.09	08-09	83	태양조경환		
1942.09	08-09	83	귀선당		
1942.09	08-09	83	蔘茸강장수		
1942.09	08-09	83	파피로깅		
1942.09	08-09	83	스타우도 정	33	좌측세로1/2박스
1942.09	08-09	83	지라누신(간질)	36	우측세로4/7박스
1942.09	08-09	83	다까지아스다 제	47	좌측세로1.2박스
1942.09	08-09	83	삼용トニク	53	하단가로1/2박스
1942.09	08-09	83	도악방 임약(雨后晴, 일소 작, 만회)	55	좌측세로1/2박스
1942.09	08-09	83	폰라쓰구	65	좌측세로1/2박스
1942.09	08-09	83	미신환	76	
1942.09	08-09	83	암리 별부임약	78	하단우측1/4박스
1942.09	08-09	83	콧병 미나도식	81	좌측세로1/2박스
1942.09	08-09	83	구로바	87	좌측세로1/2박스
1942.09	08-09	83	일본의약연구소	95	하단좌측1/4박스
1942.09	08-09	83	에스디몬	97	좌측세로1/2박스
1942.09	08-09	83	와다가루쉼 정	99	좌측세로1/2박스
1942.09	08-09	83	성심원	101	하단좌측1/4박스
1942.09	08-09	83	단고조란	107	상단가로2/3박스
1942.09	08-09	83	다이레구도	119	
1942.09	08-09	83	와까모도 정	134-135	
1942.09	08-09	83	양명주	136	상단가로1/2박스
1942.09	08-09	83	모라 정	136	하단가로1/2박스
1942.09	08-09	83	호릭구 요법기	137	
1942.09	08-09	83	노신	138	
1942.09	08-09	83	비구라	139	
1942.09	08-09	83	사쓰메 호루몬 구(병후산후 쇠약의 영약)	145	

발간연월	호수	통권	제목(광고)	지면수	비고
1942.09	08-09	83	신기환	149	하단가로1/3박스
1942.09	08-09	83	위생예방구	150	하단우측1/3박스
1942.09	08-09	83	히도노골	159	좌측세로1/2분할
1942.09	08-09	83	데루모라이쓰	166-167	하단1/2박스양면
1942.09	08-09	83	에-제	178-179	하단1/2박스양면
1942.09	08-09	83	부용당(毛深)	181	하단좌측1/2박스
1942.09	08-09	83	삼성조혈정	183	하단가로1/2분할
1942.09	08-09	83	오일승(방사선)	185	하단좌측1/10박스
1942.09	08-09	83	센와민(불로장생)	187	
1942.09	08-09	83	후루지 정	188	
1942.09	08-09	83	비노산	195	
1942.09	08-09	83	자력건강기	199	하단가로1/2박스
1942.09	08-09	83	스마이루	201	
1942.09	08-09	83	비오토니구, 세조논	205	
1942.09	08-09	83	무소린	219	
1942.09	08-09	83	백보환	209	
1942.09	08-09	83	네오 간정	209	
1942.09	08-09	83	인단	210	
1942.10	08-10	84	네오톤, デーユーサイド		
1942.10	08-10	84	도리아논, 오이베스친 정		
1942.10	08-10	84	콧병 미나도식		
1942.10	08-10	84	伊豆椿ポマード		
1942.10	08-10	84	중장탕		
1942.10	08-10	84	원성각(뇌질환)		
1942.10	08-10	84	파피로깅		
1942.10	08-10	84	蔘茸도이구	31	하단가로1/2박스
1942.10	08-10	84	비오토니구, 후스빤	37	
1942.10	08-10	84	자력건강기	47	하단가로1/2박스
1942.10	08-10	84	폰라쓰구	59	좌측세로1/2박스
1942.10	08-10	84	히도노골	61	좌측세로1/2박스
1942.10	08-10	84	도약방 임약(雨后晴, 일소 작, 만화)	71	상단좌측1/4박스
1942.10	08-10	84	히가리 社	73	하단좌측1/4박스
1942.10	08-10	84	일본의약연구소	73	

발간연월	호수	통권	제목(광고)	지면수	비고
1942.10	08-10	84	미신환	75	
1942.10	08-10	84	노신	76	
1942.10	08-10	84	콧병 미나도식	79	좌측세로1/2박스
1942.10	08-10	84	산와민	90	하단가로1/2박스
1942.10	08-10	84	와까모도 정	100-101	
1942.10	08-10	84	양명주	104	상단가로1/2박스
1942.10	08-10	84	호릭구 치료기	105	
1942.10	08-10	84	구로바	135	좌측세로1/2박스
1942.10	08-10	84	에스디몬	137	좌측세로1/2박스
1942.10	08-10	84	비오훼루민	141	
1942.10	08-10	84	삼성조혈정	149	하단가로1/2박스
1942.10	08-10	84	다까지아스다-제	153	좌측세로1/2박스
1942.10	08-10	84	성심원(らい病)	159	하단좌측1/4박스
1942.10	08-10	84	비구라	160	
1942.10	08-10	84	와다가루심 정	167	좌측세로1/2박스
1942.10	08-10	84	신기환	168	중간가로1/3박스
1942.10	08-10	84	암리 별부임약	173	하단좌측1/4박스
1942.10	08-10	84	만인유	181	
1942.10	08-10	84	이연 비타민 구	184	
1942.10	08-10	84	데루모라이쓰	188-189	하단1/2박스양면
1942.10	08-10	84	에-제(영양제, 강장제)	196-197	하단1/2박스양면
1942.10	08-10	84	사쓰메호루겐 구	201	
1942.10	08-10	84	단고조란	202	상단가로2/3박스
1942.10	08-10	84	뇨병, 성병	217	좌측세로1/2박스
1942.10	08-10	84	스다우도 정	221	목차에 의함
1942.10	08-10	84	약천위장약	223	
1942.10	08-10	84	백보환	224	
1942.10	08-10	84	네오 간정	225	
1942.10	08-10	84	인단	226	
1942.11	08-11	85	네오톤, コフシロ		
1942.11	08-11	85	도리아논, 마구놀 정	접는면	
1942.11	08-11	85	콧병 미나도식		
1942.11	08-11	85	伊豆椿ポマード		

발간연월	호수	통권	제목(광고)	지면수	비고
1942.11	08-11	85	중장탕		
1942.11	08-11	85	蔘茸강장수		
1942.11	08-11	85	단고조-란, 나공		
1942.11	08-11	85	파피로깅		
1942.11	08-11	85	삼성조혈정	28	
1942.11	08-11	85	우진구명환	29	
1942.11	08-11	85	성심원(나병)	32	하단우측3/8박스
1942.11	08-11	85	무소린 정	35	
1942.11	08-11	85	인애약원(건강미용, 체중조절)	52	하단우측1/4박스
1942.11	08-11	85	구로미오이루	53	하단좌측1/4박스
1942.11	08-11	85	다까지아스다-제	55	좌측세로1/2박스
1942.11	08-11	85	도약방 임약	59	좌측세로1/2박스
1942.11	08-11	85	비노산	66	
1942.11	08-11	85	신기환	72	하단가로1/3박스
1942.11	08-11	85	에스디몬	81	좌측세로1/2박스
1942.11	08-11	85	자오긴(화농질환)	83	하단좌측1/4박스
1942.11	08-11	85	단(일본생화학연구소, 강뇌, 강정)	87	하단좌측1/4박스
1942.11	08-11	85	암리 별부임약	92	하단우측1/4박스
1942.11	08-11	85	사루(두통)	93	
1942.11	08-11	85	후루지 정	103	
1942.11	08-11	85	게리오스, 게리올, 지꾸비바스다	107	
1942.11	08-11	85	자력건강기	109	하단가로1/2박스
1942.11	08-11	85	비오토니구, 후스판	111	
1942.11	08-11	85	자양환	114	하단가로1/2박스
1942.11	08-11	85	태양조경환	115	하단가로1/2박스
1942.11	08-11	85	히도노골	119	
1942.11	08-11	85	와까모도 정	130-131	
1942.11	08-11	85	양명주	132	상단가로1/2박스
1942.11	08-11	85	모라	132	하단가로1/2박스
1942.11	08-11	85	호릭구 요법기	133	
1942.11	08-11	85	비구라	141	
1942.11	08-11	85	노신	152	
1942.11	08-11	85	네오 간정	154-155	하단1/2박스양면

발간연월	호수	통권	제목(광고)	지면수	비고
1942.11	08-11	85	구로바	59	좌측세로1/2박스
1942.11	08-11	85	콧병 미나도식	161	좌측세로1/2박스
1942.11	08-11	85	에-제	180-181	하단1/2박스양면
1942.11	08-11	85	산와민	184	하단가로1/2박스
1942.11	08-11	85	미신환	202	
1942.11	08-11	85	스타우도 정(위장약)	205	좌측세로1/2박스
1942.11	08-11	85	원성각(뇌병)	207	좌측세로1/2박스
1942.11	08-11	85	와다가루쉼 정	209	좌측세로1/2박스
1942.11	08-11	85	비오훼루민	213	
1942.11	08-11	85	만인유	223	
1942.11	08-11	85	백보환	224	
1942.11	08-11	85	데루모라이쓰	225	
1942.11	08-11	85	인단	226	
1942.12	08-12	86	네오톤, コフシロ		
1942.12	08-12	86	도리이논, 오베이스친 정		
1942.12	08-12	86	콧병 미나도식		
1942.12	08-12	86	伊豆椿ポマード		
1942.12	08-12	86	중장탕		
1942.12	08-12	86	사구라민		
1942.12	08-12	86	파피로깅		
1942.12	08-12	86	무소린 정	35	
1942.12	08-12	86	네오 간정	40-41	하단1/2박스양면
1942.12	08-12	86	도약방 임약	55	
1942.12	08-12	86	에스디몬	57	좌측세로1/2박스
1942.12	08-12	86	와다가루쉼 정	67	
1942.12	08-12	86	신기환	75	하단가로1/3박스
1942.12	08-12	86	폰라쓰구	85	좌측세로1/2박스
1942.12	08-12	86	구로바	87	좌측세로1/2박스
1942.12	08-12	86	광고 "인애약원(미용, 체중조절)	89	좌측세로1/4박스
1942.12	08-12	86	비오훼루민	91	
1942.12	08-12	86	지꾸비바스다 등(木村약방)	105	
1942.12	08-12	86	난(상뇌, 상성)	107	
1942.12	08-12	86	비오토니구, 후스판	109	

발간연월	호수	통권	제목(광고)	지면수	비고
1942.12	08-12	86	비병치료	111	좌측세로1/2박스
1942.12	08-12	86	자오깅(화농질환)	117	하단좌측1/2박스
1942.12	08-12	86	와까모도 정	118-119	
1942.12	08-12	86	양명주	120	상단가로1/2박스
1942.12	08-12	86	모라	120	하단가로1/2박스
1942.12	08-12	86	호릭구 요법기	121	
1942.12	08-12	86	포르종	127	
1942.12	08-12	86	사루	131	하단좌측1/4박스
1942.12	08-12	86	암리 별부임약	132	하단우측1/4박스
1942.12	08-12	86	히도노골	145	하단좌측1/2박스
1942.12	08-12	86	후루지 정	149	
1942.12	08-12	86	산와민	151	하단가로1/2박스
1942.12	08-12	86	태양조경환	155	하단가로1/2박스
1942.12	08-12	86	구루미오이루	157	하단좌측1/4박스
1942.12	08-12	86	이연 호루몬 정	163	
1942.12	08-12	86	스타우도 정	169	좌측세로1/2박스
1942.12	08-12	86	삼성조혈정	171	하단가로1/2박스
1942.12	08-12	86	원성각(뇌병)	179	
1942.12	08-12	86	사쓰메호루겐 구	185	
1942.12	08-12	86	에-제-	194-195	하단1/2박스양면
1942.12	08-12	86	비노산	198	
1942.12	08-12	86	자력건강기	213	하단가로1/2박스
1942.12	08-12	86	비구라	215	
1942.12	08-12	86	백보환	223	
1942.12	08-12	86	만인유	224	
1942.12	08-12	86	데루모라이쓰	225	
1942.12	08-12	86	인단	226	
1943.01	09-01	87	네오톤, コフシロ		
1943.01	09-01	87	콧병 미나도식		
1943.01	09-01	87	伊豆椿ポマード		
1943.01	09-01	87	중장탕		
1943.01	09-01	87	蔘茸강장수		
1943.01	09-01	87	파피로깅		

발간연월	호수	통권	제목(광고)	지면수	비고
1943.01	09-01	87	네오 간정	40-41	하단1/2박스양면
1943.01	09-01	87	에스디몬	47	좌측세로1/2박스
1943.01	09-01	87	뇨병, 성병	55	좌측세로1/2분할
1943.01	09-01	87	미신환	57	
1943.01	09-01	87	사력건강기	66	하단가로1/2박스
1943.01	09-01	87	삼용도이구	67	하단가로1/2박스
1943.01	09-01	87	목촌약방(지꾸비바스다 등)	69	
1943.01	09-01	87	일본의약연구소	79	하단좌측1/4박스
1943.01	09-01	87	도약방 임약	81	좌측세로1/2박스
1943.01	09-01	87	구로바	93	좌측세로1/2박스
1943.01	09-01	87	스타우도(소화위장약)	95	좌측세로1/2박스
1943.01	09-01	87	아라스구	101	하단가로1/2박스
1943.01	09-01	87	사구라민	108	
1943.01	09-01	87	비오토니구, 후스판	109	
1943.01	09-01	87	스바이루	120	
1943.01	09-01	87	뉴톤	129	
1943.01	09-01	87	신기환	135	하단가로1/3박스
1943.01	09-01	87	와다가루쉼	139	좌측세로1/2박스
1943.01	09-01	87	사루	142	하단좌측1/4박스
1943.01	09-01	87	사쓰메호루겐	143	
1943.01	09-01	87	와까모도 정	150-151	
1943.01	09-01	87	양명주	152	상단가로1/2박스
1943.01	09-01	87	모라	152	하단가로1/2박스
1943.01	09-01	87	호릭구 요법기	153	
1943.01	09-01	87	히도노골	155	
1943.01	09-01	87	암리 별부임약	161	하단좌측1/4박스
1943.01	09-01	87	삼성조혈정	167	하단가로1/2박스
1943.01	09-01	87	비오훼루민	168	
1943.01	09-01	87	산와민	184	하단가로1/2박스
1943.01	09-01	87	태양조경환	191	하단가로1/2박스
1943.01	09-01	87	에-제	194-195	
1943.01	09-01	87	자오킨	198	하단1/2박스양면
1943.01	09-01	87	포르중	199	하단우측1/2박스

발간연월	호수	통권	제목(광고)	지면수	비고
1943.01	09-01	87	원성각	205	
1943.01	09-01	87	단고조란	216	상단가로2/3박스
1943.01	09-01	87	비노산	217	
1943.01	09-01	87	비병	221	
1943.01	09-01	87	비구라	222	
1943.01	09-01	87	후루지 정	223	
1943.01	09-01	87	백보환	231	
1943.01	09-01	87	만인유	232	
1943.01	09-01	87	데루모라이쓰	233	
1943.01	09-01	87	인단	234	
1943.02	09-02	88	네오톤, コフシロ		
1943.02	09-02	88	도리아논, 오이베스친 정		
1943.02	09-02	88	비오토니구, 후스판		
1943.02	09-02	88	파피로깅		
1943.02	09-02	88	자력건강기	26	
1943.02	09-02	88	구루미오이루	29	
1943.02	09-02	88	암리 별부임약	29	
1943.02	09-02	88	비오훼루민	33	
1943.02	09-02	88	원성각(뇌병)	45	
1943.02	09-02	88	구로바	55	좌측세로1/2박스
1943.02	09-02	88	와다가루쉼 정	67	좌측세로1/2박스
1943.02	09-02	88	미신환	69	좌측세로1/2박스
1943.02	09-02	88	신기환	76	
1943.02	09-02	88	비노산	80	
1943.02	09-02	88	도약방 임약	83	좌측세로1/2박스
1943.02	09-02	88	백색ニキビを	85	좌측세로1/2박스
1943.02	09-02	88	비타스 정	91	상단가로2/3박스
1943.02	09-02	88	구명환	91	하단가로1/3박스
1943.02	09-02	88	여자위생보전	95	하단가로1/2박스
1943.02	09-02	88	蔘茸 토닉	97	하단가로1/2박스
1943.02	09-02	88	오일승	98	하단우측1/8박스
1943.02	09-02	88	무소린	99	
1943.02	09-02	88	자오긴(화농)	111	하단좌측1/4박스

발간연월	호수	통권	제목(광고)	지면수	비고
1943.02	09-02	88	겔오스, 겔오루, 지꾸비바스다	113	
1943.02	09-02	88	비병	117	좌측세로1/2박스
1943.02	09-02	88	와까모도 정	118-119	
1943.02	09-02	88	양명주	120	상단가로1/2박스
1943.02	09-02	88	모라	120	하단가로1/2박스
1943.02	09-02	88	호릭구 요법기	121	
1943.02	09-02	88	아라스다	129	하단가로1/2박스
1943.02	09-02	88	후루지 정	145	
1943.02	09-02	88	나력, 임파선결핵	149	좌측세로1/2분할
1943.02	09-02	88	일본의약연구소	165	하단좌측1/4박스
1943.02	09-02	88	폰라쓰구	167	좌측세로1/2박스
1943.02	09-02	88	네오 스에-	172	하단우측1/4박스
1943.02	09-02	88	단고조란	173	상단가로2/3박스
1943.02	09-02	88	태양조경환	183	좌측세로1/2박스
1943.02	09-02	88	히노노끌	195	
1943.02	09-02	88	에-제	204-205	하단1/2박스양면
1943.02	09-02	88	뉴톤	209	
1943.02	09-02	88	사쓰메 호루겐	212	
1943.02	09-02	88	관고 : 삼성조혈정	213	하단가로1/2박스
1943.02	09-02	88	산와민	216	하단가로1/2박스
1943.02	09-02	88	비구라	219	
1943.02	09-02	88	만인유	223	
1943.02	09-02	88	백보환	224	
1943.02	09-02	88	데루모라이쓰	233	
1943.02	09-02	88	인단	234	
1943.03	09-03	89	네오톤, コフシロ		
1943.03	09-03	89	에스디몬, 오이베스친 정		
1943.03	09-03	89	미나도 식		
1943.03	09-03	89	伊豆椿ポマード		
1943.03	09-03	89	중장탕		
1943.03	09-03	89	미신환		
1943.03	09-03	89	비오토니구, 후스판		
1943.03	09-03	89	딘고조린, 나공		

발간연월	호수	통권	제목(광고)	지면수	비고
1943.03	09-03	89	파피로깅		
1943.03	09-03	89	구로바	27	좌측세로1/2박스
1943.03	09-03	89	비타스 정	35	상단가로2/3박스
1943.03	09-03	89	구명환	35	하단가로1/3박스
1943.03	09-03	89	자오긴	37	하단좌측1/4박스
1943.03	09-03	89	자력건강기	40	하단가로1/2박스
1943.03	09-03	89	암리별부 임약	53	하단좌측1/4박스
1943.03	09-03	89	와다가루쉼 정	75	좌측세로1/2박스
1943.03	09-03	89	부길뇌약원연구소	77	좌측세로1/2박스
1943.03	09-03	89	일본의약연구소	81	
1943.03	09-03	89	아라스다	82	
1943.03	09-03	89	비병	105	좌측세로1/2박스
1943.03	09-03	89	겔오스, 겔오루, 지꾸비바스다	121	
1943.03	09-03	89	신기환	125	하단가로1/3박스
1943.03	09-03	89	와까모도 정	126-127	
1943.03	09-03	89	양명주	128	상단가로1/2박스
1943.03	09-03	89	모라 정	128	하단가로1/2박스
1943.03	09-03	89	호릭구 요법기	129	
1943.03	09-03	89	도약방 임약	134	우측세로1/2박스
1943.03	09-03	89	만인유	135	
1943.03	09-03	89	다이나 구리무	147	하단가로1/2분할
1943.03	09-03	89	삼성조혈정	151	하단가로1/2박스
1943.03	09-03	89	蔘茸토닉	155	하단가로1/2박스
1943.03	09-03	89	여자위생보전	157	하단가로1/2박스
1943.03	09-03	89	사쓰메 호루겐 구	165	
1943.03	09-03	89	에-제	171	
1943.03	09-03	89	히도노골	175	좌측세로1/2분할
1943.03	09-03	89	비오훼루민	176	
1943.03	09-03	89	후루지 정	177	
1943.03	09-03	89	태양조경환	181	하단가로1/2박스
1943.03	09-03	89	산와민	183	하단가로1/2박스
1943.03	09-03	89	네오 스에-	187	하단좌측1/4박스
1943.03	09-03	89	무소린 정	189	

발간연월	호수	통권	제목(광고)	지면수	비고
1943.03	09-03	89	비노산	190	
1943.03	09-03	89	비구라	191	
1943.03	09-03	89	백보환	192	
1943.03	09-03	89	데루모라이쓰	193	
1943.03	09-03	89	인단	194	
1943.04	09-04	90	네오톤, コフシロ		
1943.04	09-04	90	비비다, 오이베스친 정		
1943.04	09-04	90	미나도 식		
1943.04	09-04	90	伊豆椿ポマード		
1943.04	09-04	90	중장탕		
1943.04	09-04	90	蔘茸토닉	39	하단가로1/2박스
1943.04	09-04	90	구로바	41	좌측세로1/2박스
1943.04	09-04	90	자오긴	53	
1943.04	09-04	90	뉴톤	55	
1943.04	09-04	90	자력건강기	58	
1943.04	09-04	90	암리 별부임약	74	하단좌측1/4박스
1943.04	09-04	90	와까모도 정	86-87	
1943.04	09-04	90	양명주	88	상단가로1/2박스
1943.04	09-04	90	모라 정	88	하단가로1/2박스
1943.04	09-04	90	호릭구 요법기	89	
1943.04	09-04	90	만인유	93	
1943.04	09-04	90	신기환	97	하단가로1/3박스
1943.04	09-04	90	태양조경환	109	
1943.04	09-04	90	비병	117	좌측세로1/2박스
1943.04	09-04	90	도-호 구리무	119	좌측세로1/2박스
1943.04	09-04	90	에-제	121	
1943.04	09-04	90	비타스, 구명환	126	
1943.04	09-04	90	비오토니구, 비조논	127	
1943.04	09-04	90	뇨병, 성병	135	좌측세로1/2박스
1943.04	09-04	90	사루	146	하단우측1/4박스
1943.04	09-04	90	네오 스에-	147	하단좌측1/4박스
1943.04	09-04	90	광고: 도약방 임약	149	좌측세로1/2박스
1943.04	09-04	90	히도노골	151	좌측세로1/2박스

발간연월	호수	통권	제목(광고)	지면수	비고
1943.04	09-04	90	삼성조혈정	157	하단가로1/2박스
1943.04	09-04	90	비노산	162	
1943.04	09-04	90	겔오스, 겔오루, 지꾸비바스다	163	
1943.04	09-04	90	미신환	167	
1943.04	09-04	90	사쓰메 호루겐 구	171	하단좌측1/10박스
1943.04	09-04	90	히가리 사	179	상단좌측1/4박스
1943.04	09-04	90	일본의약연구소	179	하단좌측1/4박스
1943.04	09-04	90	사쓰 구리무	182	하단가로1/2박스
1943.04	09-04	90	산와민	183	하단가로1/2박스
1943.04	09-04	90	후루지 정	187	
1943.04	09-04	90	여자위생보전	189	
1943.04	09-04	90	원성각	191	
1943.04	09-04	90	데루모라이쓰	193	
1943.04	09-04	90	인단	194	
1943.05	09-05	91	네오톤, コフシロ		
1943.05	09-05	91	비비구, 오이베스친 정	접는면	
1943.05	09-05	91	미나도 식		
1943.05	09-05	91	伊豆椿ポマード		
1943.05	09-05	91	중장탕		
1943.05	09-05	91	비오토니구, 세조논		
1943.05	09-05	91	비오토니구	9	목차에 의함
1943.05	09-05	91	만인유	11	
1943.05	09-05	91	파피로깅	12	
1943.05	09-05	91	여성의 위생보전	16	하단가로1/2박스
1943.05	09-05	91	삼용토닉	17	하단가로1/2박스
1943.05	09-05	91	자오긴	24	하단우측1/4박스
1943.05	09-05	91	일본의약연구소	30	하단좌측1/4박스
1943.05	09-05	91	구명환	41	상단가로2/3박스
1943.05	09-05	91	이연 호루몬 정	41	하단가로1/3박스
1943.05	09-05	91	삼영 나도리멘	47	하단가로1/2박스
1943.05	09-05	91	삼성조혈정	49	하단가로1/2박스
1943.05	09-05	91	구로바	67	좌측세로1/2박스
1943.05	09-05	91	단고조란	69	상단가로2/3박스

발간연월	호수	통권	제목(광고)	지면수	비고
1943.05	09-05	91	신기환	71	하단가로1/3박스
1943.05	09-05	91	겔오스, 겔오루, 지꾸비바스다	81	
1943.05	09-05	91	비병	83	좌측세로1/2박스
1943.05	09-05	91	네오 스에-	93	하단좌측1/4박스
1943.05	09-05	91	와까모도 정	94-95	
1943.03	09-03	91	양명주	96	상단가로1/2박스
1943.03	09-03	91	모라 정	96	하단가로1/2박스
1943.03	09-03	91	호릭구 요법기	97	
1943.05	09-05	91	나력, 임파선결핵	107	좌측세로1/2분할
1943.05	09-05	91	와다가루쉼 정	111	좌측세로1/2박스
1943.05	09-05	91	구라부 유액	116	하단좌측1/8박스
1943.05	09-05	91	사-루	119	하단좌측1/4박스
1943.05	09-05	91	자력건강기	121	하단가로1/2박스
1943.05	09-05	91	마구놀 정	141	
1943.05	09-05	91	암리 별부임약	145	하단우측1/4박스
1943.05	09-05	91	히도노골	163	좌측세로1/2박스
1943.05	09-05	91	도약방 임약	165	좌측세로1/2박스
1943.05	09-05	91	에-제	169	
1943.05	09-05	91	산와민	184	하단가로1/2박스
1943.05	09-05	91	사쓰 구리무	185	하단가로1/2박스
1943.05	09-05	91	비노산	186	
1943.05	09-05	91	사쓰메 구리무	189	
1943.05	09-05	91	비구라	190	
1943.05	09-05	91	미신환	191	
1943.05	09-05	91	백보환	192	
1943.05	09-05	91	데루모라이쓰	193	
1943.05	09-05	91	인단	194	
1943.06	09-06	92	에기리진 정, 오이베스친 정	접는면	
1943.06	09-06	92	미나도 식		
1943.06	09-06	92	伊豆椿ポマード		
1943.06	09-06	92	중장탕		
1943.06	09-06	92	파피로깅	12	목치에 의함
1943.06	09-06	92	사-루	24	하단우측1/4박스

발간연월	호수	통권	제목(광고)	지면수	비고
1943.06	09-06	92	삼영 나도리멘	25	하단가로1/2박스
1943.06	09-06	92	와다가루쉼 정	29	
1943.06	09-06	92	네오 스에-	45	하단좌측1/4박스
1943.06	09-06	92	뇨병, 성병	57	좌측세로1/2박스
1943.06	09-06	92	암리 별부임약	60	하단좌측1/4박스
1943.06	09-06	92	자오긴	61	하단좌측1/4박스
1943.06	09-06	92	도약방 임약	62	우측세로1/2박스
1943.06	09-06	92	蔘茸강장수	65	
1943.06	09-06	92	단정 코스메틱	67	좌측세로1/2박스
1943.06	09-06	92	신기환	69	하단가로1/3박스
1943.06	09-06	92	만인유	81	
1943.06	09-06	92	구라부 유액	89	하단좌측1/8박스
1943.06	09-06	92	미신환	104	
1943.06	09-06	92	이연 호루몬	105	
1943.06	09-06	92	마구놀 정	110	
1943.06	09-06	92	후루지 정	115	
1943.06	09-06	92	사쓰메 호루겐 구	119	
1943.06	09-06	92	에-제	127	
1943.06	09-06	92	구로바	137	좌측세로1/2박스
1943.06	09-06	92	백색 ニキビを	139	좌측세로1/2박스
1943.06	09-06	92	비오토니구, 세조논	143	
1943.06	09-06	92	자력건강기	148	하단가로1/2박스
1943.06	09-06	92	蔘茸토닉	149	하단가로1/2박스
1943.06	09-06	92	비병	157	좌측세로1/2박스
1943.06	09-06	92	삼성조혈정	159	하단가로1/2박스
1943.06	09-06	92	호릭구 요법기	165	하단가로1/2박스
1943.06	09-06	92	산와민	166	하단가로1/2박스
1943.06	09-06	92	사쓰 구리무	167	하단가로1/2박스
1943.06	09-06	92	자양환, 태양조경환	170	
1943.06	09-06	92	겔오스, 겔오루, 지꾸비바스다	174	
1943.06	09-06	92	여자위생보전	179	하단가로1/2박스
1943.06	09-06	92	비구라	181	
1943.06	09-06	92	비노산	182	

발간연월	호수	통권	제목(광고)	지면수	비고
1943.06	09-06	92	단고조란, 나공	183	
1943.06	09-06	92	백보환	184	
1943.06	09-06	92	데루모라이쓰	185	
1943.06	09-06	92	인단	186	
1943.07	09-07	93	에기리진, 오이베스친 정	접는면	
1943.07	09-07	93	미나도 식		
1943.07	09-07	93	伊豆椿ポマード		
1943.07	09-07	93	중장탕		
1943.07	09-07	93	단고조란, 나공	10	
1943.07	09-07	93	파피로깅	12	
1943.07	09-07	93	蔘茸 토닉	26	하단가로1/2박스
1943.07	09-07	93	구로바	31	
1943.07	09-07	93	와다가루슈무 정	49	좌측세로1/2박스
1943.07	09-07	93	네오 스에-	56	하단우측1/4박스
1943.07	09-07	93	에-제	69	
1943.07	09-07	93	사루	83	하단좌측1/4박스
1943.07	09-07	93	이연 호루몬 정	89	
1943.07	09-07	93	와까모도 정	94-95	상단가로1/2박스
1943.07	09-07	93	양명주	96	하단가로1/2박스
1943.07	09-07	93	모라	96	
1943.07	09-07	93	비병	101	좌측세로1/2박스
1943.07	09-07	93	신기환	103	하단가로1/3박스
1943.07	09-07	93	도약방 임약	117	좌측세로1/2박스
1943.07	09-07	93	자력건강기	118	하단가로1/2박스
1943.07	09-07	93	산와민	125	
1943.07	09-07	93	일본의약연구소	133	상단좌측1/4박스
1943.07	09-07	93	히도노골	135	하단좌측1/4박스
1943.07	09-07	93	후루지 정	137	하단우측1/4박스
1943.07	09-07	93	마구놀 정	147	
1943.07	09-07	93	비구라	150	
1943.07	09-07	93	삼성조혈정	156	하단가로1/2박스
1943.07	09-07	93	호릭구 요법기	157	하단가로1/2박스
1943.07	09-07	93	여자의 위생보전	159	하단가로1/2박스

발간연월	호수	통권	제목(광고)	지면수	비고
1943.07	09-07	93	자오긴	160	
1943.07	09-07	93	겔오스, 겔오루, 지꾸비바스다	161	
1943.07	09-07	93	자양환, 태양조경환	173	
1943.07	09-07	93	암리 별부임약	175	하단우측1/4박스
1943.07	09-07	93	뇨병, 성병	177	좌측세로1/2분할
1943.07	09-07	93	만인유	179	
1943.07	09-07	93	백보환	180	
1943.07	09-07	93	데루모라이쓰	181	
1943.07	09-07	93	인단	182	
1943.08	09-08	94	에기리진, 오이베스친 정	접는면	
1943.08	09-08	94	精氣요법(결핵)		
1943.08	09-08	94	미나도 식		
1943.08	09-08	94	伊豆椿ポマード		
1943.08	09-08	94	중장탕		
1943.08	09-08	94	겔오스, 겔오루, 지꾸비바스다	10	
1943.08	09-08	94	만인유	11	
1943.08	09-08	94	파피로깅	12	
1943.08	09-08	94	후루지 정	23	
1943.08	09-08	94	와다가루슈무 정	49	좌측세로1/2박스
1943.08	09-08	94	사쓰메 호루겐 구	54	
1943.08	09-08	94	구로바	63	좌측세로1/2박스
1943.08	09-08	94	도약방 임약	65	좌측세로1/2박스
1943.08	09-08	94	사루	67	하단좌측1/4박스
1943.08	09-08	94	삼성조혈정	72	하단가로1/2박스
1943.08	09-08	94	와까모도 정	78-79	
1943.08	09-08	94	양명주	80	상단가로1/2박스
1943.08	09-08	94	모라 정	80	하단가로1/2박스
1943.08	09-08	94	아루스 위장약	83	하단좌측1/4박스
1943.08	09-08	94	암리 별부임약	88	하단우측1/4박스
1943.08	09-08	94	호릭구 요법기	89	하단가로1/2박스
1943.03	09-03	94	일본의약연구소	93	하단좌측1/4박스
1943.03	09-03	94	ニキビを	94	좌측세로1/2박스
1943.08	09-08	94	신기환	97	하단가로1/2박스

발간연월	호수	통권	제목(광고)	지면수	비고
1943.08	09-08	94	비타스 정, 구명환	127	
1943.08	09-08	94	비오훼루민	128	
1943.08	09-08	94	미신환	137	
1943.08	09-08	94	산와민	151	하단가로1/2박스
1943.08	09-08	94	태양조경환	155	
1943.08	09-08	94	蔘茸토닉	163	하단가로1/2박스
1943.08	09-08	94	비노산	164	상단가로2/3박스
1943.08	09-08	94	단고조란	165	하단가로1/3박스
1943.08	09-08	94	부길뇌약원연구소	169	좌측세로1/2분할
1943.08	09-08	94	비병	171	좌측세로1/2박스
1943.08	09-08	94	우전합사회사 - 기난가뿌셀	173	하단가로1/2박스
1943.08	09-08	94	에-제 정	177	
1943.08	09-08	94	자력건강기	179	하단가로1/2박스
1943.08	09-08	94	데루모라이쓰	181	
1943.08	09-08	94	인단	182	
1943.09	09-09	95	에기리진, 오이베스친 정	접는면	
1943.09	09-09	95	精氣요법(결핵)		
1943.09	09-09	95	미나도 식		
1943.09	09-09	95	伊豆椿ポマード		
1943.09	09-09	95	중장탕		
1943.09	09-09	95	미신환	11	
1943.09	09-09	95	파피로깅	12	
1943.09	09-09	95	기난가뿌셀	24	하단가로1/2박스
1943.09	09-09	95	비타스, 구명환	26	
1943.09	09-09	95	구라부 호르몬 후조	33	하단가로1/8박스
1943.09	09-09	95	후루지 정	36	
1943.09	09-09	95	삼용강장수	47	
1943.09	09-09	95	와다가루슈무	59	좌측세로1/2박스
1943.09	09-09	95	와까모도 정	65	
1943.09	09-09	95	도약방 임약	69	좌측세로1/2박스
1943.09	09-09	95	유고루	75	
1943.09	09-09	95	아루스 위장약	78	
1943.09	09-09	95	신기환	91	하단가로1/3박스

발간연월	호수	통권	제목(광고)	지면수	비고
1943.09	09-09	95	겔오스, 겔오루, 지꾸비바스다	92	
1943.09	09-09	95	비오토니구, 세조논	93	
1943.09	09-09	95	암리 별부임약	97	하단우측1/4박스
1943.09	09-09	95	사루	97	하단좌측1/2박스
1943.09	09-09	95	비병	99	좌측세로1/2박스
1943.09	09-09	95	나력, 임파선결핵	107	
1943.09	09-09	95	구로바	115	좌측세로1/2박스
1943.09	09-09	95	와까모도 정	116-117	
1943.09	09-09	95	일본의약연구소	119	하단좌측1/2박스
1943.09	09-09	95	비오훼루민	122	
1943.03	09-03	95	사쓰메 호루겐 구	131	
1943.09	09-09	95	마구놀	144	
1943.09	09-09	95	자양환, 태양조경환	149	
1943.09	09-09	95	삼성조혈정	151	하단가로1/2박스
1943.09	09-09	95	단고조란	152	상단가로2/3박스
1943.09	09-09	95	세쓰 구리무	156	하단가로1/2박스
1943.09	09-09	95	호릭구 요법기	157	하단가로1/2박스
1943.09	09-09	95	산와민	163	하단가로1/2박스
1943.09	09-09	95	백보환	170	
1943.09	09-09	95	데루모라이쓰	171	
1943.09	09-09	95	인단	172	
1943.10	09-10	96	精氣요법(결핵)		
1943.10	09-10	96	미나도 식		
1943.10	09-10	96	伊豆椿ポマード		
1943.10	09-10	96	중장탕		
1943.10	09-10	96	마구놀 정		
1943.10	09-10	96	파피로깅		
1943.10	09-10	96	비오토니구	41	좌측세로1/2박스
1943.10	09-10	96	유고루	46	
1943.10	09-10	96	와다가루슈무 정	53	좌측세로1/2박스
1943.10	09-10	96	도약방 임약	71	좌측세로1/2박스
1943.10	09-10	96	와까모도 정	72-73	
1943.10	09-10	96	신기환	86	하단가로1/3박스

발간연월	호수	통권	제목(광고)	지면수	비고
1943.10	09-10	96	사루	87	하단좌측1/4박스
1943.10	09-10	96	비오훼루민	98	
1943.10	09-10	96	비병	101	좌측세로1/2박스
1943.10	09-10	96	비병	101	좌측세로1/2박스
1943.03	09-03	96	겔오스, 겔오루, 지꾸비바스다	107	
1943.10	09-10	96	구로바	117	좌측세로1/2박스
1943.10	09-10	96	비타스 정, 구명환	119	
1943.10	09-10	96	단고조란	120	상단가로2/3박스
1943.10	09-10	96	여성의 위생보전	134	하단가로1/2박스
1943.10	09-10	96	호릭구 요법기	148	하단가로1/2박스
1943.10	09-10	96	삼용토닉	149	하단가로1/2박스
1943.10	09-10	96	기난가뿌셀(여성호르몬, 우전합자회사)	150	하단가로1/2박스
1943.10	09-10	96	뇨병, 성병	151	좌측세로1/2분할
1943.10	09-10	96	후루지 정	152	
1943.10	09-10	96	암리 별부임약	160	하단우측1/4박스
1943.10	09-10	96	아루스 위장약	160	하단좌측1/4박스
1943.10	09-10	96	사쓰메 구리무	163	
1943.10	09-10	96	백보환	164	
1943.10	09-10	96	데루모라이쓰	165	
1943.10	09-10	96	인단	166	
1943.11	09-11	97	마구놀 정, 메다포린 정+오이베스친 정	접는면	
1943.11	09-11	97	精氣요법(결핵)		
1943.11	09-11	97	미나도 식		
1943.11	09-11	97	伊豆椿ポマード		
1943.11	09-11	97	중장탕		
1943.11	09-11	97	백보환		
1943.11	09-11	97	파피로깅		
1943.11	09-11	97	비오토니구	39	좌측세로1/2박스
1943.11	09-11	97	아루스 위장약	43	하단좌측1/4박스
1943.11	09-11	97	기난가뿌셀(여성호르몬, 우전합자회사)	48	하단가로1/2박스
1943.11	09-11	97	구로바	65	좌측세로1/2박스
1943.11	09-11	97	비병	77	좌측세로1/2박스
1943.11	09-11	97	신기환	78	하단가로1/3박스

발간연월	호수	통권	제목(광고)	지면수	비고
1943.11	09-11	97	삼성조혈정	81	하단가로1/2박스
1943.11	09-11	97	도약방 임약	87	
1943.11	09-11	97	후루지 정	88	좌측세로1/2박스
1943.11	09-11	97	일본의약연구소	93	상단좌측1/2박스
1943.11	09-11	97	스마이루	99	
1943.11	09-11	97	사루	108	하단우측1/4박스
1943.11	09-11	97	부길뇌약원연구소	109	좌측세로1/9분할
1943.11	09-11	97	와까모도 정	112-113	
1943.11	09-11	97	여자의 위생보전	118	하단가로1/2박스
1943.11	09-11	97	삼용토닉	119	하단가로1/2박스
1943.11	09-11	97	천일영신환	123	
1943.11	09-11	97	와다가루슈무	129	좌측세로1/2박스
1943.11	09-11	97	암리 별부임약	130	하단좌측1/4박스
1943.11	09-11	97	자양환	136	
1943.11	09-11	97	호릭구 요법기	141	하단가로1/2박스
1943.11	09-11	97	데루모라이쓰	143	
1943.12	09-12	98	마구놀 정, 메다포린 정+오이베스친 정	접는면	
1943.12	09-12	98	精氣요법(결핵)		
1943.12	09-12	98	미나도 식		
1943.12	09-12	98	伊豆椿ポマード		
1943.12	09-12	98	중장탕		
1943.12	09-12	98	백보환		
1943.12	09-12	98	파피로깅		
1943.12	09-12	98	비오토니구	25	좌측세로1/2박스
1943.12	09-12	98	세기신	27	
1943.12	09-12	98	삼용토닉	33	하단가로1/2박스
1943.03	09-03	98	사루	65	하단좌측1/4박스
1943.12	09-12	98	와다가루슈무 정	69	하단좌측1/2박스
1943.12	09-12	98	아루스 위장약	90	하단우측1/4박스
1943.12	09-12	98	후루지 정	91	
1943.12	09-12	98	도약방 임약	95	좌측세로1/2박스
1943.12	09-12	98	비병	99	좌측세로1/2박스
1943.12	09-12	98	이연 호루몬 정	105	

발간연월	호수	통권	제목(광고)	지면수	비고
1943.12	09-12	98	신기환	115	하단가로1/3박스
1943.12	09-12	98	와까모도 정	116-117	
1943.12	09-12	98	삼성조혈정	120	하단가로1/2박스
1943.12	09-12	98	호릭구 요법기	121	하단가로1/2박스
1943.12	09-12	98	구로바	127	좌측세로1/2박스
1943.12	09-12	98	부길뇌약원연구소	129	좌측세로1/2박스
1943.12	09-12	98	일본의약연구소	131	상단좌측1/4박스
1943.12	09-12	98	기난가뿌셀(여성호르몬, 우전합자회사)	136	하단가로1/2박스
1943.12	09-12	98	자양환	141	
1943.12	09-12	98	백보환	146	
1943.12	09-12	98	암리 별부임약	147	하단좌측1/4박스
1944.01	10-01	99	인단, 오이베스친 정+메다포린 정		
1944.01	10-01	99	精氣요법(결핵)		
1944.01	10-01	99	미나도 식		
1944.01	10-01	99	伊豆椿ポマード		
1944.01	10-01	99	중장탕		
1944.01	10-01	99	건민강병 성전환수!	5면	
1944.01	10-01	99	파피로깅		
1944.01	10-01	99	아루스 위장약	30	
1944.01	10-01	99	삼성조혈정	42	하단가로1/2박스
1944.03	10-03	99	와다가루슈무 정	47	좌측세로1/2박스
1944.01	10-01	99	스마이루(안약)	61	
1944.01	10-01	99	사루	73	하단좌측1/4박스
1944.01	10-01	99	삼용 토닉	75	하단가로1/2박스
1944.01	10-01	99	비오토니구	85	좌측세로1/2박스
1944.01	10-01	99	인삼보양정	89	
1944.01	10-01	99	구로바	97	좌측세로1/2박스
1944.01	10-01	99	신기환	99	하단가로1/2박스
1944.01	10-01	99	와까모도 정	100-101	
1944.01	10-01	99	비병	111	좌측세로1/2박스
1944.01	10-01	99	백보환	129	
1944.01	10-01	99	암리 별부임약	147	하단좌측1/4박스
1944.01	10-01	99	후쿠지 징	150	

발간연월	호수	통권	제목(광고)	지면수	비고
1944.01	10-01	99	도약방 임약	153	
1944.01	10-01	99	뇨병, 성병	155	좌측세로1/2박스
1944.01	10-01	99	호릭구 요법기	168	하단가로1/2박스
1944.01	10-01	99	우전합자회사(기난가뿌셀)	176	하단가로1/2박스
1944.01	10-01	99	자양환	187	
1944.01	10-01	99	인단	195	
1944.01	10-01	99	에스디몬	196	
1944.02	10-02	100	네오톤, 고후시로(거담진해제)		
1944.02	10-02	100	精氣 요법(결핵)		
1944.02	10-02	100	미나도 식		
1944.02	10-02	100	伊豆椿ポマード		
1944.02	10-02	100	중장탕		
1944.02	10-02	100	파피로깅		
1944.02	10-02	100	와다가루슈무 정	31	좌측세로1/2박스
1944.02	10-02	100	구로바	47	좌측세로1/2박스
1944.02	10-02	100	기난가뿌셀(우전합자회사)	49	하단가로1/2박스
1944.02	10-02	100	사루	60	하단우측1/4박스
1944.02	10-02	100	인삼보양정	82	
1944.02	10-02	100	비오토니구	89	좌측세로1/2박스
1944.02	10-02	100	세기신	91	
1944.02	10-02	100	아루스 위장약	105	하단좌측1/4박스
1944.02	10-02	100	와까모도 정	108-110	
1944.02	10-02	100	후루지 정	114	
1944.02	10-02	100	신기환	131	하단가로1/3박스
1944.02	10-02	100	비타스	141	
1944.02	10-02	100	비병	145	좌측세로1/2박스
1944.03	10-03	100	삼성조혈정	151	
1944.02	10-02	100	자양환	155	하단가로1/2박스
1944.02	10-02	100	암리 별부임약	165	하단좌측1/4박스
1944.02	10-02	100	도약방 임약	173	좌측세로1/2박스
1944.02	10-02	100	부길뇌약원연구소	175	좌측세로1/2박스
1944.02	10-02	100	일본의약연구소	177	하단우측1/4박스
1944.02	10-02	100	데루모라이쓰	179	

발간연월	호수	통권	제목(광고)	지면수	비고
1944.02	10-02	100	에스디몬	180	
1944.03	10-03	101	리우돈, 쥬자이도		
1944.03	10-03	101	인단, 메다포린 정+오이베스친 정		
1944.03	10-03	101	精氣 요법(결핵)		
1944.03	10-03	101	미나도 식		
1944.03	10-03	101	伊豆椿ポマード		
1944.03	10-03	101	중장탕		
1944.03	10-03	101	파피로깅		
1944.03	10-03	101	사루	22	하단우측1/4박스
1944.03	10-03	101	삼성조혈정	27	하단가로1/2박스
1944.03	10-03	101	인삼보양정	56	
1944.03	10-03	101	구로바	69	좌측세로1/2박스
1944.03	10-03	101	암리 별부임약	75	하단좌측1/4박스
1944.03	10-03	101	세기신	81	
1944.03	10-03	101	부길뇌약원연구소	85	좌측세로1/박스
1944.03	10-03	101	비오가루구	88	하단가로1/2박스
1944.03	10-03	101	후루지 정	89	
1944.03	10-03	101	비오토니구	93	좌측세로1/2박스
1944.03	10-03	101	신기환	98	하단가로1/2박스
1944.03	10-03	101	와까모도 정	104-105	
1944.03	10-03	101	비병	111	좌측세로1/2박스
1944.03	10-03	101	이연 비타민 구	123	
1944.03	10-03	101	삼용 토닉	126	하단가로1/2박스
1944.03	10-03	101	여성호르몬 기난가뿌셀(우전합자회사)	127	하단가로1/2박스
1944.03	10-03	101	자양환	137	
1944.03	10-03	101	도약방 임약	141	
1944.03	10-03	101	일본의약연구소	145	상단좌측1/4박스
1944.03	10-03	101	여자의 위생보전	160	하단가로1/2박스
1944.03	10-03	101	호릭구 요법기	161	하단가로1/2박스
1944.03	10-03	101	중풍 고혈압(이화학연구소 약품부)	163	
1944.03	10-03	101	에스디몬, 구라부 유액	164	
1944.04	10-04	102	인단, 메다포린 정+오이베스친 정		
1944.04	10-04	102	精氣 요법(결핵)		

발간연월	호수	통권	제목(광고)	지면수	비고
1944.04	10-04	102	미나도 식		
1944.04	10-04	102	伊豆椿ポマード		목차에 의함
1944.04	10-04	102	중장탕		목차에 의함
1944.04	10-04	102	우진 구명환		
1944.04	10-04	102	파피로깅		
1944.04	10-04	102	비오토니구	25	좌측세로1/2박스
1944.04	10-04	102	비병	33	좌측세로1/2박스
1944.04	10-04	102	비오가루구(칼슘제)	46	
1944.04	10-04	102	일본의약연구소	61	상단좌측1/4박스
1944.04	10-04	102	와까모도 정	64-65	
1944.04	10-04	102	구로바	69	
1944.04	10-04	102	도약방 임약	73	
1944.04	10-04	102	부길뇌약원연구소(간질)	79	
1944.04	10-04	102	아루스 위장약	84	하단우측1/4박스
1944.04	10-04	102	자양환	93	
1944.04	10-04	102	사루	97	하단좌측1/4박스
1944.04	10-04	102	로-도 안약	98	
1944.04	10-04	102	후루지 정	105	
1944.04	10-04	102	蔘茸토닉	110	하단가로1/2박스
1944.04	10-04	102	기난가부셀(여성호르몬)	125	하단가로1/2박스
1944.04	10-04	102	신기환	128	하단가로1/3박스
1944.04	10-04	102	호릭구 요법기	138	하단가로1/2박스
1944.04	10-04	102	암리 별부임약	141	하단좌측1/4박스
1944.04	10-04	102	삼성조혈정	157	하단가로1/2박스
1944.04	10-04	102	데루모라이쓰	159	
1944.04	10-04	102	에스디몬, 구라부 유액	160	
1944.05	10-05	103	아지린		
1944.05	10-05	103	미나도 식		
1944.05	10-05	103	중장탕		
1944.05	10-05	103	후루지 정		
1944.05	10-05	103	파피로깅		
1944.05	10-05	103	레모로스(치질)	25	
1944.05	10-05	103	사루	31	하단좌측1/4박스

발간연월	호수	통권	제목(광고)	지면수	비고
1944.05	10-05	103	신기환	35	하단가로1/3박스
1944.05	10-05	103	蔘茸토닉	44	하단가로1/2박스
1944.05	10-05	103	기난가부셀(여성호르몬, 우전합자회사)	45	하단가로1/2박스
1944.05	10-05	103	호릭구 요법기	59	하단가로1/2박스
1944.05	10-05	103	와까모도 정	60-61	
1944.05	10-05	103	도약방 임약	85	좌측세로1/2박스
1944.05	10-05	103	비오토니구	87	좌측세로1/2박스
1944.05	10-05	103	여자의 위생보전	91	하단가로1/2박스
1944.05	10-05	103	비병	93	좌측세로1/2박스
1944.05	10-05	103	자양환	97	
1944.05	10-05	103	아루스 위장약	99	하단좌측1/4박스
1944.05	10-05	103	데루모라이쓰	119	
1944.05	10-05	103	도-호 구리무	120	
1944.06	10-06	104	아지린		
1944.06	10-06	104	후투시 정		
1944.06	10-06	104	파피로깅		
1944.06	10-06	104	데루모라이쓰		
1944.06	10-06	104	에스디몬, 구라부유액		
1944.06	10-06	104	蔘茸토닉	12	우측세로1/2박스
1944.06	10-06	104	비오토니구	18	
1944.06	10-06	104	호릭구 요법기	25	하단가로1/2박스
1944.06	10-06	104	비병	45	좌측세로1/2박스
1944.06	10-06	104	신기환	47	하단가로1/3박스
1944.06	10-06	104	자양환	58	
1944.06	10-06	104	사루	72	하단우측1/4박스
1944.06	10-06	104	와까모도 정	76-77	
1944.06	10-06	104	기난가부셀(여성호르몬, 우전합자회사)	86	하단가로1/2박스
1944.06	10-06	104	精氣요법(결핵)	87	
1944.06	10-06	104	삼성조혈성	99	하단가로1/2박스
1944.06	10-06	104	伊豆椿ポマード	115	
1944.06	10-06	104	중장탕	116	
1944.07	10-07	105	미나도 식		
1944.07	10-07	105	중장탕		

발간연월	호수	통권	제목(광고)	지면수	비고
1944.07	10-07	105	아지린		
1944.07	10-07	105	후루지 정		
1944.07	10-07	105	파피로깅		
1944.07	10-07	105	아루스 위장약	22	하단우측1/4박스
1944.07	10-07	105	비병	25	좌측세로1/2박스
1944.07	10-07	105	삼용토닉	37	하단가로1/2박스
1944.07	10-07	105	삼성조혈정	52	
1944.07	10-07	105	와까모도	84-85	
1944.07	10-07	105	기난가부셀(여성호르몬, 우전약품)	88	하단가로1/2박스
1944.07	10-07	105	여성의 위생보전	89	하단가로1/2박스
1944.07	10-07	105	태양조경환	99	
1944.07	10-07	105	판-제	103	
1944.07	10-07	105	精氣요법(결핵)	113	
1944.08	10-08	106	리우돈		
1944.08	10-08	106	아지린, 영화 <태양의 아이들>		
1944.08	10-08	106	미나도 식		
1944.08	10-08	106	중장탕		
1944.08	10-08	106	후루지 정		
1944.08	10-08	106	파피로깅		
1944.08	10-08	106	삼성조혈정	20	
1944.08	10-08	106	아루스 위장약	21	
1944.08	10-08	106	비오토니구	25	
1944.08	10-08	106	기난가뿌셀(여성호르몬, 우전약품)	45	하단가로1/2박스
1944.08	10-08	106	삼용토닉	49	하단가로1/2박스
1944.08	10-08	106	신기환	55	
1944.08	10-08	106	사루	75	하단좌측1/4박스
1944.08	10-08	106	와까모도 정	76-77	
1944.08	10-08	106	태양조경환	99	
1944.08	10-08	106	비병	101	좌측세로1/2박스
1944.09	10-09	107	리우돈		
1944.09	10-09	107	아지린, 영화 <태양의 아이들>		
1944.09	10-09	107	미나도 식		
1944.09	10-09	107	중장탕		

발간연월	호수	통권	제목(광고)	지면수	비고
1944.09	10-09	107	후루지 정		
1944.09	10-09	107	파피로깅		
1944.09	10-09	107	아루스 위장약	23	
1944.09	10-09	107	와까모도 정	74-75	
1944.09	10-09	107	비오토니구	79	좌측세로1/2박스
1944.09	10-09	107	신기환	83	하단가로1/3박스
1944.09	10-09	107	삼성조혈정	93	하단가로1/2박스
1944.09	10-09	107	여성의 위생보전	93	하단가로1/2박스
1944.09	10-09	107	삼용토닉	96	하단가로1/2박스
1944.09	10-09	107	기난가뿌셀(여성호르몬, 우전약품)	97	하단가로1/2박스
1944.09	10-09	107	북원약품-네오스에, 아루스, 구명환	105	하단좌측1/4박스
1944.09	10-09	107	태양조경환	107	
1944.09	10-09	107	이화학연구소 약품부	108	
1944.09	10-09	107	정기요법	109	
1944.10	10-10	108	리우돈		
1944.10	10-10	108	미나도 식		
1944.10	10-10	108	중장탕		
1944.10	10-10	108	광고: 고혈압 중풍	31	
1944.10	10-10	108	광고: 결핵치료법		
1944.10	10-10	108	후루지 정		
1944.10	10-10	108	파피로깅		
1944.10	10-10	108	삼성조혈정		
1944.10	10-10	108	아루스 위장약		
1944.10	10-10	108	비오토니구		
1944.10	10-10	108	기난가뿌셀(여성호르몬, 우전약품)		
1944.10	10-10	108	태양조경환		
1944.10	10-10	108	이화학연구소 약품부		
1944.10	10-10	108	정기요법		
1944.11	10-11	109	리우돈		
1944.11	10-11	109	미나도 식		
1944.11	10-11	109	중장탕		
1944.11	10-11	109	파피로깅		
1944.11	10-11	109	이화학연구소 약품부		

발간연월	호수	통권	제목(광고)	지면수	비고
1944.11	10-11	109	북원약품-네오스에, 아루스, 구명환 등	23	하단좌측1/4박스
1944.11	10-11	109	삼용 토닉	31	하단가로1/2박스
1944.11	10-11	109	천일영신정	34-35	하단1/3양면중간
1944.11	10-11	109	후루지 정	45	
1944.11	10-11	109	비오토니구	47	좌측세로1/2박스
1944.11	10-11	109	삼성조혈정	48	
1944.11	10-11	109	신기환	51	하단가로1/3박스
1944.11	10-11	109	와까모도 정	52-53	
1944.11	10-11	109	아루스 위장약	64	하단좌측1/4박스
1944.11	10-11	109	자양환	65	
1944.11	10-11	109	여성의 위생보전	72	
1944.11	10-11	109	기난가뿌셀(여성호르몬, 우전약품)	73	
1944.11	10-11	109	정기요법	77	
1944.12	10-12	110	리우돈		
1944.12	10-12	110	인단, 하세스로-루		
1944.12	10-12	110	미나도 식		
1944.12	10-12	110	중장탕		
1944.12	10-12	110	파피로깅		
1944.12	10-12	110	이화학연구소 약품부		
1944.12	10-12	110	삼성조혈정	17	하단가로1/2박스
1944.12	10-12	110	비오토니구	27	좌측세로1/2박스
1944.12	10-12	110	후루지 정	29	
1944.12	10-12	110	신기환	26	하단가로1/3박스
1944.12	10-12	110	삼용 토닉	44	하단가로1/2박스
1944.12	10-12	110	호릭구 요법기	45	하단가로1/2박스
1944.12	10-12	110	천일영신정	54-55	하단1/3양면중간
1944.12	10-12	110	북원약품-네오스에, 아루스, 구명환	59	하단좌측1/4박스
1944.12	10-12	110	아루스 위장약	61	하단좌측1/4박스
1944.12	10-12	110	정기요법	63	

V 노트

5

노트

1. 은유로서의 질병, 정력

1) 책의 제목과 이 장의 제목은 수전 손탁의 『은유로서의 질병』에서 빌어왔다. 그리고 이 글은 세계문학비교연구 53집에 실렸던 「정력의 서사」를 대폭 수정 보완한 글이다.

2) 건강의 유지와 향상, 질병 방지, 질병의 가능성 감소, 삶의 질 향상, 자가 진단 등 건강과 관련하여 자신의 모든 것을 스스로 관리하는 것을 일컫는다.

3) 『매일신보(每日申報)』, 1913.05.29.

4) 조형근, 「식민지 체제와 의료적 규율화」, 『근대주체와 식민지 규율권력』, 서울문화과학사, 1997, 178쪽.

5) 여인석,「대한제국기; 근대적 의료체계 구축」,『한국의학사』(서울. 대한의사협회 의료정책연구소. 2012) 254쪽. 재인용.

6) 조형근, 앞의 책, 173쪽.

7) 1937년 이후 일제가 위생문제에서 집중했던 것은 결핵예방이었다. 1939년 5월 26일자 『동아일보』에 의하면 당시 결핵환자가 40만명으로 추산되었다.

8) 김은정, 「일제강점기 위생 담론과 화류병: 화류병 치료제 광고를 중심으로」, 『민족문학사연구』49호, 2012, 298~299쪽.

9) 1809년 민호병 등이 중심이 되어 만든 동화약방(同和藥房)은 인소환(引蘇丸), 활명수(活命水)등의 상품이 대표적이며 1931년 주식회사가 된다. 1908년 이응선이 경영한 화평당약방(和平當大藥房本鋪)은 대표적인 국내 기업으로 1910년에 낸 화평당의 광고에는 단(丹), 수(水), 환(丸), 산(散), 고(膏) 등 무려 29종의 다양한 약이 열거되어 있다. 대표적인 의약품으로는 팔보단(八寶丹), 자양환(滋陽丸), 태양조경환(胎養調經丸), 회생수(回生水), 소생단(蘇生丹), 하리산(下痢散), 급체쾌통산(急滯快通散), 육미탕(六味湯) 등이 있으며, 제생당약방 (齋生當藥房)을 경영한 이경봉은 청심보명단(淸心保命丹: 청심환(淸心丸)과 삼용대보원(蔘茸大輔元)의 특허를 얻어 초기 광고 발달에 크게 기여한 선구자였으며, 영아보명단(영아保命丹)등을 광고하고 있다. 그 외에 천일약방 (天一藥房) 1914 조고약(趙膏藥), 영신환(靈神丸)등이 있다. 「産業人脈(산업인맥) (18) 製薬業(제약업) <2> 先驅者(선구자)들 [中(중)]」, 『매일경제』, 1973.3.1., 5쪽 : 「癎氣神効(간기신효) 嬰兒保命散(영아보명산)」, 『동아일보』, 1939.06.06. 3쪽.

10) 김은정, 앞의 책, 295쪽.

11) 세창양행이 『독립신문』(1899.7.12)에 광고한 금계랍(金鷄蠟)은 조선 광고 중에 처음으로 일러스트레이션이 사용된 광고이다. 금계랍은 학질 치료제였지만 당시 모든 약이 만병통치약이었듯이 해열제, 진통제, 강장제 등으로도 사용되었다.

12) 한국 최초 브랜드는 일제강점기 동화약품이 만든 부채표 활명수(活命水)다. '목숨을 살리는 물'이라는 의미다.

13) 김엘레나, 「일제강점기 조선 의약품 광고의 주술적 디자인에 나타난 주술적 특징」, 서울대학교 석사학위논문, 2013, 30~31쪽.

14) 1938년 광고에는 '신병으로 고생하고 허약하시거든 효과본위 보약 네오톤을 쓰시오' "세계적 보약 네오톤과 인체의 영양작용도선"이란 제하의 그림이 있다. 1935년 2월 『조선일보』에는 다음과 같은 네오톤 토닉 광고가 실려 있다. "병마와 허약에 고통하는 대중이여!! 인생이 허약과 병고 중

에서 헤매일 때에는 속히 병마를 박멸하고 건강을 회복해야 참다운 인생의 행복을 다시 오게 할 만한 효력을 가진 진실한 치료제와 강장제(보제)를 구하는 것이 가장 큰 소원입니다. 그러나 세상에는 허다한 치료제와 무수한 강장제가 있어서 제현의 판단을 어지럽게 할 따름이고 환자 자신이 적제(適劑)를 취택(取擇)하기는 차라리 잡사(雜事)요 도리어 일종의 모험입니다. 폐행은 우리 민중 위생의 향상을 위하여 우금(于今)근십 개성상을 세계 각국에서 진실한 치료제와 확실한 보제 등을 광구(廣求, 널리구함) 동양 각국 의료계에 제공하여 오던 중 강장제로는 명효가 공고한 네오톤 토닉(Neotone Tonic)을 미국에서 직 수입하여 다년간 판매 하옵는바 네오톤 토닉의 효과는 만천하 애음가의 건강에 재(再)건설적 효과를 드리는 바 이오니 병마와 허약에 고통을 받는 각위(各位)여! 네오톤 토닉을 복용 하시려면 먼저 그 진가를 의사에게 문의 하시고 복용하시오. 의사는 다년간 의약과 의학에 대하여 과학적 연구와 장구한 경험을 가졌음으로 네오톤 토닉의 진가와 귀하에게 적(適)부적을 가장 공평하게 판단하여 줄 수 있는 공정한 지침이 될 것입니다." 이병구, 「"의사에게 문의" 유한양행 광고 파격적」, 『보건뉴스』, 2001.12.4.

15) 이 약은 소화불량, 각기, 발육불량, 식욕부진 등에 효과가 있다고 선전하고 있다.

16) 겻내 치료제, 구로바, 귓병약, 난소질환, 결핵(네오간정), 네오톤, コフシロップ, 노바폰(두통해열), 노신(두통), 뇨병/성병, 뉴돈(보혈강장), 다끼아스다 제(소화불량), 임약, 렌포킨 정(임질), 류실정(중이염), 마리아나, 무소릴(임질), 미나도식, 미신환(부인병), 백보환(만병통치약), 베르쓰환(매독), 벨젬(무좀), 부사 위장약, 비구라(강장제), 비노산(콧병), 비오토닉구(강장제), 비타민, 사루호-루(피부병), 삼성조혈정, 발기부전 약, 사루호루, 스마이루, 신기환, 야쓰메 호르겐(강장제), 암리별부(임질), 피구마(신경질환), 대하증, 연수환(강장제), 이보스정(여드름), 인단, 임질, 전승환(위장), 소화불량, 콧병, 궁산당(부인병), 포루종(누농), 하리바(자양강장), 헤잉옥, 호릭구치료기, 우루돈, 히로노골(나병) 등의 의약품 광고가 실려 있다.

17) 『朝光』, 1940년 10월호 6권 10호(통권 60), 207쪽.

18) 푸코, 『비정상인들』, 박정자 옮김, 동문선, 1999, 65쪽.

19) 법령 및 규칙은 소록도에 강제 격리된 환자들의 신체를 '나환자 신체'로 생산·재생산하였으며, 이러한 신체는 또다시 소록도를 생산·재생산하였다. 한센인들은 가혹한 노동에 종사하며, 성 정체성을 읽어버리게 되며, 굶주림 또는 자살로 인해 생을 마감하게 되었다. 그러나 그들은 죽음 이후에도 사체가 해부되며 결국에는 화장장에서 소멸된다. 오정수, 「일본 식민주의 시기 '나병 담론'을 통한 소록도의 사회적 생산」, 전남대학교 석사학위 논문, 2013, 85쪽.

20) 『朝光』은 일정 정도 일제 강점기의 위생정책에 협력하면서 약품의 소비를 조장하고 있다.

21) 「근대병원만화경」, 『朝光』, 1939년 9월호 5권 9호(통권 47호)문인주, "수술실풍경" 294-297; 김웅규, "시료실풍경", 298-302; 김대봉, 진찰실 풍경, 302-306.

22) 『동아일보』의 紙上病院 코너는 1930년부터 1940년까지 지속되었던 것으로 보인다.

23) 이 작품은 『朝光』 1941년 10월호 목차에 '중편전재(中篇全載)'라고 표기되어 있는 '창작'물이다. 중편 전재라고 쓰여 있지만 1회에서 끝난다.

24) 예를 들면 『조광』은 논설의 중간에 소설이 실리거나 순문학 작품과 대등하게 소화와 설문, 유머가 게재된다. 억울한 누명을 쓰고 죽은 이화여전의 여학생의 자살 사건과 저명한 지사의 사망 소식이 같은 규모와 비중으로 다루어지며 도시의 뒷골목에서 만날 수 있는 기층민에 대한 탐방과 유명한 작가의 시시콜콜한 설문이 병렬된다.

25) 윤진현, 「『조광』편집 체계와 편집 방향」, <조광세미나>, 2013.5.5.

26) 「惡魔」는 임질에 전염됐을까봐 전전긍긍하는 한 가장의 이야기다. 회사에 다니는 평범한 가장인 학주는 친구가 경영하는 약국에서 임질환자가 '노보루'라는 약을 사는 것을 보고 비웃다가 임질이 심해지면 결막염이 생겨 실명할 수도 있다는 친구의 설명을 듣게된다. 회사 동료에 이끌려 유곽에 다녀온 학주는 임질에 걸릴지도 모른다는 불안에 휩싸인다. 요도가 아파오자 자신이 임질에 걸린 것이라고 여긴 학주는 몸을 결벽증적으로 자주 씻고, '노보루'를 습관적으로 복용한다. 목욕탕에서는 타인의 병균이 자신

에게 옮는 것을 상상하고 사람들이 병균을 옮기는 악마가 아닌가 생각하기까지 한다. 아이에게 다래끼가 생기고 아내의 눈에 농즙이 비치자 자기의 탓이라고 자책하던 학주는 고민 끝에 병원으로 향한다는 내용이다.

27) 1938년 7월 2일자 『동아일보』에 실린 「사망통계를 통해서 본 폐결핵환자 上(상)」에는 빈부 사망률(인구 1만에 대해) 빈곤한 사람은 부유한 사람에 비해 16배의 폐결핵 사망률을 보이는데 이것은 1인당 방의 개수와 연관 있는데 방 하나에 2-3인이 거처하는 집이 많은 조선에서 이 통계에 더욱 불안을 느끼지 않을 수 없다며, 폐결핵의 발병률이 빈곤과 관련이 있다고 서양의 예를 인용 보고하고 있다.

28) 최은경, 「일제강점기 조선 사회 결핵 유행과 대응에 관한 연구」, 서울대학교 박사학위논문, 2011, 51쪽.

29) 최은경, 위의 책, 80~82쪽.

30) 최은경, 같은 책, 104~137쪽.

31) 최은경, 199쪽.

32) 이소민, 위의 책, 21~22쪽.

33) 이소민, 같은 책, 21~22쪽.

34) 「銃後大衆을 總動員 健康報國에 邁進」, 『매일신보』, 1940.5.2, 이소민, 「日帝强占期 '國民健康增進運動'과 그 性格」, 한국교원대학교 석사학위논문, 2010, 23쪽 재인용.

35) 「無料로 健康相談 오늘부터 健民運動展開」, 『매일신보』, 1942.5.2, 이소민, 위의 책, 24쪽 재인용.

36) 「紙上病院: 처녀 대하증」, 『동아일보』, 1933.9.17, 6쪽.

37) 『동아일보』 1920.04.03. "부인병 만병통치약 태양류겸환 - 부인네모든 병증을 곳치고 아들만 낫게 하는 약. 지심루 텬하령약이라 먹으면 먹는대로 어더한 오래명이넌지 모다 나흐며, 몸이 건강히야지고, 오래못낫던 아히를 낫케됨은, 말로만 그러하게 안이라 실디로 그러하니. 그것은 약먹고 효험본 부인의 증거잇는지라."

38) 강장제는 ① 건강을 증진시키고 장기와 육체의 활력을 높여준다고 하는

약이나 작용물. ② 근육에 관한 것일 때는 근육의 긴장상태나 계속된 근육의 수축 상태를 의미함. 농업용어사전: http://terms.naver.com/entry.nhn?docId=1599452&cid=50366&categoryId=50366, 검색일: 2015.11.13. 두산백과사전은 다음과 같이 정의하고 있다. "병약체를 개선하여 신진대사 기능을 회복하는 약제. 아비산제(亞砒酸劑)는 보혈강장제 변질제(變質劑)이고, 인(燐) 및 인산염(燐酸鹽)은 인산 공여제(供與劑), 키나제(劑)는 위액의 분비를 촉진하는 쓴맛의 강장제이다. 이러한 약제는 정상세포가 손상을 입지 않는 분량으로 병약 세포를 파괴하여 그 흡수를 촉진한다. 자양강장제(滋養强壯劑)는 영양에 의해 기능 회복을 꾀하는 것으로, 각종 비타민제를 비롯하여 단백질제·탄수화물·미네랄·필수아미노산 등이 있다. 한방제(漢方劑)에는 부자제(附子劑)·건강제(乾薑劑)·인삼제(人蔘劑)가 쓰인다. 인삼은 건위 강장제로 만성 위장염·식욕부진·소화불량·구토·설사·복통·피로회복·병후에도 효과적이다." 강장제: http://terms.naver.com/entry.nhn?docId=1057252&cid=40942&categoryId=32820, 검색일: 2015.11.13.

39) 발기부전 광고는 성병 광고와 더불어 남성의 취약함과 부끄러움을 공적인 지면의 전면에 등장시키고 있는 광고 중의 하나이다.

2. 위생 담론과 화류병

1) 이글은 2012년 8월 『민족문학사연구』에 실린 「일제강점기 위생 담론과 화류병 : 화류병 치료제 광고를 중심으로」와 2012년 6월 『세계문학비교연구』에 실린 「일제강점기 여성 이미지의 시각화 -기생과 여급을 중심으로」를 대폭 수정. 보완한 글이다.

2) 金靜淑, 「나는 왜 이렇케 됏나, 나는 왜 女給이 되엿나」, 『別乾坤』 47호(1932.1.1), 20쪽.

3) 綠眼鏡, 「카페女給 언파레-드」, 『別乾坤』 57호(1932.11.1), 33쪽.

4) 綠眼鏡, 위의 책, 35쪽

5) 綠眼鏡, 위의 책, 37쪽.

6) 孫朱利奈, 白惠蓮, 李惠淑, 「인테리 여성의 비극, 그 여자는 女子普高를 졸업하고 엇재서 기생과 여급이 되엿나?」, 『三千里』 제4권 제5호(1932.05.15), 29-31쪽.

7) 「인테리—女給 哀史女子高普마치고 엇재 女級되엇노?카페—王冠·카페—엔젤 카페—樂園·카페—太平洋」, 『三千里』 제4권 제9호(1932. 09. 01), 72-78쪽.

8) 徐丙柱, 「女高出身인 인테리 妓生·女優·女給 座談會」, 『三千里』 제8권 제4호(1936.4.1), 162-173쪽.

9) 「女高出身인 인테리 妓生·女優·女給 座談會」에서 수입은 얼마나 되는가라는 질문에 무희는 적을 때가 300원이라고 답했고 대련이나 봉천에 있는 무희들 중에는 월평균 700-800원을 빈다고 말하고 있으며, 여급은 70-80 정도에 따라 100원까지 벌 수 있다고 답하고 있으며, 디빙 마담은 1,000원, 기생은 평균 수입이 600-700원이라고 답하고 있는 것을 볼 때 1931년 기준 간호사(30원)나 교사(40-80원) 여공(15전) 등과 같은 사무직이나, 전문직, 노동직 여성들의 월급과 비교할 때 높은 수입률을 보이고 있음을 알 수 있다. 위의 책, 170-171쪽. 강이수 「일제하 근대 여성 서비스직의 유형과 실태」, 『페미니즘 연구』 No.5(한국여성연구소, 2005), 118쪽.

10) 「妓生쌀前途爲하야 죽엄自取한 老父-자기가 사러잇서 고생이라고 이들에 듣은 父性愛」, 『每日申報』, 1936.7.22, 7쪽, 「妓生오래비된 身勢悲觀코 飮毒」, 『每日申報』, 1936.9.18, 7쪽.

11) 『東亞日報』에서는 1928년 2월25일부터 3월21일까지 22회에 걸쳐 여자직업을 탐방하고 있는데 전화교환수, 간호사, 여공, 가정부, 웨트레쓰, 유모, 재봉소직공, 교사, 기생, 보모, 산파 등의 직업과 애환을 소개하고 있다.

12) 「돈뻘이하는 女子職業探訪記(九) : 새로 살림을 발견한듯 덤비는 '카페'의 '웨드레쓰' 설움 밤을 낫삼아 가는 곳은 어대메뇨, 필경은 타락의 굴 이에 발느닐 뿐, 홍등록주에 몸만 시들어간다」, 『東亞日報』, 1928.3.4. 3쪽.

13) 돈뻘이 하는 女子職業探訪記(十七)」, 『東亞日報』, 1928.3. 12, 3쪽.

14) 직업인으로서의 집단적 정체성을 획득하려한 움직임의 하나였던 기생 잡지 『長恨』과 여급잡지 『女聲』의 실패는 정혜영, 「근대의 성립과 기생의 몰락」. 『한중인문학연구』, Vol.20,(한중인문학회, 2007)과 서지영, 「식민지 시대 카페 여급연구-여급잡지<女聲>을 중심으로」, 『한국여성학』 제19권(한국여성학회, 2003)참조.

15) 安邊 金雲波, 「不良한 四角帽에게 妓生집에 끌녀서, 서울은 낭이다! 京城와서 속아 본 이약이 (各地各人의 實地經驗談)」, 『別乾坤』 제23호, 1929.9.27, 119-121쪽.

16) 『東亞日報』에는 남편에게 17세 40원에 팔려 매춘을 하던 여인의 기사가 소개되고 있다. 남편이 아내를 인신매매하는 일은 문학작품 속에서도 자주 등장하는 모티프로 당대 여성의 인신매매가 성행하고 있었음을 알 수 있다. 「轉禍爲福, 매음 취톄에 걸려 도로혀 복이돼, 사십원에 팔렸던몸이 자유로히 되얏다고」, 『東亞日報』, 1925.12.21, 2쪽.

17) 이태준, 「그림자」, 『이태준 전집 2』 (서울: 가람기획, 2005), 66-67쪽.

18) 『每日申報』 1937년 3월 10일자 기사에는 기생 5명을 불러 놀던 청년이 사교댄스를 거절한 기생을 폭행하여 종로서에 검거되어 취조 중이라는 기사가 실려 있으며, 『東亞日報』 1931년 7월 7일자 기사에는 시내 부랑배들이 카페에 다니며 여급들을 놀래준다는 기사가 실려 있다.

19) 徐丙柱, 앞의 책, 172쪽.

20) 극장, 무대는 전근대적인 표상인 기생이 근대화 속에서 변질되어가는 모습을 잘 보여주는 예이다. 물론 극장이나 무대가 예인으로서의 기생의 명맥을 유지하는 순기능을 하기도 하였지만 공연문화의 도입은 기생이나 여급의 본질을 흐리는데도 한 몫을 하고 있다.

21) 이경민, 앞의 책, 25쪽. 이경민은 『조선미인보감』을 시각적 감시망으로 규정하고 있다.

22) C記者, 「變裝出動 臨時○○되여본記, 새벽에도 妓生 모시고 自動車運轉助手가 되야」, 『별건곤』 9호, 1927.10.1. 25-26쪽

23) 1920-40년까지 화류병 관련 기사는 『동아일보』 88건, 『매일신보』 23건,

『조선일보』 165건, 『조선중앙일보』 9건, 『중외일보』 10건 등을 확인하였으며 잡지에서는 18건의 기사를 확인했다.

24) 이용설, 「화류병의 원인 병세 급치료, 건강란 위생강화」, 『동광』 제9호(1927년 1월 1일), 85쪽.

25) 이용설, 위의 책, p. 86.

26) 박성종, 『한국의 매춘』, 인간사랑, 1994, 66-67면.

27) 대동권번은 4권번(대정, 한성, 한남, 행화)에 대항해 창립된 것이다. 대동권번에서는 일어와 일본노래를 교육받았다. 임종국, 『밤의 日帝 침략사』(서울: 한빛 출판사, 1984), 189쪽.

28) 1920-1940년까지의 신문에 실린 매춘 기사는 350건이다. 그 건수를 살펴보면 다음과 같다. 매일신보 6건(1935-39), 동아일보 295건(1920-1940), 독립신문 2건, 조선중앙일보 16건(1934-36), 중외일보 7건(1928-30), 시대일보 6건(1924-26), 조선급만주 2건(1929-1930) 등으로 『동아일보』가 매춘기사를 가장 많이 다루고 있음을 알 수 있다.

29) 위생에 대한 기사는 『대한매일신보』 (1905-1910) 245건, 『매일신보』(1910-1940) 342건, 『동아일보』(1920-1940) 873건, 『조선중앙일보』(1933- 37) 479건, 『중외일보』(1926-1931) 187건 등으로 이 네 신문에 가장 많이 실리고 있다. 『매일신보』와 『동아일보』에 대한 위생관련 기사검색의 범위는 창간호부터 1940년까지 잡은 이유는 1938년 총동원시기에 들어서면서 변화되는 일본의 식민지배정책 때문이며, 이러한 정책이 매체에 반영되었기 때문이다. 1937년 이후 일제가 위생문제에서 집중했던 것은 결핵예방이었다. 1939년 5월 26일자 『동아일보』에 의하면 당시 결핵환자가 40만명으로 추산되었다.

30) 기생과 여급과 관련하여 방첩에 관한 기사도 발견되는데 방첩에 관한 기사는 『女給、妓生等에세는 『입』을 操心하도록 일반 민중에게 『스파이』에 관한 지식을 보급시켜 防諜에 各團體總動員計劃』(『매일신보』, 1938.7.26) : 「妓生과 女給들 입을 操心하라! 鍾路署에서 防諜講演」(『每日申報』, 1938.8.24): 「對支關門인 仁川港에 防諜報國陣强化 에창기와 『카-페』여급에게 인전서순회강훈」 (『每日申報』, 1938.8.4) 등 1938년부터 보이기 시작

한다. 대부분의 기사가 기생과 여급들의 입을 조심하도록 방첩강연을 했다는 기사와 기생과 여급 중에 스파이가 있을지 모르니 그들 앞에서는 말을 조심해야한다는 일반 민중 대상의 교육 내용계획 등이다. 이는 경기 경찰부장 지바(天葉了)가 4권번의 기생 800명을 "살아 있는 독립격문"이라고 표현한 것과 연관이 있다. 임종국, 『밤의 日帝 침략사』(한빛 출판사, 1984), 189쪽. 신문기사에도 기생이 독립운동에 연루된 기사가 보이는 것을 볼 때 기생은 1920년대부터 일제에 의해 방첩의 대상으로 분류되었던 것으로 보인다. 이처럼 기생과 여급에 대한 일제의 시선은 이들을 위생과 방첩 등의 문제에서 언제든지 처벌이 가능한 잠재적 범죄자로 취급함으로써 관리와 통제를 하고 있다. 즉 그들을 위법적 주체로 단정함으로써 관리와 통제, 감시와 처벌의 법질서에 복종하는 '순종하는 신체'로 규율하고 있는 것이다.

31) 李容卨, 「花柳病의 原因 病勢及治療, 健康欄 衛生講話」, 『동광』 제9호(1927년 1월 1일), 85-86쪽.

32) 『시대일보』 1925년 6월22일자 「甘夢中의 正服경관」이라는 제하의 기사는 당시 카페도 밀매음 단속대상지 중에 하나였음을 알 수 있게 한다.

33) 미셸 푸코. 이규현 역, 『성의 역사 1- 앎의 의지』(서울: 나남, 1990), 96-128쪽.

34) 미셸 푸코. 오생근 역, 『감시와 처벌』 (서울: 나남, 1994), 205-207쪽. 푸코는 라 메트리(La Mettrie)의 『기계-인간』의 중심 개념인 '순종'을 통해 복종시킬 수 있고, 쓰임새가 있으며, 변화시킬 수 있고, 나아가서는 완전하게 만들 수 있는 신체가 바로 순종하는 신체라고 말하고 있다.

35) 네 명의 가정부인 중 세명은 남편과 이혼을 불사하거나 별거를 하겠다는 태도를 취하고 있으며, 한명의 여성은 감시하면서 방임하겠다고 답하고 있다. 「妓生女給과 男便이 戀愛할 때 妻의 態度」, 『三千里』 제17호(1931.7.1) 33-38쪽.

36) 위의 책, 33쪽

37) 인테리어 제품의 경우 『開闢』과 『綠旗』의 광고가 차이를 보이는데 『開闢』에 실리는 것이 인테리어 소품 광고 위주라면, 『綠旗』에 실리는 광고는 가구 중심으로 공간 중심적이다.

38) 특히 『春秋』는 1940년대를 대표하는 문학잡지다. 『三千里』를 배제한 이유는 이 잡지가 이후 『大東亞』로 전환되기 때문이다.

39) 朴相洛, 「衛生問答」, 『太極學報』 5호, 1906, 35-37쪽. 이 당시 위생에 관련된 글들을 보면 위생 생활에 필요한 것이 운동, 음식, 주거, 의복으로 규정 되며 논자들에 따라 공기와 일광(日光)이 추가되기도 한다.

40) 위생경찰의 제도화를 촉진한 계기는 1907년 9월 일본 황태자의 방한을 앞두고 경성에서 콜레라가 발생하였던 것과 관련이 있다. 이때 통감부는 모든 조직을 동원하여 방역을 하려하였다. 한성위생회는 통감북가 위생활동을 관장하기 위해 조직한 최초의 단체로 1907년 서울에서 설립되어 1914년까지 유지되었다. 박윤재, 「韓末·日帝 初 漢城衛生會의 活動과 植民支配」, 『서울학 연구』 No, 22, 서울시립대학교 부설 서울학 연구소. 2004, 68-70쪽.

41) 방역은 호주·관리인, 경찰·검역위원, 경무부장으로 이어지는 조직적 체계 아래서 진행되었다. 정근식, 「식민지 위생경찰의 형성과 변화, 그리고 유신-식민시 통치성의 시각에서」, 『사회와 역사』 90집, 한국사회사학회, 224-238쪽.

42) 콜레라, 이질, 장티푸스, 두창, 발진티푸스, 디프테리아가 전염병 예방 대상이었다.

43) 정근식, 위의 책, 240쪽.

44) 도시지역의 개발과 도시재개발은 영국의 산업혁명과 연관이 있다. 영국은 산업혁명의 결과 도시인구의 증가로 도시의 물리적 기능이 확대되었으며, 이것이 도시문제로 대두되었다. 1848년 공중위생법 제정되면서 재개발이 시작되었으며 초기의 재개발은 불량촌 철거재개발 중심으로 이루어 졌다. 1919년 주택 및 도시계획법이 시행 되면서 도시민을 위한 주택정책과 위생, 도시계획 등을 고려한 체계화적인 개발이 이루어 졌다. 김백영, 「식민지 도시계획을 둘러싼 식민 권력의 균열과 갈등」, 『사회와 역사』 vol.67, 한국사회사학회, 2005, 84-88쪽, 1930년대 일제의 시가지 계획 중 하나가 불량촌 철거와 도시 부랑자 정리였다. 특히 전염병이 열악한 환경에서 발병되었다는 사실의 발견은 이후 공중보건과 위생문제가 도시정책을 결정하는

데 중요한 요소로 작용하게 하였다. 염복규,「일제말 京城지역의 빈민주거 문제와 '시가지계획'」,『역사문제연구』, Vol.-No.8, 역사문제 연구소, 2002, 125-128쪽.

45) 김기전,「農村 改善에 關한 圖案」,『개벽』 6호 1920.12, 23쪽.

46)「明朗都市 爲하야 花柳病退治專力-유곽에는 六十명 환자가 잇서서 道衛生課서 大努力」,『매일신보』, 1935.9.14, 5쪽. :「淸潔·明朗·衛生的都市建設의 汚物掃除令 法制局審議도 終了 六月中公布, 全鮮에 統一實施」『매일신보』, 1936.5.8, 7쪽,「妓生에게 만흔 性病 女給보다 훨신不良」,『매일신보』, 1936.10.14, 7쪽.

47)「廢娼斷行決定 九月一日이나 十月一日부터 內務省令으로 公布」,『동아일보』 1934.7.19 2쪽.

48) 이재선,「탁류」:「성병의 은유적 도상학」,『시학과 언어학』 제7호, 2004, 243쪽.

49) 朴昌薰,「靑年男女와 花柳病」,『삼천리』, 제10권, 1호, 1938, 38쪽. 박창훈은 이글에서 부모에게 성병이 있을시 태중에 유산 또는 조산이 되거나 무사히 출산하여도 초년기 또는 성장 후에 유전된 성병이 발할 수 있다고 적고 있다. 이외에도 『조선일보』에는 가정의학 난에「어머니의 매독은 자손에게 유전된다- 일가를 망치는 매독을 곳치라」(1939.2.24), 2쪽 등 성병이 유전된다는 취지의 글이 실리고 있다.

50)『개벽』 6호에는 화류병 전문약으로 梅毒祛根丸(매독거근환)이 함께 소개되고 있다.

51) 신웅단은 당시 6원에 판매되었다.

52) 梅毒拔根丸(매독발근화)은 10일분 2원, 1개월분 5원이다.

53) 베루-스는 20일에 3원, 35일분에 5원에 판매되었다.

54) 五淋通治散(오림통치산)은 7일분 이 1원50전, 14일분이 2원80십전이라고 광고하고 있다.

55) 이 약은 임질 전문 치료제로 경성제국대 화학연구소에 발명되어 특허를 받은 것으로 소개되고 있다. 이 약은 은과 백단유를 결합하여 만든 약으로

은을 처음으로 내복하게 하는 기술을 발명했다고 광고하고 있나. 『조광』 28권, 193쪽.

56) 파라지라민정(パラヂラミン錠)은 parathormone 즉 부갑상샘 호르몬제로 임질치료약이라기보다는 부인병 약에 가까웠던 것으로 보인다.

57) 신문지면에 많이 실린 화류병 치료제는 베루쓰, 살바르산, 부리온 은(銀), 아지아 丸, 命之母, 임질구로벨, 은계랍 등이다.

58) 『조광』18권, 315쪽.

59) 『조광』 43호, 317쪽.

60) 여기서 『綠旗』는 예외이다. 『綠旗』의 경우, 책, 병원, 기업, 전람회 광고 중심이며, 생필품도 사치품이 아닌 밀가루, 안경, 국민복, 흑판 등 실생활에 필요한 용품에 관한 광고가 대부분이다. 약 광고도 실리지만 비타민제, 강장제로 국한되어 있다.

61) 최수일, 「잡지 『조광』을 통해 본 '광고'의 위상 변화- 광고는 어떻게 지(知)가 되었나」, 『상허학보』상Vol.-No.32, 2011, 상허학회, 388쪽.

62) 최수일, 위의 책, 385쪽.

참고문헌

1. 기초자료

『每日經濟』, 1973.03.01.

『每日申報』, 1913.05.29.

『開闢』

『國民文學』

『綠旗』

『東光』

『大東亞』

『別乾坤』

『三千里』

『朝光』 1935.11.~ 1945.6

『春秋』

『太極學報』

『東亞日報』, 1930~1940.
『時代日報』
『皇城新聞』 1908.4
이병구, 「"의사에게 문의" 유한양행 광고 파격적」, 『보건뉴스』, 2001.12.4
전우용, 「"전우용의 현대를 만든 물건들" 금계랍」, 『한계레』, 2015. 6.22.

2. 단행본

권명아, 『역사적 파시즘』, 책세상, 2005.
김진균, 『근대주체와 식민지 규율권력』, 문화과학사, 1997.
박성종, 『한국의 매춘』, 인간사랑, 1994.
방기중, 『일제 파시즘 지배정책과 민중생활』, 혜안, 2004.
이경민은 『기생은 어떻게 만들어졌는가』, 사진아카이브 연구소, 2002.
이능화, 『朝鮮解語花史』, 민속원, 1981.
이상경 『강경애 전집』, 소명, 1999.
이태준, 『이태준 전집』2, 가람기획, 2005.
임종국, 『밤의 日帝 침략사』, 한빛 출판사, 1984.
채호석, 『식민지 시대 문학의 지형도』, 역락, 2010.
최유리, 『일제 말기 식민지 지배정책 연구』, 국학자료원, 1998.
미셸 푸코. 오생근 역, 『감시와 처벌』, 나남, 1994.
______, 이규현 역, 『성의 역사 1- 앎의 의지』, 나남, 1990.
______, 『비정상인들』, 박정자 옮김, 동문선, 1999.

수전 손탁, 이재원 역, 『은유로서의 질병』, 이후, 2002.

3. 논문

강이수 「일제하 근대 여성 서비스직의 유형과 실태」, 『페미니즘 연구』 No.5, 한국여성연구소, 2005, p.118.

김기전, 「農村 改善에 關한 圖案」, 『개벽』 6호 1920.12.

김백영, 「식민지 도시계획을 둘러싼 식민 권력의 균열과 갈등」, 『사회와 역사』 Vol.67, 한국사회사학회, 2005, pp. 84-128.

김엘레나, 「일제강점기 조선 의약품 광고의 주술적 디자인에 나타난 주술적 특징」, 서울대학교 석사학위논문, 2013, pp. 30~31.

김은정, 「일제말 총동원체제와 일상의 거리-『조광』에 실린 미용제품 광고를 중심으로」, 『세계문학비교연구』 42호, 세계문학비교학회, 2013.3, pp. 193~218.

朴相洛, 「衛生問答」, 『太極學報』 5호, 1906, pp. 35-37.

박윤재, 「韓末 · 日帝 初 漢城衛生會의 活動과 植民支配」, 『서울학연구』 No.22, 서울시립대학교 부설 서울학 연구소. 2004, pp. 68-89.

朴昌薰, 「靑年男女와 花柳病」, 『삼천리』, 제10권, 1호, 1938, p. 38.

서지영, 「식민지 근대 유흥 풍속과 여성 섹슈얼리티-기생·카페여급을 중심으로」, 『사회와 역사』 Vol.65, 『한국사회사학회』, 2004, pp. 132-168.

______, 「식민시대 기생연구-기생집단의 근대적 재편 양상을 중심으로」, 『정신문화연구』 Vol.28 No.2, 한국학중앙연구원, 2005, pp. 267-294.

______, 「식민지 시대 카페 여급연구-여급잡지<女聲>을 중심으로」, 『한국여성학』 제19권, 한국여성학회, 2003, pp. 31-73.

안미영, 「30년대 소설에 나타난 여급(女給)고찰- 이상의 여성관을 중심으로」, 『여성문학연구』 Vol.-No.3, 한국여성문학학회, 2000, pp. 289-311.

여인석,「대한제국기; 근대적 의료체계 구축」, 『한국의학사』(서울: 대한의사협회 의료정책연구소, 2012)

염복규, 「일제말 京城지역의 빈민주거문제와 '시가지계획'」, 『역사문제연구』, Vol.-No.8, 역사문제 연구소, 2002, pp. 125-152.

오정수, 「일본 식민주의 시기 '나병 담론'을 통한 소록도의 사회적 생산」, 전남대학교 석사학위 논문, 2013, p. 85.

우정권, 「30년대 경성과 동경의 '카페' 유흥문화 비교연구」, 「한국현대문학연구」 26, 한국현대문학학회, 2008. pp.338-356.

이소민, 「日帝强占期 '國民健康增進運動'과 그 性格」, 한국교원대학교 석사학위논문, 2010, p. 21.

이용설, 「화류병의 원인 병세 급치료, 건강란 위생강화」, 『동광』 제9호(1927년 1월 1일), p. 85.

이재선, 「탁류」: 성병의 은유적 도상학」, 『시학과 언어학』 제7호, 2004, pp. 243-261.

정근식, 「식민지 위생경찰의 형성과 변화, 그리고 유산-식민지 통치성의 시각에서」, 『사회와 역사』 90집, 한국사회사학회, pp. 221-270.

정혜영, 「근대의 성립과 기생의 몰락」. 『한중인문학연구』, Vol.20, 한중인문학회, 2007. pp. 236-256.

최수일, 「잡지 『조광』을 통해 본 '광고'의 위상 변화- 광고는 어떻게 지(知3)가 되었나」, 『상허학보』상 Vol.-No.32, 2011, 상허학회,

pp. 357-402.
최은경,「일제강점기 조선 사회 결핵 유행과 대응에 관한 연구」, 서울대학교 박사학위논문, 2011. p.51, pp.80~82, pp.104~137, p. 199.

4. 검색

리포이도(リポイド): 네이버 지식백과: http://terms.naver.com/entry.nhn?docId=164752&cid=50331&categoryId=50331, 검색일 2015.11.10.
강장제, 농업용어사전: http://terms.naver.com/entry.nhn?docId=1599452&cid=50366&categoryId=50366, 검색일: 2015.11.13.
강장제, 두산백과사전: http://terms.naver.com/entry.nhn?docId=1057252&cid=40942&categoryId=32820, 검색일: 2015.11.13.

약품광고 목록

| 세미오시스 연구총서 02 |

은유로서의 정력과 질병

초판 인쇄 2016년 5월 23일
초판 발행 2016년 5월 30일

지은이 김은정
발행인 김인철
총괄 · 기획 장지호 Director, University Press
편집장 신선호 Executive Knowledge Contents Creator
도서편집 김민정 Contents Creator
진수연 Contents Creator
전자책편집 최인우 Chief e-Contents Creator
마케팅 곽용창 Chief Marketing Creator
재무관리 권미경 Chief Managing Creator
김은혜 Managing Creator
발행처 한국외국어대학교 지식출판원
02450 서울특별시 동대문구 이문로 107
전화 02)2173-2493~7
팩스 02)2173-3363
홈페이지 http://press.hufs.ac.kr
전자우편 press@hufs.ac.kr
출판등록 제6-6호(1969. 4. 30)
디자인 · 편집 (주)이환디앤비 02)2254-4301
인쇄 · 제본 네오프린텍 02)718-3111

ISBN 979-11-5901-088-0 94810 정가 20,000원
ISBN 978-89-7464-832-9 (세트)

*잘못된 책은 교환하여 드립니다.

HU:iNE 은 한국외국어대학교 지식출판원의 어학도서, 사회과학도서, 지역학 도서 Sub Brand이다. 한국외대의 영문명인 HUFS, 현명한 국제전문가 양성(International +Intelligent)의 의미를 담고 있으며, 휴인(携引)의 뜻인 '이끌다, 끌고 나가다'라는 의미처럼 출판계를 이끄는 리더로서, 혁신의 이미지를 담고 있다.